权威·前沿·原创

皮书系列为
"十二五""十三五"国家重点图书出版规划项目

街道蓝皮书

BLUE BOOK OF SUB-DISTRICT OFFICE

北京街道发展报告 No.2
椿树篇

THE DEVELOPMENT OF BEIJING'S SUB-DISTRICT OFFICES No.2:
CHUNSHU CHAPTER

主　　编／连玉明
执行主编／朱颖慧　邢旭东　张俊立

社会科学文献出版社
SOCIAL SCIENCES ACADEMIC PRESS (CHINA)

图书在版编目(CIP)数据

北京街道发展报告.No.2.椿树篇/连玉明主编.--北京:社会科学文献出版社,2018.12
（街道蓝皮书）
ISBN 978-7-5201-3895-6

Ⅰ.①北… Ⅱ.①连… Ⅲ.①城市道路-城市建设-研究报告-西城区 Ⅳ.①D669.3

中国版本图书馆 CIP 数据核字（2018）第 252551 号

街道蓝皮书
北京街道发展报告 No.2　椿树篇

主　　编 / 连玉明
执行主编 / 朱颖慧　邢旭东　张俊立

出 版 人 / 谢寿光
项目统筹 / 邓泳红　郑庆寰
责任编辑 / 张　媛

出　　版 / 社会科学文献出版社·皮书出版分社（010）59367127
　　　　　 地址：北京市北三环中路甲29号院华龙大厦　邮编：100029
　　　　　 网址：www.ssap.com.cn

发　　行 / 市场营销中心（010）59367081　59367083
印　　装 / 三河市龙林印务有限公司

规　　格 / 开　本：787mm×1092mm　1/16
　　　　　 印　张：15.5　字　数：232 千字
版　　次 / 2018 年 12 月第 1 版　2018 年 12 月第 1 次印刷
书　　号 / ISBN 978-7-5201-3895-6
定　　价 / 128.00 元

皮书序列号 / PSN B-2016-547-11/15

本书如有印装质量问题，请与读者服务中心（010-59367028）联系

▲ 版权所有 翻印必究

北京国际城市发展研究院社会建设研究重点项目
北京市社会发展研究中心西城区街道发展研究重点项目
北京国际城市文化交流基金会智库工程出版基金资助项目

街道蓝皮书编委会

编委会主任　卢映川　王少峰

编委会副主任　王　飞　郁　治

编　　　委　（按姓氏笔画排序）

马光明　王　毅　王中峰　王书广　王乐斌
王其志　尹一新　史　锋　白　杨　毕军东
刘　倩　许晓红　许德彬　孙广俊　孙晓临
苏　昊　李　婕　李　薇　李丽京　李健希
吴立军　何焕平　陈　新　陈振海　周　沫
庞成立　宫　浩　贾冬梅　高　翔　高兴春
海　峰　桑硼飞　彭秀颖　彭启宝　谢　静
魏建明

《北京街道发展报告 No.2 椿树篇》
编　写　组

总　策　划　李　薇　连玉明　朱颖慧

主　　　编　连玉明

执 行 主 编　朱颖慧　邢旭东　张俊立

副　主　编　吴　佳　王彬彬

核心研究人员　（按姓氏笔画排序）

　　　　　　　　王　琨　王苏阳　王彬彬　邢旭东　朱永明
　　　　　　　　朱盼盼　朱颖慧　刘　征　米雅钏　李　帅
　　　　　　　　连玉明　吴　佳　张　南　张　涛　张俊立
　　　　　　　　陈　慧　陈盈瑾　陈惠阳　郎慧慧　孟芳芳
　　　　　　　　赵　昆　姜思宇　贾冬梅　高桂芳　唐　平
　　　　　　　　康晓彤　翟萌萌

主编简介

连玉明　著名城市专家，教授、工学博士，北京国际城市发展研究院院长，全国政协委员，北京市朝阳区政协副主席。兼任北京市人民政府专家咨询委员会委员，北京市社会科学界联合会副主席，北京市哲学社会科学京津冀协同发展研究基地首席专家，基于大数据的城市科学研究北京市重点实验室主任，北京市社会发展研究中心理事长，北京奥运功能区首席规划师，北京新机场临空经济区发展规划首席战略顾问。2013～2017年，在贵阳市挂职市长助理，兼任贵州大学贵阳创新驱动发展战略研究院院长、大数据战略重点实验室主任。

研究领域为城市学、决策学和社会学，近年来致力于大数据战略研究。著有《城市的觉醒》《首都战略定位》《重新认识世界城市》《块数据：大数据时代真正到来的标志》《块数据2.0：大数据时代的范式革命》《块数据3.0：秩序互联网与主权区块链》《块数据4.0：人工智能时代的激活数据学》《块数据5.0：数据社会学的理论和方法》等，主编《大数据蓝皮书：中国大数据发展报告》《社会管理蓝皮书：中国社会管理创新报告》《街道蓝皮书：北京街道发展报告》《贵阳蓝皮书：贵阳城市创新发展报告》《临空经济蓝皮书：中国临空经济发展报告》等。主持编制了北京市西城区、朝阳区、门头沟区和贵州省贵阳市"十三五"社会治理专项规划。

摘　要

构建超大城市有效治理体系是首都发展的要务。作为首都功能核心区，西城区带头以"四个意识"做好首都工作，坚持深入推进科学治理，全面提升发展品质的主线，不断加强"四个中心"功能建设，努力提高"四个服务"水平，城市治理能力和城市发展品质取得重要突破。街道作为基层治理的排头兵和主力军，发挥着不可替代的作用。西城区15个街道立足自身发展实际，统筹区域各类资源，构建区域化党建格局、加强城市精细化管理、提升公共服务水平、完善综合执法体系、精准指导社区建设，探索基层治理创新实践，积极为超大城市基层治理创新"过险滩""闯路子"，不断为基层治理增加新的内涵和提供可复制、易操作的鲜活经验，对于国内大城市基层治理创新具有极强的理念提升价值和路径借鉴意义。

《北京街道发展报告No.2椿树篇》以推进街区整理、不断提升核心区品质为主线，通过理论研究与实践探索相结合方式，对社区社会组织建设、基层党组织领导基层社会治理、市民素质教育发展等主题进行理论研究。同时，立足街道工作实际，对街道廉政宣传教育、在职党员到社区报到、非公企业党组织作用机制、平房区街巷准物业化服务等重点问题进行深入调查研究，总结梨园文化传承保护、区域性细颗粒物污染防治、基层协商模式、背街小巷治理等先进经验和做法。

在此基础上，椿树街道以打造"创新椿树、平安椿树、靓丽椿树、文化椿树、活力椿树、温馨椿树"为目标，坚持党建统领，强化党的建设、社区建设、廉政建设；坚持治理主线，聚焦"提升安全水平、缓解城市病症、优化美化环境、丰富群众生活"四大任务，不断提升环境精细化管理水平、全响应网格化管理与服务水平和公共服务水平。

目 录

代前言　提升城市品质要重视拆迁区治理……………………………………001

Ⅰ 总报告

B.1 椿树：以打造"创新、平安、靓丽、文化、活力、温馨"街区为
　　　重点　推进和谐宜居建设………………………………………001
　　一　椿树进一步推动基层治理创新面临新形势……………………002
　　二　打造"六个椿树"，推动"和谐宜居"建设……………………004
　　三　关于椿树街道进一步深化基层治理创新的思考………………018

Ⅱ 数据报告

B.2 椿树街道基于常住人口的地区公共服务调查报告…………………022
B.3 椿树街道基于工作人口的地区公共服务调查报告…………………040

Ⅲ 理论报告

B.4 以"本土化"思维推进社区社会组织建设
　　　——以椿树街道文体类社区社会组织发展为例……………………061

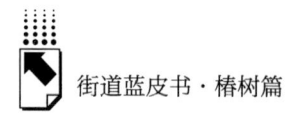

B.5 多元社会治理中基层党组织的地位和作用 ········· 076
B.6 以社区为切入点推动市民素质教育发展的研究 ········· 091

Ⅳ 调研报告

B.7 关于椿树街道开展廉政宣传教育工作的调研与思考 ········· 107
B.8 关于椿树街道开展"在职党员到社区报到为群众服务"
活动的调研与思考 ········· 122
B.9 关于建立非公企业党组织发挥作用工作机制的探索
——以椿树街道为例 ········· 136
B.10 关于椿树街道平房区街巷准物业化服务的探索实践 ········· 152

Ⅴ 案例报告

B.11 椿树街道探索梨园文化传承保护与基层公共文化服务
互动互促模式 ········· 165
B.12 椿树街道探索区域性细颗粒物污染防治模式 ········· 177
B.13 椿树街道以打造"椿议民情坊"探索基层协商新模式 ········· 187
B.14 椿树街道探索背街小巷治理新模式
——以前孙公园胡同环境整治为例 ········· 198
B.15 依托社会力量探索建立"椿龄六老"养老服务体系 ········· 207

Abstract ········· 215
Contents ········· 217

代前言
提升城市品质要重视拆迁区治理[*]

高兴春[**]

深入推进科学治理，全面提升发展品质，是西城区贯彻习近平总书记视察北京时重要讲话精神，落实新版北京城市总体规划的行动主线。作为首都功能核心区，西城区把科学治理和提升品质的重点放在难点问题和痛点部位上，放在区域的短板治理上。拆迁区治理一直是城市治理中的难点痛点问题和薄弱环节，提升城市品质必须破解拆迁区治理和环境品质提升问题。

一 椿树街道把拆迁区治理作为提升城市品质的突破口

在我国城市发展进程中，拆迁问题不仅关系群众的个人权益，还关系社会的安全稳定与和谐发展。一个外带圆圈的"拆"字，被赋予了很多功能和意义，它肩负着相关利益的调整，也隐含着潜在的问题与矛盾。在城市发展理念转变和治理转型的新阶段，西城区作为老城的重要组成部分，受政策调整、市场变化的影响，有多处地块处于拆迁停滞状态，由于拆迁区的拆迁和管理衔接不到位，缺少制度设计，导致拆迁停滞区成为城市治理中长期困扰城市管理者和地区居民的重点难点问题。作为西城区拆迁面积最大的街道，椿树街道在破解拆迁停滞区治理问题中进行了持续探索。

椿树街道区域面积仅为 1.01 平方公里，按照功能类型规划划分为文保

---

[*] 根据街道蓝皮书课题组对高兴春书记的访谈资料整理。
[**] 高兴春，中共北京市西城区委椿树街道工作委员会书记（2016 年 6 月至今）。

区、建成区及拆迁区。文保区（以南新华街，东椿树胡同为界，北起琉璃厂西街，南至前孙公园胡同）主要以保护提升为主，目前已引入准物业化管理，负责环境卫生、设施巡查、便民服务等，基本实现了精准服务，居民满意。建成区主要指建成的楼房小区、新闻出版署、联通大楼等办公楼宇及宣外大街商业街区等，街道、社区主要为其提供优质的办公环境及相关服务。拆迁区主要有棉花片、梁家园及庄胜三大块，目前均处于拆迁停滞状态，主体责任履职不到位，导致出现了一系列问题。

为此，椿树街道从四个方面着手，对拆迁地区目前存在的难点问题进行有针对性的治理。一是挖掘空间资源进行充分利用。自2012年起，街道先后利用拆迁闲置地建了2个便民停车场，2个文体广场及相关健身场所，可供居民休闲健身，满足了居民的健身需求，尤其是利用拆迁闲置地建了1个足球场，成为在北京率先由街道建设的足球场地。对于西城区面积最小街道拥有足球场这一创新举措，市区政府给予高度认同。二是解决基础问题保障基本生活。妥善解决拆迁区居民水、煤、电、气、热等问题，保障居民的正常生活。由于拆迁区的拆迁主体单位是企业，企业接管后责任不明晰，履行社会职责有所缺失。在拆迁期间，街道办事处承担了很多突发应急事件的处理，尤其是基础设施老化、下水系统不通畅、电线老化出现安全隐患等问题，确保居民的基本生活不受影响。三是加强环境治理。拆迁区普遍存在环境脏乱差现象，椿树街道高度重视拆迁区环境治理，仅2017年，在拆迁区砌围挡、拆违建、铺设渗水砖、粉刷墙面、安装便民设施、修建临时马路方便居民出行，同时对拆迁区进行绿化改造。四是加强对拆迁主体单位的监督管理。开展联合执法活动，规范施工，同时，督促拆迁主体单位履行防汛等责任，切实敦促各方履职履责。

二 拆迁区治理关键是完善配套机制和相关政策

尽管采取了一系列措施和办法，但根本问题仍然凸显。拆迁区目前存在的问题主要集中在三个方面：一是居民居住环境差，迫切需要改善；二是拆迁进度慢，矛盾积压；三是拆迁主体单位履责不到位，缺乏有效监管。目前，椿树街道拆迁区工作推进缓慢，特别是多处拆迁区域多年没有进展，其根本原因在于居民需求与拆迁提供的资源不平衡，譬如某拆迁地块，以腾退为主，腾退政策在住房改善方面与居民心理预期存在差距。另一地块目前是拆迁证已过期，且相关拆迁主体单位未续办拆迁证。导致这一地块目前实质上并没有明确的主体单位，拆迁处于长期停滞状态。椿树街道由于面积小，是西城区15个街道中唯一一个没有公园的街道，辖区居民对休闲健身空间非常渴望，同时街道辖区以平房院落为主，停车难问题也十分突出。为充分利用资源、优化地区交通及生活环境，街道通过反复调研沟通，向相关部门建议，将一处拆迁停滞地块进行征收利用，建设公共绿地，完善配套设施，利用地下空间建设停车场，缓解周边居民、商户停车难问题。

在此基础上，椿树街道进一步思考，要从根本上解决拆迁难题，还应设立必要的配套机制和完善相关政策。一是引入竞争机制。就椿树街道实际棚户区改造工作看，若拆迁主体单位实施拆迁有困难，拆迁主体又不变更，拆迁工作就会一直停滞，加之拆迁主体单位履责不到位，居民生活环境受到严重影响，应适时引入竞争机制，及时变更拆迁主体单位，保障拆迁工作继续进行。二是统一拆迁政策。椿树街道目前正在进行拆迁的相近区域、相邻地块有的采用腾退政策，有的采用拆迁政策，这种政策不一致，导致居民之间形成互相攀比与观望心态，加大了拆迁难度，建议相近区域统一拆迁政策。三是加大资金与政策扶持力度。目前拆迁持续时间长，出现拆不动的现象，一方面是居民对拆迁补偿的期望值较高，另一方面是房源的保障有一定困难，房源比较紧张，需要区级层面从资金与政策两方面给予大力支持。四是加大政策与相关法规宣传力度。深入了解居民的实际需求，掌握拆迁居民的动态，结合相关法律法规和拆迁政策，加大宣传力度，消除居民对政策的误解。

三 以拆迁区治理为契机促城市品质提升

加强区域治理，关键在精细上下功夫。目前阻碍椿树街道整体品质提升

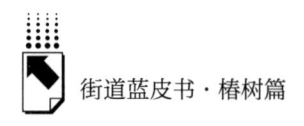

的制约因素有以下几点：一是拆迁区多，且短期内完成不了拆迁，使街道整体规划受限；二是平房区多，基础设施薄弱，如停车问题、架空线问题成为难题；三是历史文化保护与开发不足，椿树辖区有很多名人故居，但现在大多处于闲置或居民居住状态，没有得到很好的保护利用。

针对这些问题，椿树街道将以拆迁地区治理为突破口，加快实施疏解整治促提升任务，集中治理辖区内的违法建设、"开墙打洞"等问题，控制人口红线数量，促进交通微循环，进一步提升辖区业态，进一步优化便民服务。同时，椿树街道将进一步整合利用空间资源，力争为居民建造一座街区公园，营造优美便捷的生活环境，服务优质的工作环境，文化气息浓厚的旅游环境。

总 报 告

General Report

B.1
椿树：以打造"创新、平安、靓丽、文化、活力、温馨"街区为重点 推进和谐宜居建设

摘　要： 近年来，椿树街道按照北京市委市政府及西城区委区政府总体部署和要求，紧紧抓住北京城市总体规划颁布实施、非首都功能疏解等重要机遇，进一步转变基层治理理念，围绕"和谐宜居"建设目标，以党建带动基层治理创新、完善社会治安综合治理、推进环境精细化管理、积极打造街区文化品牌、推动服务和管理转型、进一步完善公共服务等，打造创新、平安、靓丽、文化、活力、温馨的街区，从而更好回应老旧平房区与文保区集中并存情况下，辖区群众对和谐宜居的强烈诉求。本文对"和谐宜居椿树"建设成果及下一步治理重点进行梳理并提出相关建议。

关键词： 椿树街道　基层治理　"六个椿树"　和谐宜居

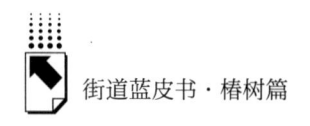

一 椿树进一步推动基层治理创新面临新形势

（一）"共建共治共享的社会治理格局"为基层治理提供了方向性引导

党的十九大报告提出，要"打造共建共治共享的社会治理格局"。这从根本上体现了以人民为中心的主体定位，内含着对全体人民意志的遵从、对全体人民参与权利的肯定、对全体人民利益的敬畏。这一提法对中国基层治理提供了方向性指导。

共建即共同推进社会建设。通过一系列政策安排，为市场主体和各种社会力量创造发挥作用的更多机会，共同推动社会事业发展、社会福利完善，这是全体社会成员的共同责任。责任意识的培育、责任落实机制的完善，对基层治理创新提出了更高要求。

共治即共同参与社会治理。参与权是人民群众的一项重要权利，也是人性需求的组成部分。物质匮乏的社会阶段，人们参与公共事务的动力尚不突出。但是到了新的社会主要矛盾形成的今天，马斯洛需求层次规律开始发挥作用，人民群众对于民主、法治、公平、正义和个人价值实现的愿望日益凸显。因此，党和政府要为人民群众参与社会治理创造条件。

共享即共同享有治理成果。我们追求的发展是造福人民的发展，我们追求的富裕是全体人民共同富裕。改革发展成功与否，最终判断标准是人民能否共同享受改革发展成果。因此，共享治理成果，既要有保障民生的决心，还要有改善民生的思路，更要有共享的制度保障。

改革开放40年来，尤其是进入新世纪新阶段以来，我国经济社会发展深刻变革，社会结构深刻变动，利益格局深刻调整，思想观念深刻变化，为此，要求治理目标、方法、模式都要现代化。街道作为政府派出机构，是社会治理的基础平台，社区作为城市的基本构成单元，是联系政府和社区居民的桥梁纽带。深入研究社会治理的基本规律，推进基层治理现代化，成为当前一项十分紧迫的重要任务。

（二）首都新战略定位为基层治理提出目标性要求

当前，首都明确了全国政治中心、文化中心、国际交往中心、科技创新中心的战略定位，进入了建设国际一流的和谐宜居之都的新阶段。有序疏解非首都功能是落实城市战略定位、治理"大城市病"、实现可持续发展的阶段性要求，是京津冀协同发展战略的核心，是关键环节和重中之重，对于推动京津冀协同发展具有重要先导作用。与此同时，新颁布的《北京城市总体规划（2016年—2035年）》，进一步细致描绘了北京未来的发展蓝图，与之相适应的特大城市治理体系呼之欲出。

椿树街道地处高端产业发展带和传统文化保护带交汇处。椿树街道历史悠久，文化底蕴深厚，著名的琉璃厂西街历史文化保护区坐落于此，最有代表性的琉璃厂已有700多年历史，汇聚着荣宝斋、一得阁、清秘阁等中国老字号企业，另有安徽会馆、京报馆等6处文物建筑，文化产业发展条件得天独厚。国家新闻出版广电总局、中国联通北京分公司、荣宝斋等大型企事业单位聚集。与此同时，椿树街道源于椿树胡同，早在明清时期便是北京重要居住区，时至今日，椿树地区有大小胡同92条，目前建成区4个，拆迁区5片，平房区街巷60处，是北京市西城区面积最小、人口密度较大的一个街道。辖区内平房区较为集中、流动人口集聚，拆迁区域约占辖区面积的1/3。作为老城区，在基础设施和民生保障等方面欠账多，差距大，目前正在推进的棚户区改造、非首都功能疏解、文物腾退修缮等工作为根本上解决这些治理难题带来了契机。随着城市化进程的加快，城市功能迅速扩展，外来务工人员、流动人口、养老及社会保障等城市社会问题大量涌现，导致街道社区工作任务不断膨胀，造成"看得见的管不了，管得了的看不见"现象普遍存在，出现"纵向管不到底，横向管不到边"的严重弊端，成为基层治理的新挑战。

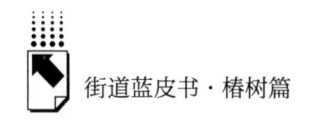

（三）民生诉求升级对基层治理提出新挑战

一是面临社会关系复杂化的挑战。在经济转型和社会转轨的过程中，历史问题和现实矛盾相互交织，平衡公共利益和个体诉求的难度明显加大。特别是在西城区，驻区机构数量众多，人口密度大。其中椿树街道聚集了市属单位46个，区属单位75个，街属单位6个，无主管单位351个，利益关系错综复杂，这就要求在基层治理当中综合施策，协调统筹各方面的利益关系。

二是面临社会需求多样化的挑战。经济社会的快速发展，人们的生活水平普遍提高，同时，群众的需求也呈现出多层次、个性化的特点。群众对生活需求不仅要过得去，还要过得好，特别是在环境保护、公共安全、基层自治、民众服务等方面，人们的权利意识、法制观念、参与精神更加强烈，要求街道在基层治理中，不断改善服务，提高标准，满足多样化的社会需求。

三是面临社会价值多元化的挑战。随着社会结构的急剧变化，人们的价值理念、思想观念也在不断改变。椿树地区一方面有人保财险总公司和新华图片社等大型集团公司，另一方面在众多的平房区还居住着大量的流动人口和低收入人群，社会阶层分化的特征也更加的明显，不同群体有不同的追求，这要求在基层治理工作中，要正本清源，强化核心价值观的引领。

二 打造"六个椿树"，推动"和谐宜居"建设

2015年底，中央城市工作会议指出要建设和谐宜居、富有活力、各具特色的现代化城市。首都则进一步明确了"四个中心"的功能定位，以及努力把北京建设成为国际一流的和谐宜居之都的发展目标。基于此，椿树街道针对辖区群众对和谐宜居诉求强烈，辖区传统古都风貌与现代城市功能并存，"知名旅游区+古都旧城风貌区+老旧平房区"相互叠加的特征，提出

打造"创新椿树""平安椿树""靓丽椿树""文化椿树""活力椿树""温馨椿树",以党建带动基层治理创新、完善社会治安综合治理、推进环境精细化管理、积极打造"文化椿树"品牌、推动服务和管理转型、进一步完善公共服务,努力实现"和谐宜居椿树"的发展目标。

(一)以党建引领治理创新,打造"创新椿树"

基层党建是街道开展各项工作的引领,党建格局形成后才有社会治理方法创新与效果应用,才会体现出城市品质内与外的精致,从而又可以为基层党建创造良好的政治生态环境,达到三者之间的循环共赢。为此,椿树街道突出党建引领社会治理,推动基层治理创新。

1. 构建"大党建"格局,探索"党建+"模式

近年来,椿树街道加强对党建工作特点和规律的研究,构建"大党建"格局,探索"党建+"模式,推动社区党建与辖区单位、新兴领域党建融合,打造区域化党建工作品牌,推进街道基层党建工作创新。加大对党建工作重点、难点、热点问题研究和破解力度,在机关党建、社区党建和非公党建等方面有所创新。强化对工会、共青团、妇联的带动作用,充分发挥群团组织的整体效能。通过召开党建联席会议,探索社区间的互助共建和驻区党组织跨社区志愿服务活动,将7个社区和楼宇工作站采取两两结对的方式,实现区域化党建的协调发展。椿树街道不断完善和巩固辖区党建工作联席会机制,扩充成员单位,共同完善《椿树街道党建工作联席会议制度》,探讨区域化党建工作面临的新形势、新问题,形成"以共建目标为引领、以共建机制为保障、以共建载体促推动、以共建资源作支撑"的基本思路,深化拓展区域化党建工作的服务机制,构建资源共享的服务平台,营造地区党建工作齐抓共管、群策群力的良好氛围。

2. 强化"红墙意识",提升基层党组织整体功能

椿树街道针对基层党建工作中的薄弱环节,坚持问题导向,不断强化基层党组织政治功能和服务功能。通过基层党建讲习所和专题培训班等方式,加强对党员群众的思想引领和政治带动,引导辖区广大党员干部牢固树立

"四个意识"①，强化首善意识和"红墙意识"②，保证中央、市委、区委的各项决策部署在椿树不折不扣贯彻落实好。围绕文保区、居住区、拆迁区并存的区域特点和治理要求，深化"一增强两提升"③工程和"服务先锋"④工程，引导辖区广大党员在区域转型发展和提升城市品质的实践中强化功能、争做表率。需要指出的是，街道扎实推进"两学一做"学习教育常态化制度化，将不断增进党建活力作为提升基层党组织整体功能的有效手段，其创新性主要体现在三个"合"上。一是在内容上做到有机结合。党课教育与党风廉政教育相结合，党课教育与意识形态工作相结合，党课教育与街道中心工作相结合。二是在手段上做到相互融合。传统媒体与新媒体相融合，理论授课与参观见学相融合，"四个意识""红墙意识"与"五零服务"⑤"爱心汇""椿议民情坊"等椿树品牌相融合。三是在资源上做到统筹整合。通过党建联席会整合辖区党建资源，通过居民议事会整合社会治理资源，通过"椿树杯"系列活动整合地区文体活动资源。

3. 以规范化建设为突破口，探索新形势下党员管理服务的方式方法

规范党员经常性教育、三会一课、组织生活会等党员教育管理工作流程，用执行制度实现党内生活的规范化、经常化。严格落实基层党建工作责任制，不断强化党组织书记抓基层党建工作第一责任人的职责，明确街道工

---

① "四个意识"是指政治意识、大局意识、核心意识、看齐意识。这是2016年1月29日中共中央政治局会议最早提出来的。
② 西城区的干部群众在长期工作生活当中逐渐形成和培育出来的一份特殊的使命感和责任感，被称为"红墙意识"。这是北京市西城区人民基于中南海周边的特殊地理位置、厚重的历史文化传统和坚定的共产主义信念，发自朴素的自豪感、获得感、幸福感而在长期社会实践中形成的一种思想境界和价值追求。
③ "一增强两提升"即"增强基层党组织战斗堡垒作用，提升党员意识和党员作用"。
④ 2016年10月，中共北京市西城区委组织部印发的《关于加强和改进社会组织党的建设工作的实施方案》，提出积极实施"服务先锋"工程，围绕社会组织健康有序发展、贴近职工群众需求、突出社会组织特点、立足促进基层社会治理等方面，积极开展各类服务单位、服务职工、服务社会的活动，特别是要积极参与区域化党建工作，主动融入区域发展大局，积极开展共驻共建活动，使服务成为党组织的鲜明主题。
⑤ 五零服务即"服务居民零距离、业务办理零推诿、为民办事零拖延、目标任务零积压、服务态度零投诉"。

委书记和社区党委书记、党支部书记和党员党建主体责任清单，制定领导班子职责手册，压牢压实党建主体责任。开展软弱涣散党组织整顿和转化工作，对辖区47名失联党员进行集中排查，进一步核查党员身份信息，理顺党员组织关系，健全完善党员档案。加大基层党组织和党务工作者队伍建设的力度，积极推进党支部规范化建设试点工作，选取了12家社区党支部、4家非公党支部参与试点建设工作，涌现出华夏保险北京分公司党支部和清秘阁党支部等典型。严格党员发展和处置工作，完善老党员和困难党员动态管理和帮扶机制，加强对党员的关心关爱，开展庆"七一"系列活动，组织党员宣誓、献爱心、走访慰问困难党员、在职党员到社区统一行动日活动等。用足用好党组织服务群众经费，7个社区2017年共完成16个服务群众项目，投入经费148万余元，切实解决了一些群众面临的现实难题。

4.加强群团工作，凝聚各方力量共建共治共享

加强党对群团工作、各方力量的领导作用，突出党建引领，探索社区间的互助共建和驻区党组织跨社区志愿服务活动，重点打造"企业党员服务一条街"，实现区域化党建的协调发展。充分发挥街道总工会组织的职能作用，对非公企业困难职工进行慰问，走访、调研辖区内非公企业，听取企业职工关注的热点、难点问题及建议。完成工会服务站示范站的达标创建工作，确保非公企业建会率和会员发展率目标实现。利用"青年汇"组织，引导、丰富辖区青少年课余生活，开展形式多样的主题团日活动，培养辖区青少年爱国主义思想和自己动手的能力。完善市、区侨办部署的归侨、侨眷的登记、备案工作。认真开展侨法知识宣传，充分发挥地区商会作用，做好地区统战工作。加强团的基层组织、"妇女之家"建设，凝聚社会力量共同服务妇女儿童。

（二）以"大安全"观促进治理创新，打造"平安椿树"

多年来，椿树街道持续保持安全稳定，没有发生影响国家安全和政治稳定的重大事件、严重暴力恐怖事件，没有发生过造成重大影响的群体性事件、社会反映强烈的重大恶性案件和治安灾害事故。在此基础上，

椿树进一步树立"大安全"观，推进安全体系建设，目前共创建平安社区4个，平安单位10家，平安校园2个，平安院落255个，平安胡同14条，平安创建工作取得了显著成效。健全社会治安防控体系，完善矛盾纠纷解决机制，建立以民意为导向的平安建设机制，成为椿树街道推动基层治理创新的重点。

1. 巩固社会治安综合治理

一是深化立体防控。组建辖区反恐处突小分队，配齐各类应急装备，开展辖区社会面巡逻防控和群防群治点位布控工作。参与重点区域和重点地区执勤巡逻工作。广泛动员社会力量和辖区群众参与，形成专群合力，营造政府、社会力量、辖区群众共保平安的格局，确保平时和特殊时期、重要节点辖区的安全稳定。二是推动科技创安。继续开展监控全覆盖工作，已经形成了强有力的监控天网。三是完善地区微型消防站建设，提高消防能力。建立微型消防站，全市范围率先建设社区级微型消防岗亭。组织消防培训演练，落实消防安全网格化管理。四是维护社会秩序。将综合治理、重点整治和平安社区建设相结合，推动各类案件率持续下降。加大对游商和"黄牛"打击力度，对琉璃厂西街开展日常巡逻，改善乱停乱放、游商扰序等难题，实现安全监管常态化，规范经营秩序，还琉璃厂文化一条街文明优雅。五是强化重点专项治理。开展治安重点地区整治，开展禁毒宣传、精神病人防控、重点人管控等工作，加强防范宣教。

2. 夯实安全生产和食药安全

一是广泛宣传。开展各种安全生产和食药安全的宣传，走进单位、现场和居民，先后举办了第二届"椿树杯"安全生产知识竞赛、"咨询日"、"食品药品百场讲堂进西城"第一站走进宣东社区等活动。二是落实安全生产监管。开展安全社区创建工作，抓好烟花爆竹监管，对全辖区燃气用户进行了检测，更换存在隐患的液化气连接软管和减压阀。举办安全生产知识竞赛及大型企业消防联合应急演练。开展大型宣传、培训、联合执法、检查等工作。为餐饮单位安装可燃气体报警系统，抓好安责险投保及小微企业标准化建设，完成投保指标任务和小微企业达标任务。三是抓好安全生产监督检查。坚持"每日一会商,一周两调度"和处级干部带队夜查机制,整改消防隐患。与辖区400家企业签订了责任书,积极开展对隐患的排查整治。四是强化食品药品安全监管。针对餐饮服务单位量化分级管理评定,抓住集体用餐单位、无证无照经营、社会关注度较高的食品安全事件等开展专项整治。

3. 推行矛盾纠纷排查化解

一是深入开展"访民情、听民意、解民难"活动,街道处级干部包社区、科级干部包网格,确保各社区、各网格社情民意畅通。二是依托各社区定期开展矛盾纠纷排查,将矛盾分级分类,统合律师、民警、法官等司法力量,开展矛盾纠纷调处。街道按照"属地管理"和"分级负责、归口管理"原则组织行政专业力量进行调解或处理。深化信访"手拉手"工作,落实矛盾排查会、领导信访日、专项问题协调会制度,主动做好矛盾纠纷排查和调解,形成"大调解"格局。三是做好信访接待工作,落实领导包案责任制,推动重点难点矛盾纠纷及时解决。开展信访排查例会,对疑难问题进行有针对性的研究,妥善解决信访工作中的各种疑点难点问题,努力将各类矛盾纠纷在街道层面进行有效控制和化解。

4. 抓好重点难点社会问题整治

首先抓好对流动人口的服务管理。一是加强流动人口的数据采集。按照"以证管人、以房管人、以业管人"要求,配备移动数据采集终端,提高地区流动人口的采登率,完善台账。二是加强对辖区流动人口和出租房屋的实时登记,做到"来有登记,走有注销",底数清,情况明。三是加强对流动人口居住环境的安全管理和实时监测,确保配套生活服务设施安全和使用安全。其次是做好重点人群的服务管理。一是做好刑满释放人员的安置帮教工作,重点解决帮教人员的生活困难、就业等现实生活问题,努力帮助他们重新融入社会。二是做好吸毒人员的帮教工作,通过药物治疗、社会干预等方式解决吸毒人员的毒瘾和社会交往等问题,防止其复吸。三是加强对暴力倾向精神病患者管护,落实家庭、社区和精神病院对暴力倾向精神病患者的看护管理责任,防止意外伤害事件发生。四是重点关注矛盾纠纷当事人特别是重大矛盾纠纷当事人,在做好排解矛盾的同时测评其家庭、思想、经济、社会交往等四要素变化，防止其由于矛盾难以解决或激化迁怒于社会而做出危害社会公共安全的行为。

5. 落实功能疏解，维护地区安全和稳定

一是积极推动地区人口调控。探索流动人口服务管理新模式，推动基本公共服务向常住人口全覆盖。按照"以证管人、以房管人、以业管人"要求，综合运用多种手段摸清流动人口底数，建立流动人口工作台账，全面开展地区违法出租房屋专项治理工作，对违法群租房实施"零容忍"。整治不规范"七小"商户。二是直管公房清理及地下空间整治。清底数、建台账、定方案。消除直管公房、地下空间散租住人现象。三是注重法律宣传。开展与疏解整治相关法治宣传专场，并提供咨询服务。组建"疏解整治疑难纠纷调解团"，增强矛盾纠纷处理的及时性和针对性。

（三）以环境精细管理推进治理创新，打造"靓丽椿树"

椿树街道通过精细化服务、精品化改造、常态化治理等手段，积极打造靓丽椿树品牌，不断提升辖区环境品质。

1. 精细化管理，做好城市运行保障

一是建立问题为导向的城市精细化管理工作机制。通过全响应社会服务管理信息系统、社区楼门院长信息系统、"访听解"工作体系、社情民意调查、居民随手拍APP等多种方式和渠道，及时收集和发现各类城市管理重点难点问题，建立问题台账，根据街道各科站队所和社会单位职责，针对辖区存在的各类重点难点问题，积极加强调查研究，充分论证，制定切实可行、责任明确的整治工作方案和应急预案，保持对各类重点难点问题整治的力度，严格防止各类重点难点问题发展成为危害地区公共安全的隐患。二是结合"访听解"工作模式，建立分级分类处置环境建设事项机制和分区分片开展城市管理工作方法，投入资金，探索精品胡同准物业化管理办法，开展试点，逐步推广打造精品胡同。三是加强拆迁区管理。统筹物业单位、拆迁主体、服务部门，及时解决影响居民正常生活的水、煤、电、气、热等问题。及时处理拆迁区环境问题。四是加强环境保护和应对自然灾害处置能力。巩固"无煤化"成果,加强空气质量保障任务。建立健全河长制工作制度,做好区级节水单位创建工作。严格落实防汛责任制,确保拆迁区居民生命财产安全。五是推进街区整理。结合辖区实际,委托专业公司开展街区设计。六是改善交通微循环。利用拆迁滞留地修建道路,实行单停单行,提高通行能力。

2. 精品化改造,改善街巷胡同环境

一是实施小区环境美化改善工程,对街巷道路进行整修铺设和设置交通硬隔离,提升地区环境品质。开展精品街巷整治,对老旧设施进行更换维修。利用拆迁区闲置空地,建设多个服务民生设施,得到了辖区居民的广泛欢迎和好评。对部分胡同进行绿化景观提升改造,增加小微绿地,增加绿化面积。二是以背街小巷整治提升为抓手,以精品化为着眼点,以点带面优化、美化辖区环境。以辖区背街小巷及主要大街街巷长为统筹,努力推动"十有十无"① 创建。依托专业队伍清理堆物堆料、大件废弃物、废旧非机动车辆等。三是规范占道经营、清理无照经营、拆除违规广告牌匾、规范围挡、拆除非法地锁、查处城市管理违章。

3. 常态化治理,优化地区发展环境

一是加强疏解整治促提升工作。开展地下空间清理、群租房治理、直管公房转租转借清理,治理"开墙打洞",实现了宣外大街无"开墙打洞"示范一条街目标,逐步向胡同院落推进。整治"七小"业态,建立不规范"七小"台账严把准入关,对辖区华大菜市场、北京双福旅馆进行撤市。开展"拆违"工作,坚持"新生违建零增长,已有违建负增长",将拆违与精品街巷建设相结合,拆除街巷内的煤棚,利用拆除后空间建设晾衣竿便民设施或建设花坛。二是推进准物业化管理,解决老旧平房区物业管理难题。委

---

① "十有十无"中"十有"就是每条背街小巷有政府代表(街长、巷长)、有自治共建理事会、有物业管理单位、有社区志愿服务团队、有街区治理导则和实施方案、有居民公约、有责任公示牌、有配套设施、有绿植景观、有文化内涵;"十无"就是无乱停车、无违章建筑(私搭乱建)、无"开墙打洞"、无违规出租、无违规经营、无凌乱架空线、无堆物堆料、无道路破损、无乱贴乱挂、无非法小广告。

托专业公司管理，实现辖区物业化全覆盖。从环境卫生延伸至为老服务，实现环境卫生、绿化养护、秩序维护、设施维护等精细化管理。三是试点推进垃圾分类。及时更换破损垃圾箱，清理无主垃圾渣土。安装宣传栏和分类桶，为居民发放垃圾桶和垃圾袋，组织开展垃圾分类知识绿色沙龙等宣传活动，引导居民自觉参与垃圾分类，有效提升垃圾分类率。

（四）以精神文明建设推进治理创新，打造"文化椿树"

围绕西城区"文化兴区"发展战略，椿树街道积极打造"文化椿树"品牌，从举办特色文化品牌活动、丰富群众性文体活动、加强学习型社区建设、培育和扶持社会组织、培育良好社会风尚、提升社会文明程度等方面，推动辖区文化事业的蓬勃发展。2017年，椿树街道获得"首都文明单位"称号，多个社区获得"首都文明社区"称号，多家企业获得"首都文明企业"称号。

1. 推动街道文化品牌建设

椿树街道将传统文化不断发扬光大，把街道自有品牌建设与组织积极参与有机结合，以品牌为引领，扩大椿树影响力，带动文体事业的快速发展。一是打造"椿树杯""一杯、一毽、一球"三个独特文化品牌。一杯即"椿树杯"京剧票友大赛，鼓励广大票友在传承中创新，将更多的艺术形式与京剧结合，促进文化惠民活动扎根基层，成为市、区小有名气的京剧文化名片，并通过海外票友的交流参与将影响扩展到海外华人华侨、侨眷中。一毽即"椿树杯"花毽邀请赛，已举办了六届，全市各区县均有队伍参加。一球即"椿树杯"五人制足球赛，由专业社会组织承办，将参赛范围从椿树辖区扩大到西城区委办局和兄弟街道，实现"小比赛、大融合"。二是以"弘扬民族艺术，树立文化自信"为初心，举办琉璃厂"文房四宝艺术节"。充分利用荣宝斋、一得阁、清秘阁、戴月轩等琉璃厂著名老字号文化企业资源，开展"荣宝风华""斗方瑰宝""水墨春秋""妙笔生花"四大主题活动，并将活动进行延续，开展"文房四宝艺术进社区——喜迎十九大"主题系列书画活动。2017年圆满举办首届琉璃厂文房四宝艺术节和"亮灯祈福·迎春灯谜"椿树街道首届灯谜会,通过亮灯祈福仪式、原创灯谜猜谜兑奖会、春节节日民俗体验、志愿服务一条街等多项内容,弘扬中华传统文化。三是重点打造会馆品牌。保护性挖掘和利用安徽会馆,组织京剧票友、社区居民等不同人群进行参观体验;在大戏楼举办"椿树杯"京剧票友大赛、书画笔会、少儿京剧观摩课堂、社区京剧队排练等一系列文化活动,为社会组织展示交流提供平台。

2. 丰富日常群众性文体活动

椿树街道秉承群众性文体活动"既要办起来还要走出去"的理念,通过举办各种活动丰富活跃群众文化生活。比如,椿树街道举办老年文化节暨本土化文艺团队竞演、全民冰雪运动推广季等活动,开展春节、清明、中秋等传统节庆活动,开展摄影知识讲座,推进非遗进社区、进校园活动,组织居民、青少年学习葫芦烙画、裕氏草编、老北京兔儿爷绘画等非遗技艺传承活动。

3. 加强学习型社区建设

椿树街道将打造线上学习平台和建设线下文化活动场所结合起来,打造市民学习平台和社区工作者学习平台两大线上平台。积极开展市民终身学习认证,开展市民学习周系列活动,定期开展舞蹈、摄影、书画、京剧等讲座,开展献血、艾滋病防控、辖区单位及居民红十字急救培训等主题宣教活动,培养全民急救自救的能力。创建"翰墨艺苑"等学习型示范社区项目,创建打造学习型示范社区。此外,街道还设计建设"百姓文化之家",建设百姓学习交流的物理空间和精神家园。

4. 开展社会化文化惠民活动

街道十分注重辖区文体娱乐类社区社会组织的培育和发展,并通过完善奖励制度,对符合条件的社区社会组织进行奖励扶持,以进一步推动社会化文化惠民活动的开展。截至目前,已积极打造椿树街道"美丽人生幸福耄年"社区老人集体生日会、乐听助盲、"治未病"等社会化文化服务项目,为辖区居民提供多样化的文化志愿服务。街道注重志愿者队伍的建设,依托街道志愿者分会平台,组建国家新闻出版广电总局等8支志愿服务队,与广

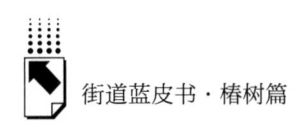

电总局合作开展的"书香蒲公英"项目,得到辖区居民的广泛欢迎,延伸了专业化的志愿服务功能。

5. 培育良好社会风尚提升社会文明程度

一是策划组织文明劝导志愿服务项目。开展"美好街巷·文明接力"志愿服务系列活动。陆续举办"美好街巷·文明好主人""美好街巷·文明有我""美好街巷·文明出行""美好街巷·文明邻里"活动,倡导文明养犬,营造文明经营氛围,树立文明交通新风,共建美好街巷。二是利用"椿风"宣讲团传递正能量,开展"百姓宣讲"工作。围绕"砥砺奋进的五年"这一主题,精选优秀宣讲稿,对百姓进行宣讲。陆续开展"好家风·润童心"最美家风故事演讲,"不忘初心,永远跟党走"优秀共产党员事迹宣讲等。三是抓好道德讲堂系列活动。通过开展主题道德讲堂营造崇德向善的氛围。举办"泼墨人文·大写椿树——文房四宝进社区""砥砺奋进的五年"等主题道德讲堂,大力弘扬翰墨文化,展现椿树喜人变化、好人好事。四是抓好先进典型挖掘推广,加大"北京榜样"举荐宣传。红线京剧社入选"2017北京榜样",梁家园居民黄斌入选"西城好人"。

(五)以管理服务转型推进治理创新,打造"活力椿树"

椿树街道以活力为驱动,以群众满意为出发点和落脚点,有效整合管理和服务资源,推动建立政府调控机制和社会调节机制互联、政府行政功能和社会自治功能互补、政府管理力量和社会服务力量互动的社会服务管理网络,为促进辖区经济社会发展营造稳定的社会环境和良好的发展环境。

1. 强化依法行政工作

街道加强公务员队伍建设,开展适应工作业务特点的各种培训活动,树立街道公务员遵纪守法意识。做好综合考核管理,认真查找公务员和规范化管理干部工作作风及工作纪律遵守情况、制度执行情况等,增强综合素质,通过督查督办推动工作落实。充分发挥街道、社区两级法律顾问的辅助决策作用，加强政务公开、事项办理，不断提升辖区依法行政、依法处理事务的意识和水平。加强制度建设，聘请第三方事务所协助建立街道内控体系，落实中央八项规定，严格规范公务接待、公务用车等。

2. 突出全响应网格化管理与服务的作用

发挥街道统筹作用，以社区为重点，以信息化为支撑，持续完善"全响应"网格化建设，开展民情民意收集、化解矛盾纠纷、为民办实事、日常管理服务等工作，做好民情日志收集工作，按照五类案件，即行政服务、社会管理、社会服务、应急处置、城市管理，进行分类处置，网格监督队及时发现并上报问题。在违法群租房治理中，积极发挥社区网格员的作用，把工作做到每家每户。加强应急管理，从宣传培训、模拟演练、应急物资储备等方面不断加强应急管理，提高街、居、民三级处置应对能力，尤其是重大节假日、重点时期的应急管理，提高应对处置能力。

3. 提升社区建设水平

一是完善群众参与机制。持续开展社区参与型协商工作，进一步深化社区协商治理；打造"椿议民情坊"，围绕居民需求，构建民事"民提、民议、民决、民评、民享"的"五民"体系，以"椿议民情坊"为平台成功尝试街道养老服务驿站服务商票选，探索建立街道参与型协商的新模式。通过每年召开社区居民代表会，收集意见建议，并将任务分解到相关责任部门，加强督办执行；指导各社区成立背街小巷自治共建理事会，发挥自治作用，解决民需。二是提高社区服务效率。推进社区减负增效，清理社区居委会日常出具证明事项202项。严格社区公益金资金使用，开始上线使用"椿树街道社区经费管理系统"，加快审批效率。明确社区工作者入户走访制度，建立社区家庭档案，及时了解居民生活需求。对社区服务站的工作台进行改造，完善社区"一门式服务"基础建设。促进信息化建设，构建和完善"一体系、三平台"系统，通过了区科信委项目专家验收评审。三是加强队伍建设。根据实际需要及时招录社区工作者，明确社区工作者考勤纪律，加强社区工作者培训，建设社区工作者网络学习平台，开展专业拓展、"老带新"结对子学习、业务工作分析会等多种形式的活动，支持社区工作者参加社会工作者职业水平考试。深化"双核双向360度"[①] 社区工作者绩效管理体系，组织社会工作者进行考核，以绩效考核促服务提质增效。

4. 培育社会组织有序发展

一是打造本土队伍。抓枢纽，推进社会组织孵化培育管理中心建设，引领社会组织从单纯"兴趣型"向"兴趣型+互助型"转变；建队伍，近两年街道培育新增社区社会组织9个，现有社区社会组织达到98个。梳理椿树街道社区文化团队资金使用制度，搭建展示交流平台，举办文艺团队竞演，并对优秀团队进行奖励扶持。二是引入专业组织。开展"专业社工助推社区社会组织发展（1+1）行动"助推项目，梁家园社区"暖邻助老关爱服务队"和香炉营社区"志愿服务队"两个1+1助推项目通过规范化评估。三是规范项目制度。委托第三方制定社会服务项目管理流程与标准，进行服务项目管理。四是探索购买机制。引入竞争性洽谈模式，汇集专家、购买方代表、居民代表各方意见，选择购买服务项目的承接方。

（六）以公共服务完善推进治理创新，打造"温馨椿树"

保障群众基本利益、解决好民生问题，是社会治理的根本。因此，椿树街道把改善民生作为社会治理创新的重点，以保障和改善民生为导向，着力扩大公共产品及公共服务的供给能力和覆盖范围，积极营造街道温馨氛围，在帮困解难、公共服务中落实惠民政策，不断夯实社会稳定基础。

1. 逐步提升公共服务标准化建设

街道进一步转变工作理念，坚持在管理中体现服务，在服务中实施管理；坚持一手抓服务，一手抓管理，创新行政管理方式，实现"管理行政"向"服务行政"的职能转变和"管理者"向"服务者"的角色转变。扎实做好街道公共服务大厅及各工作站工作，实施"一站式"服务，不断提升

[①] "双核"：即社区工作者的工作评议由"内部组织评议"和"外部群众评议"两个核心部分组成。"双向"：指社区工作者在接受外部群众评议时，对其工作开展的主动评议和被动评议两个评议方向。"360度"：是目前世界上已被广泛应用的绩效管理工具，从被评议者的自我、上级、平级、下级、客户等多角度全方位进行综合评价。

服务质量。全面开展窗口标准化管理、服务方式创新工作，推进简政放权放管结合优化服务改革。认真做好就业促进、社会保险、社会救助、社会福利、住房保障、教育、医疗卫生、科技、文化、体育、人口和计划生育、公用事业、扶贫、政府信息公开等公共服务工作。提供登记办证、就业介绍、劳动保障、政策咨询、权益维护、计划生育等管理服务，全面实行办事公开制、首问首办制、限时办结制、超时默许和暂停服务预告等制度，简化办事程序，提高服务效率，增强政府公信力。按照"政府主导、社会参与"的原则，突出行政机关作为政府服务的责任主体地位，充分调动各类服务资源的积极性、主动性和创造性，实现服务主体和服务方式的多元化。推行政务公开，加快电子政务建设，推进公共服务信息化，积极搭建政务服务平台、社区服务平台、社会求助服务平台等三大综合服务平台，为群众提供方便快捷优质服务。

2. 落实各项保障和救助

一是发挥辖区企业联盟作用，搭建企业联盟成员单位和求职人员需求平台，建立就业困难群体安置基地，走访企业，采集岗位信息，努力挖掘就业岗位，加大对低保等就业困难人员的就业援助和帮扶。加强基层社保服务标准化建设，打造基层社保服务平台，实现一体化办公。规范窗口服务，开展政策依据、工作内容、经办流程、答复口径、办结时限"五统一"活动，使居民享受方便快捷的服务。二是做好辖区居民医疗保险参保、灵活就业补贴、城镇居民和社会化退休人员的服务工作。开展各项保障性住房相关手续办理。加大计生服务力度及对特殊困难群体的帮扶，做好政策的宣传、教育和服务。开展"劳动用工规范一条街工程"工作，规范劳动力市场及劳动用工，保障劳动者合法权益。严格规范社会救助的审核程序，执行社区评议、街道联审会评议制度，实现社会救助的动态管理，做好低保家庭，困难老人、妇女、儿童、残疾人、精神病人等各类特殊人群的基本保障、临时救助、医疗救助、季节性走访慰问等帮扶工作。

3. 持续优化养老服务

一是架构养老服务工作新模式。引入社会力量广泛参与，发挥专业养老机构对社区托养和居家养老的辐射和拓展作用，推进养老服务市场化、规模化、专业化，实现机构、社区和居家三类养老服务相互依托、资源共享、协调发展，全面覆盖辖区居民养老服务需求。打造"椿龄"工程，完善"椿龄"养老服务体系。建立养老服务驿站，由居民票选出首家社区养老服务驿站运营商。组建辖区单位为老志愿服务队，设立椿龄关爱点。引进专业队伍，开展主题活动、入户走访、精神慰藉，培养为老志愿服务带头人，扩充为老志愿服务队伍，提升服务水平。充分利用重点节假日，促进为老志愿服务常态化。发挥新注册成立的街道老年协会作用。整合统领地区社会组织和社会力量，建立街道老龄、老年协会和社会单位联席会议制度，研究制定地区老年服务事业发展政策和措施，促进规范化建设。二是保障老年人权益。重视老人安全，加强巡视工作，利用"零距离"系统终端和手机APP对高龄、空巢、独居等重点老人加强日常巡视，及时对老人进行帮困。加大宣传力度、开展失能评估。对符合条件、有需求的老年人开展入户评估失能级别工作，并实施"医养结合"健康零距离健康监测服务项目。完成区老龄活动，组织辖区老人参加乒乓球赛、郊游踏青等活动，开展法律维权讲座、养老膳食养生讲座、心理咨询、修脚等为老服务，丰富老年人生活，解决老人生活中的实际困难。打造为老志愿服务品牌，如暖椿志愿服务项目、椿龄关爱点项目等，倡导更多的志愿服务组织、志愿者加入为老服务中来，让更多老人走进社区大家庭。

三 关于椿树街道进一步深化基层治理创新的思考

近年来椿树街道根据北京市委市政府和西城区委区政府的要求，在基层治理方面做了一些创新探索，但目前仍然面临诸多的挑战。一方面，疏解非首都功能进入攻坚期，另一方面落实北京新版总规，西城区进入街区整理阶段。这对椿树街道而言既是挑战更是机遇，要牢固树立"创新、协调、绿色、开放、共享"五大发展理念和"红墙意识"，继续围绕打造"和谐宜居"椿树主题，强化"三大建设"，聚焦"四项任务"，建立"六个中心",提升"三个水平",真正将科学的顶层设计转化为可操作的实施举措。

(一)坚持党建统领,强化"三大建设"

一是加强党的建设。构建共建共治共享的治理格局,首先是党委发挥领导作用。具体到基层,就是要发挥好街道、社区以及部门党组织的作用,确保在党领导下推动治理创新。同时,以全面从严治党来引领基层党建,引导党员干部开展党的理论教育和党性教育,巩固和拓展教育实践活动成果,努力抓好两新组织和基层党组织建设。二是加强社区建设。紧紧依靠"两委一站"建设,夯实基础工作,推动全响应网格化建设升级,健全基层党组织领导的基层群众自治机制,研究基层群众自治范围的途径和方式,完善基层民主管理制度,建立社区服务标准和监督评价体系,增强社区的凝聚力,努力把社区建设成为管理有序、服务完善、文明祥和的社会共同体。三是加强廉政建设。强化作风纪律建设和反腐倡廉教育,使党风廉政建设与基层治理的各项工作紧密结合,加快制定和完善街道社区的权力清单、责任清单和负面清单,使党委政府在基层治理中不缺位、不越位。

(二)坚持治理主线,聚焦"四大任务"

一是保平安,不断提升安全水平。继续推动创建安全社区工作,营造全民关注安全、全员参与安全社区建设的良好氛围,逐步提高社区安全水平和居民安全意识。发挥辖区微型消防站的功能和作用,组织地区居民和企业开展消防知识和技能培训演练,提高地区防范和处置火灾火情的能力。完善矛盾纠纷多元化解机制,规范调解程序,加强行政调解和司法调解,引导群众通过法定秩序表达诉求,维护正常信访秩序。完善特殊人群帮扶救助工作机制,健全政府、社会、家庭三位一体的社会化关怀帮扶体系。二是疏功能,不断缓解城市病症。持续开展疏解整治促提升专项整治行动,加强"七大战役"和"城市病"治理,加快对不符合首都功能定位的业态进行调整升级。巩固整治成果,研讨探索对地下空间的合理利用,通过建设教育基地、

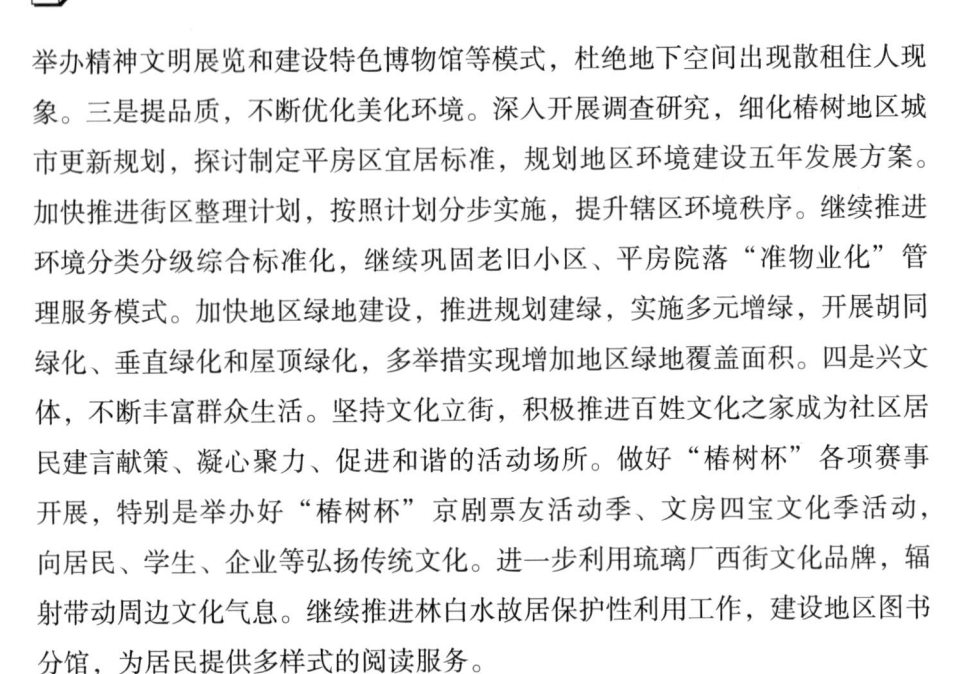

举办精神文明展览和建设特色博物馆等模式,杜绝地下空间出现散租住人现象。三是提品质,不断优化美化环境。深入开展调查研究,细化椿树地区城市更新规划,探讨制定平房区宜居标准,规划地区环境建设五年发展方案。加快推进街区整理计划,按照计划分步实施,提升辖区环境秩序。继续推进环境分类分级综合标准化,继续巩固老旧小区、平房院落"准物业化"管理服务模式。加快地区绿地建设,推进规划建绿,实施多元增绿,开展胡同绿化、垂直绿化和屋顶绿化,多举措实现增加地区绿地覆盖面积。四是兴文体,不断丰富群众生活。坚持文化立街,积极推进百姓文化之家成为社区居民建言献策、凝心聚力、促进和谐的活动场所。做好"椿树杯"各项赛事开展,特别是举办好"椿树杯"京剧票友活动季、文房四宝文化季活动,向居民、学生、企业等弘扬传统文化。进一步利用琉璃厂西街文化品牌,辐射带动周边文化气息。继续推进林白水故居保护性利用工作,建设地区图书分馆,为居民提供多样式的阅读服务。

(三)坚持民生导向,建立"六个中心"

抓住西城区开展街区整理和进一步推动功能疏解的机遇,推动椿树地区棚户区改造工程,进一步改善平房区居民生活条件和公共服务需求。一是建设百姓文化中心。挖掘辖区资源,建设百姓文化中心,满足椿树地区各类文体团队、文化爱好者学习、排练、比赛等需求,在此基础上,继续推动"党群服务活动中心"精品化,实施"一体化"服务。二是建设百姓体育中心。积极整合资源,按照辖区百姓的内在需求,探索建立市民之家,提供特色服务,打造一个能够满足幼儿至中老年人的综合性活动场所。三是建设阅读中心。根据地区图书馆建设的需求,建设一个有标志性的市民阅读中心,为辖区居民提供多样式的阅读服务。四是建设多个社区工作站集中服务中心。根据街道实际情况,设立南、北、中三个综合受理服务站,成为街道服务大厅向社区的延伸,合理分配社区值班人员,提升工作效率。五是建设养老配餐中心。引入物业专门建立养老配餐中心,实现辖区老年餐桌建设全覆盖,为辖区老人提供就餐、助餐、送餐服务,解决高龄、空巢、独居老人吃饭难题。六是建设社会组织孵化中心。对初创期的社区社会组织提供组织架构、能力挖掘、发展指导等支持，陪伴社区社会组织成长，并辅助解决初期遇到的实际困难，为组织建设与发展提供实质性支持。

（四）坚持问题导向，提升三个水平

聚焦城市治理难点和关系群众切身利益需求问题，促进城市治理效能提升。一是提升环境精细化管理水平。建设和管理双管齐下，推动精细化管理由点及线，由线成片，扎实做好系统治理、精品建设、保障运行、环境保护四个方面的基础性、常态性工作。二是提升全响应网格化管理与服务水平，在组织管理、人员配置上下功夫，进一步畅通信访渠道，充分发挥"访听解"系统作用，积极稳妥地调处和化解辖区各种矛盾纠纷，及时高效地做好为民服务解难工作。三是提升公共服务水平。全面把握"惠民政策落实、弱势群体关注、救助力度加强"三个关口，把民生保障和改善作为重点抓实。强化各项社会救助新政策的落实，争取让新政策惠及更多困难家庭。不断提升养老配餐服务水平，努力实现全覆盖，建设社区老年驿站，促进居家养老网络化服务系统不断完善。做好计生、住房保障各项政策落地，提升志愿者服务、便民服务活动质量。

参考文献

椿树街道办事处：《椿树街道2016年工作总结和2017年工作重点》，2016。
椿树街道办事处：《椿树街道2017年工作总结和2018年工作重点》，2017。
椿树街道办事处：《椿树街道工委2017年全面工作情况的报告》，2017。
程蕊：《当前我国城市街道治理——内生逻辑与实践探索》，华中师范大学硕士学位论文，2017。
陈荣卓、申鲁菁：《我国城市社区公共服务创新：地方经验与发展趋势》，《当代世界社会主义问题》2016年第1期。
史云贵、周荃：《整体性治理：梳理、反思与趋势》，《天津行政学院学报》2014年第5期。

数据报告

Data Reports

B.2 椿树街道基于常住人口的地区公共服务调查报告

摘　要：　享有公共服务是公民生存发展的需要，也是生活品质的基础保障，从居民对地区公共服务的获得感和满意度来评价生活质量状况具有重要意义。本文通过问卷调查的方法，对西城区椿树街道7个社区的常住人口开展社区公共服务与居民生活质量问卷调查，从中了解街道组织开展公共服务的情况和居民满意度评价，得出总体结论并针对存在的问题提出具体建议。

关键词：　椿树街道　社区常住人口　公共服务　生活质量

为了了解目前椿树街道居民对地区公共服务的获得感和满意度状况，我们在 2015 年 1 月针对街道开展的基本公共服务需求的问卷调查基础上，结合居民的满意度调查，进行了此次问卷调查。本报告所涉及的调查对象是椿树街道 7 个社区的常住人口。调查时间为 2017 年 5 月。共有 139 人参与此次调查，其中有效问卷 112 份，有效回收率为 80.6%。

一 调查样本情况

（一）调查样本基本情况

调查对象中，男女比例约为 0.65∶1。年龄在 36 岁以下的 28 人，36~55 岁的 49 人，55 岁以上的 35 人，其中 65 岁以上老年人为 20 人。从婚姻状况看以已婚为主，占 83.0%。从政治面貌看，党员、群众分别为 34 人和 73 人，群众占 65.2%；团员 5 人。常住人口中，有 80.4% 是西城区户籍，非京籍占 5.4%。在本市拥有自有住房者 88 人，占 78.6%。从受教育程度看，本科或大专的人群占比最高，为 53.6%。家庭组成结构方面，55.4% 的家庭是三口之家，所占比例最高（见表 1）。

表 1 调查样本基本情况统计

单位：人

性别	男		44		女		68	
婚姻状况	已婚		93		未婚		19	
年龄	25 岁及以下	26~35 岁	36~45 岁		46~55 岁	56~65 岁	65 岁以上	
	5	23	25		24	15	20	
政治面貌	党员		民主党派		团员		群众	
	34		0		5		73	
户籍	本区户籍		本市其他区户籍				非本市户籍	
	90		16				6	
住所	本区自有住房		本市其他区自有住房		本区非自有住房		本市其他区非自有住房	
	78		10		16		8	

续表

学历	博士研究生	硕士研究生	本科或大专	高中或中专及以下
	2	2	60	48
家庭人数	四口以上	四口	三口	二口	一口
	23	12	62	14	1

（二）样本家庭收入情况

从家庭收入情况看，调查显示，受调查人员的人均月收入在 1891～3400 元的被调查居民数量最多，比例为 41.1%，其次是 3401～8700 元的居民，占比为 36.6%。而人均月收入水平超过 15000 元的有 4 人。我们取人均月收入的区间平均值，可以得出椿树街道居民年均收入的估算值（见表 2）。如果比照西城区 15 个街道的简单平均值 64855.2 元的标准，可以发现，椿树街道的平均值为 62457.3 元，处于较低水平，其中参与调查人员中，人均月收入低于 3400 元的人群值得关注，占到总数的 49.1%。这 55 人中，人均月收入在最低工资标准线 1890 元以下的有 9 人，其中符合低保家庭收入标准（家庭人均月收入低于 800 元）的有 2 人。

表 2　椿树街道样本收入情况估算

人均月收入（元）	800	801～1890	1891～3400	3401～8700	8701～15000	15000 以上
居民年均收入（元）	9600	14940	31740	72600	142200	180000
人数（人）	2	7	46	41	12	4

注：居民年均收入由人均月收入的区间平均值乘以 12 个月估算得出。其中人均月收入 15000 元以上的区间平均值按照 15000 元计算。

二　公共服务供给及居民满意度状况

（一）公共教育资源评价：超八成受访者认为幼儿园便利度低

对于椿树街道教育资源配置方面，被调查者的评价差异性很大。由于街道面积较小，教育资源相对不足，在西城区学区制改革后，椿树与大栅栏、天桥三个街道划为同一个学区。调查显示，有1/4的受访者认为教育资源配置"总体均衡"，认为"局部均衡"的占36.6%，还有15.2%的受访者表示"基本失衡"，表示"说不清楚"的接近1/4（见图1）。由此可见，总体上被访者对椿树地区的教育资源状况并不乐观。

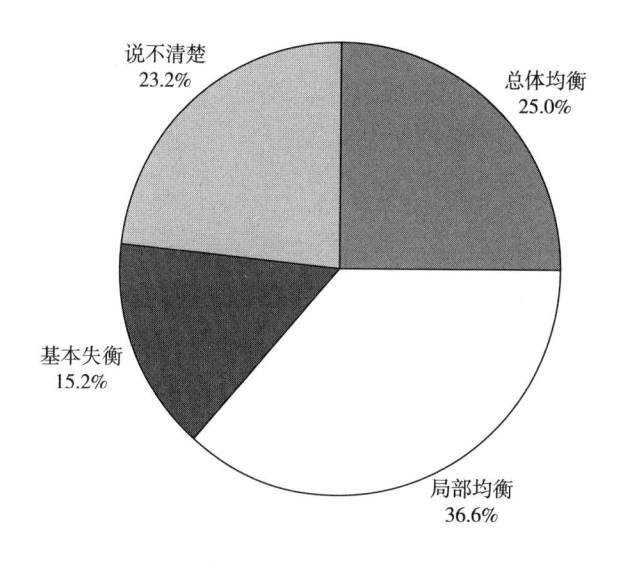

图1 椿树街道教育资源配置情况

此次问卷特别就学前教育资源进行调查，在问及"您及周边的孩子上幼儿园是否方便？"这个问题时，只有17.0%的受访者的回答是肯定的；同样有17.0%的受访者表示"很难"；表示"不方便"的受访者占25.0%，认为"不是很方便"的达到41.0%（见图2），由此可见，超过80%的受访者对辖区幼儿园的布局和供给表示不满意。可见，学前教育问题不容忽视。

（二）公共文化服务评价：对公共文化设施和场馆的服务满意度不足五成

调查问卷以"您知道您家附近的图书馆、文化馆、博物馆、美术馆等公共文化服务设施分布情况吗"这一问题来了解被访者对街区公共文化资源的

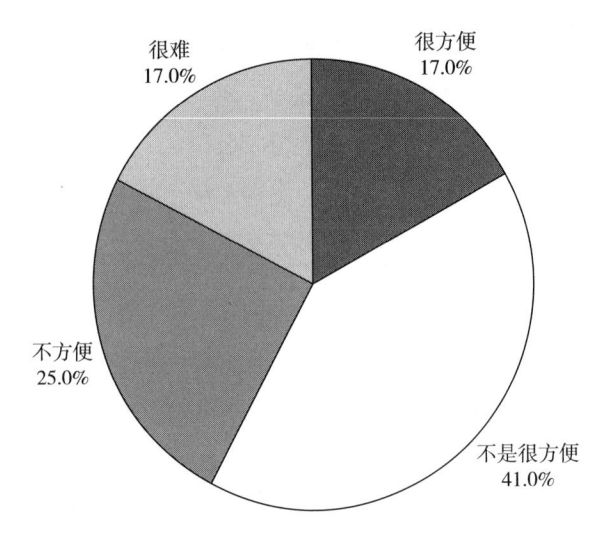

图 2　椿树街道幼儿园便利度

知晓度。结果显示17.0%的受访者表示"了解",13.4%的受访者表示"不了解",接近七成的受访者表示部分了解。在对这些文化设施提供服务的满意度调查中,表示"满意"和"很满意"的只有48.2%,不足一半。表示服务"一般"的占43.8%,还有8.1%的人表示"不满意"和"很不满意"(见图3)。

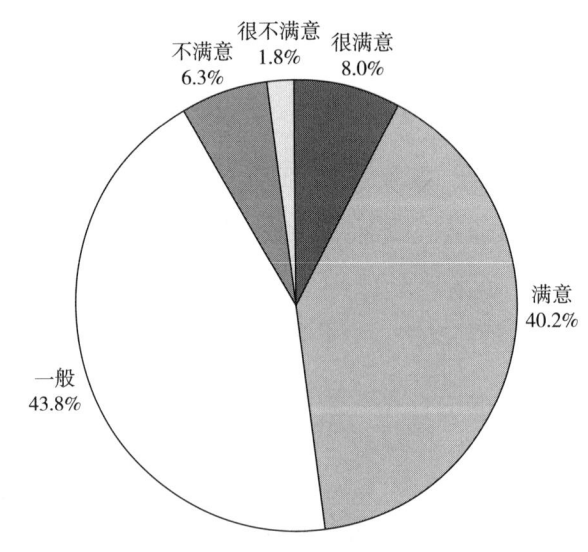

图 3　椿树街道公共文化服务情况满意度

具体从社区分布看，椿树街道 7 个社区中，琉璃厂西街社区反映出来的满意度最高（76.5%），其次是椿树园社区和红线社区，都超过了 60%。宣武门外东大街社区的满意度最低（见图 4）。

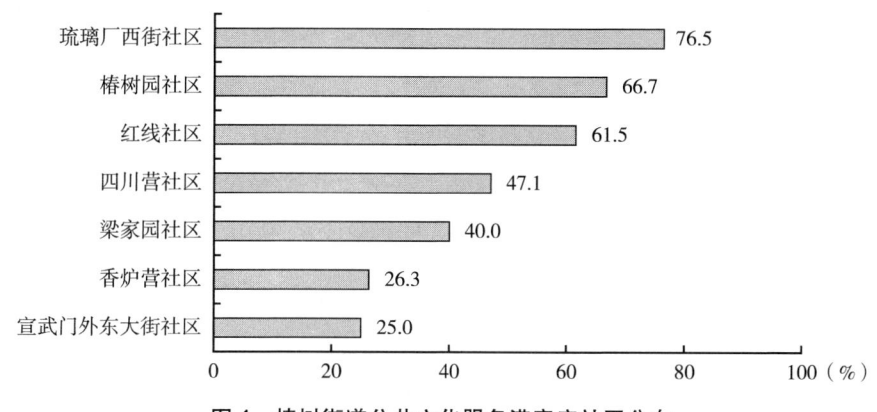

社区	满意度(%)
琉璃厂西街社区	76.5
椿树园社区	66.7
红线社区	61.5
四川营社区	47.1
梁家园社区	40.0
香炉营社区	26.3
宣武门外东大街社区	25.0

图 4　椿树街道公共文化服务满意度社区分布

具体从服务项目参与度看，调查显示，参与"书画展览、摄影展等"的受访者人数为 57.1%，所占比例最高，这与琉璃厂地区文具、书画、文化集市兴盛的特点是相匹配的。参与"免费的电影放映"和"戏剧、音乐会等文艺演出"比例相当，分别为 48.2% 和 44.6%。另外，8.9% 的受访者表示"以上都没去过或参与过"（见图 5）。

项目	参与度(%)
书画展览、摄影展等	57.1
免费的电影放映	48.2
戏剧、音乐会等文艺演出	44.6
文体娱乐活动，如广场跳舞、打太极拳等	33.0
以上都没去过或参加过	8.9

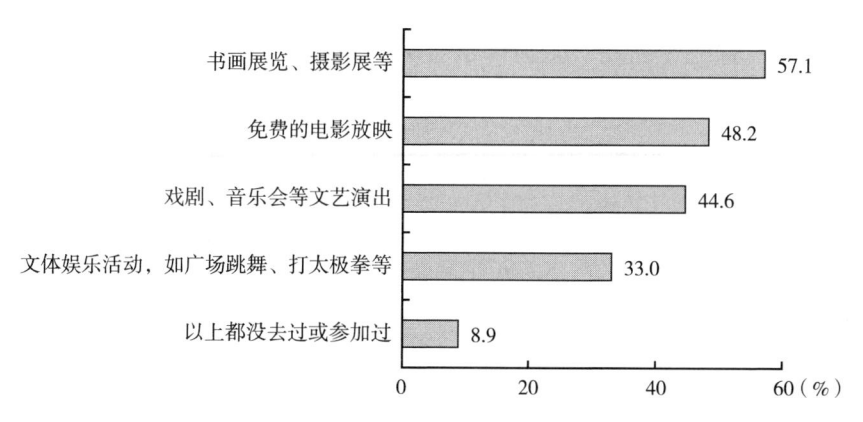

图 5　椿树街道公共文化活动参与度

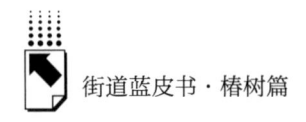

（三）社区服务评价：77.3%的居民对社区群众文化服务的满意度最高

在社区文化教育体育服务方面，受访者对于"社区群众文化服务"的满意度最高，达到77.3%。此外，对"社区科普服务""社区居民阅览服务"满意度相对较高，为43.6%和34.5%。对于社区体育服务的整体满意度普遍不高（见图6）。在最不满意的服务项目中，对"社区早教服务"不满意的占27.5%，对"社区体育设施建设服务"不满意的占22.5%，还有21.6%的受访者对"社区居民体质测试服务"不满意。

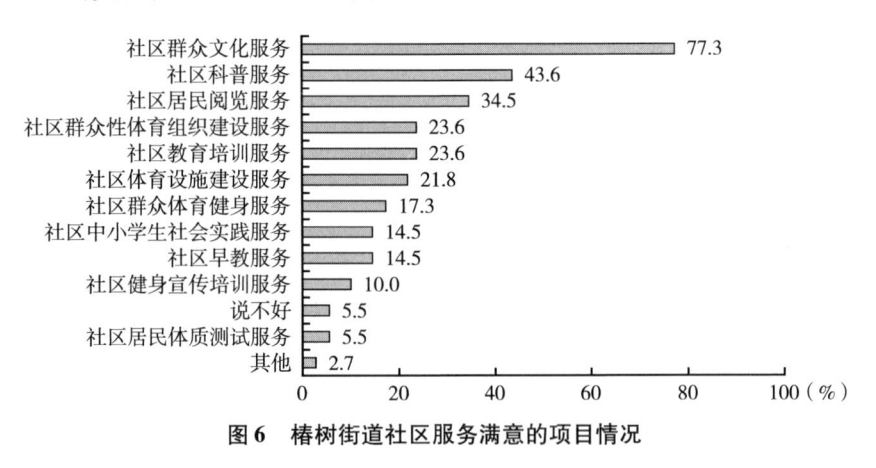

项目	百分比（%）
社区群众文化服务	77.3
社区科普服务	43.6
社区居民阅览服务	34.5
社区群众性体育组织建设服务	23.6
社区教育培训服务	23.6
社区体育设施建设服务	21.8
社区群众体育健身服务	17.3
社区中小学生社会实践服务	14.5
社区早教服务	14.5
社区健身宣传培训服务	10.0
说不好	5.5
社区居民体质测试服务	5.5
其他	2.7

图6 椿树街道社区服务满意的项目情况

（四）就业（创业）服务评价：平均参与率在30%左右

调查显示，在就业（创业）指导和就业（创业）服务方面，参与度最高的是"社区职业介绍和岗位推荐服务"，所占比例为55.0%，参与"就业信息发布"的受访者也超过半数，达到52.3%。此外，分别有44.1%、40.5%的受访者选择了"'零就业家庭'就业帮扶服务"和"社区劳动就业政策咨询服务"选项。其他四项就业指导和服务项目的参与度分别为37.8%、34.2%、32.4%、28.8%。另外有15.3%的受访者表示"不清楚"（见图7）。由此可见，关于就业创业服务，街道社区工作做得较为扎实，有37.5%的受访者表示接受过"社区推荐"。

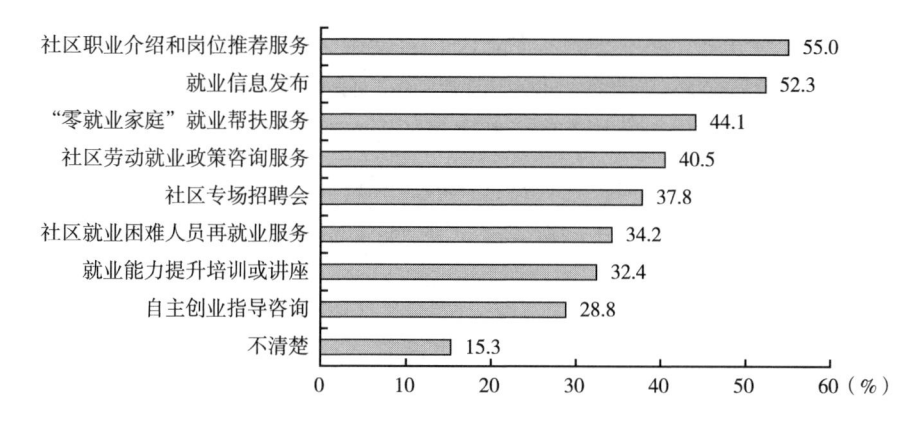

图7 椿树街道就业指导和就业服务项目情况

- 社区职业介绍和岗位推荐服务 55.0
- 就业信息发布 52.3
- "零就业家庭"就业帮扶服务 44.1
- 社区劳动就业政策咨询服务 40.5
- 社区专场招聘会 37.8
- 社区就业困难人员再就业服务 34.2
- 就业能力提升培训或讲座 32.4
- 自主创业指导咨询 28.8
- 不清楚 15.3

（五）为老服务评价：超七成受访者表示"满意"

对于社区提供何种为老服务项目，问卷中所涉及的十大类服务受到不同程度的欢迎，其中"生活照料""医疗保健""紧急救助"需求排在前三位，分别达到77.7%、69.6%和58.0%。"身体锻炼"选项最低，占23.2%（见图8）。

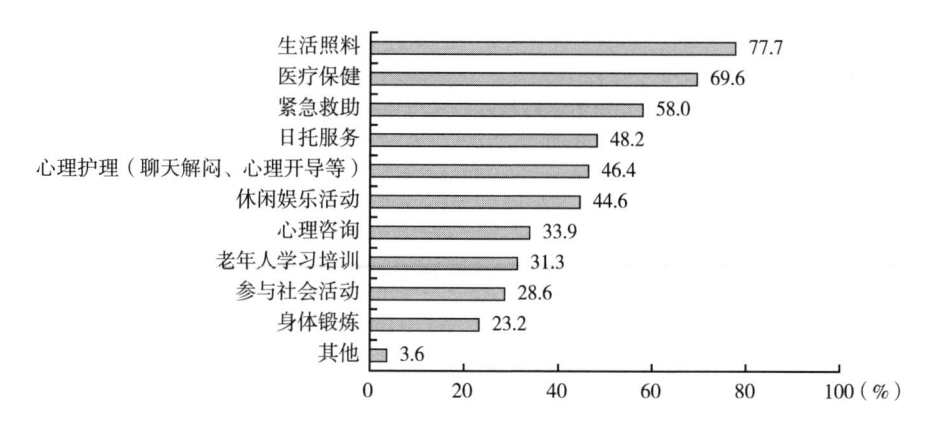

图8 椿树街道社区为老服务项目满意情况

- 生活照料 77.7
- 医疗保健 69.6
- 紧急救助 58.0
- 日托服务 48.2
- 心理护理（聊天解闷、心理开导等） 46.4
- 休闲娱乐活动 44.6
- 心理咨询 33.9
- 老年人学习培训 31.3
- 参与社会活动 28.6
- 身体锻炼 23.2
- 其他 3.6

椿树街道是西城区申报国家养老服务业综合改革试点的街道，以"乐龄幸福吧"为代表的养老服务模式，涵盖了生活照料、健康管理、精神慰藉、专业护理等多种服务项目，在对现有为老服务项目的满意度方面，有71.4%的受访者表示"满意"或"很满意"，有24.1%的人表示"一般"。但仍有4.5%的人表示"不满意"或"很不满意"（见图9）。具体从社区分布来看，涉及7个社区中，香炉营社区的满意度最高（94.1%），其次是椿树园社区、梁家园社区，比例也较高。满意度最低的琉璃厂西街社区也达到60.0%（见图10）。

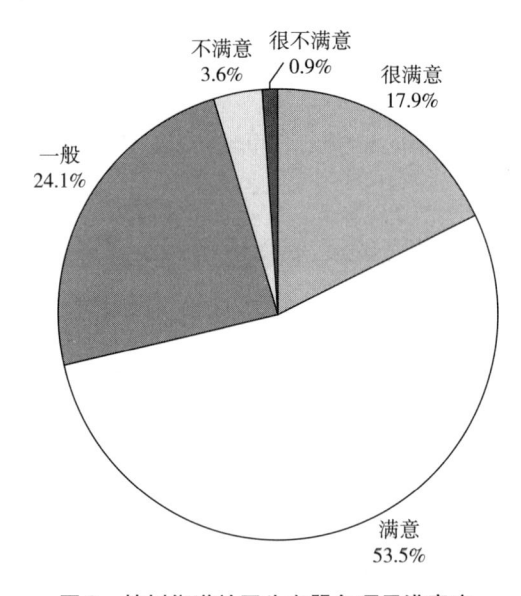

图9 椿树街道社区为老服务项目满意度

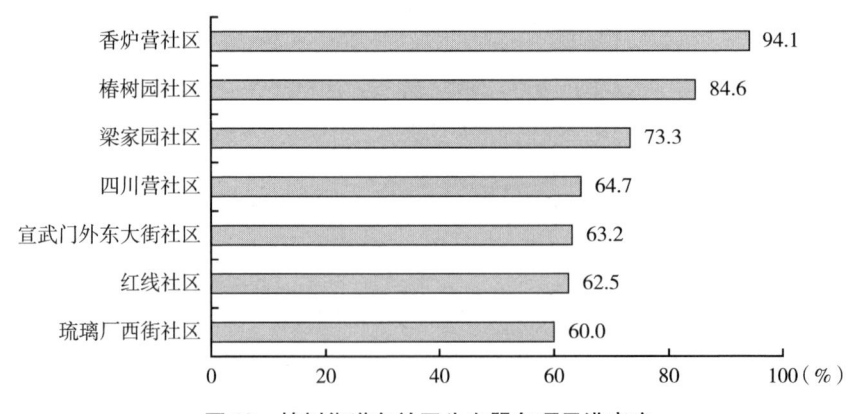

图10 椿树街道各社区为老服务项目满意度

(六)残疾人专项服务评价:过半数受访者认为专用设施不够完善

问卷调查结果显示,有44.7%的受访者表示所在社区的残疾人专项服务设施"比较完善"和"非常完善",而认为不够完善,"有部分专用设施"的受访者也达到45.5%。同时,还有9.8%的受访者表示"基本没有"(见图11)。具体从7个社区分布来看,宣武门外东大街社区的设施完善度评价最高,选择比例为57.9%(见图12)。

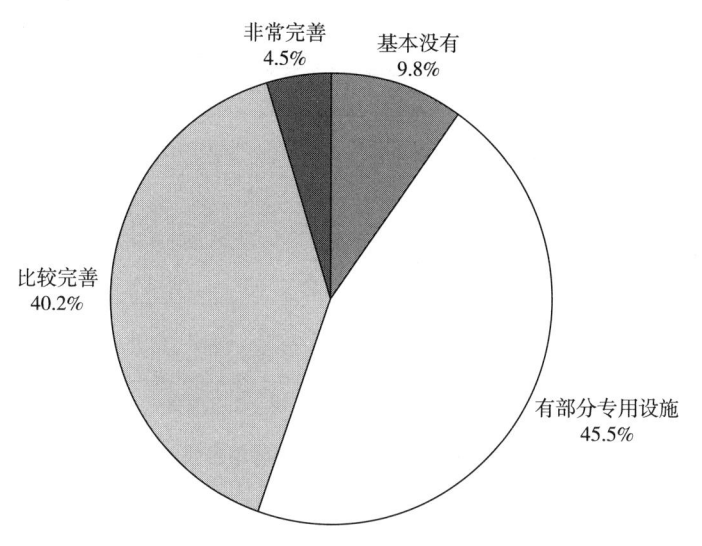

图11 社区残疾人专用设施完善度

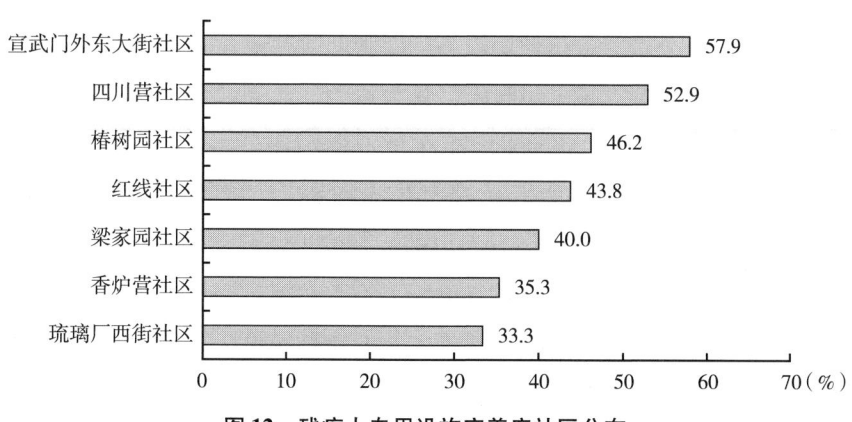

图12 残疾人专用设施完善度社区分布

从社区残疾人服务项目供给情况来看，"康复照料""法律援助""日常生活"等方面的服务供给排在前三位。66.1%的受访者选择了包括知识讲座、康复咨询、免费健康体检、建立电子健康档案等在内的"康复照料"，49.1%的受访者选择了"法律援助"，另有47.3%的受访者选择了涉及卫生清洁、洗衣做饭、买菜买粮、家电维修、房屋修葺、看病就医、帮助外出、突发应急等"日常生活"服务。数据反映，受访者对"文教服务""心理抚慰"方面的服务供给评价偏低（见图13）。

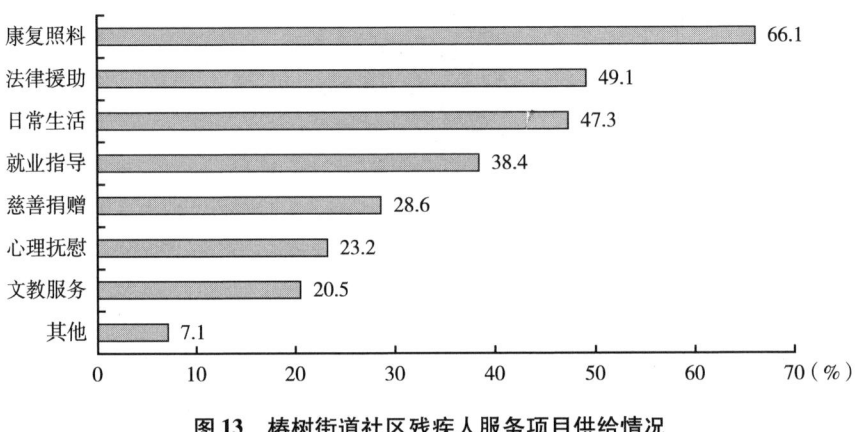

项目	百分比(%)
康复照料	66.1
法律援助	49.1
日常生活	47.3
就业指导	38.4
慈善捐赠	28.6
心理抚慰	23.2
文教服务	20.5
其他	7.1

图13　椿树街道社区残疾人服务项目供给情况

（七）便民服务评价：公园或公共绿地最为稀缺

对"最后一公里"社区便民服务的便利度情况调查显示，18个选项中，81.3%的受访者认为"超市便利店"最为便利，认为"早餐""美容美发"便利的分别是54.5%和50.9%。而在最不便利评价中，排在前四位的是"公园或公共绿地"（31.6%）、"公共停车场站"（28.4%）、"洗衣洗浴"（24.2%）和"幼儿园、小学"（22.1%）（见图14）。据了解，椿树街道包括已建项目的总面积占到街道总面积的2/3，由于拆迁推进缓慢，绿地空间问题、停车问题、道路问题等长期得不到实质性改善，目前是西城区15个街道中唯一一个没有公园的街道。在对社区现有便民服务的满意度调查中，有63.3%的人表示很满意或满意，31.3%的人表示一般（见图15）。具体从社区分布来看，椿树园社区排在首位，满意度达76.9%，其次是香炉营社区、琉璃厂西街社区，分别达76.5%、73.3%（见图16）。

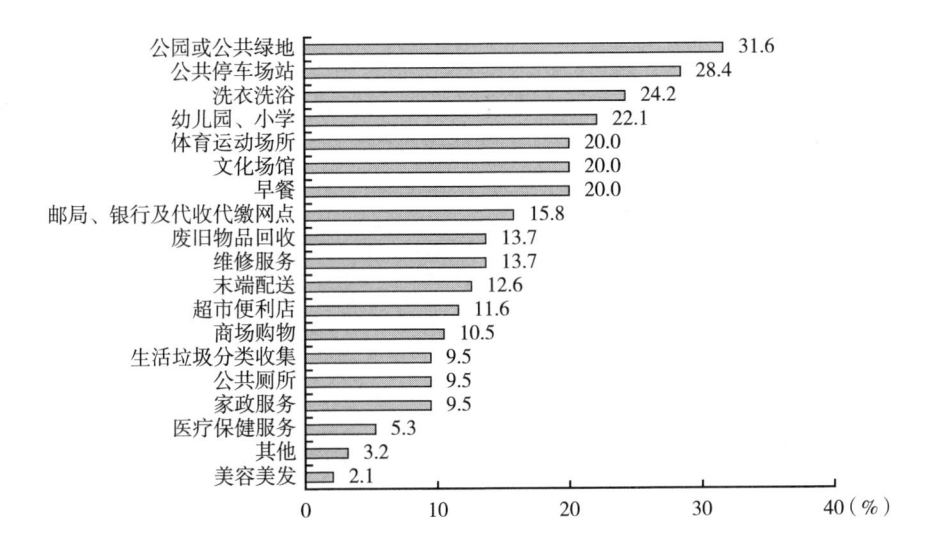

项目	百分比(%)
公园或公共绿地	31.6
公共停车场站	28.4
洗衣洗浴	24.2
幼儿园、小学	22.1
体育运动场所	20.0
文化场馆	20.0
早餐	20.0
邮局、银行及代收代缴网点	15.8
废旧物品回收	13.7
维修服务	13.7
末端配送	12.6
超市便利店	11.6
商场购物	10.5
生活垃圾分类收集	9.5
公共厕所	9.5
家政服务	9.5
医疗保健服务	5.3
其他	3.2
美容美发	2.1

图14　椿树街道便民服务最不便利情况

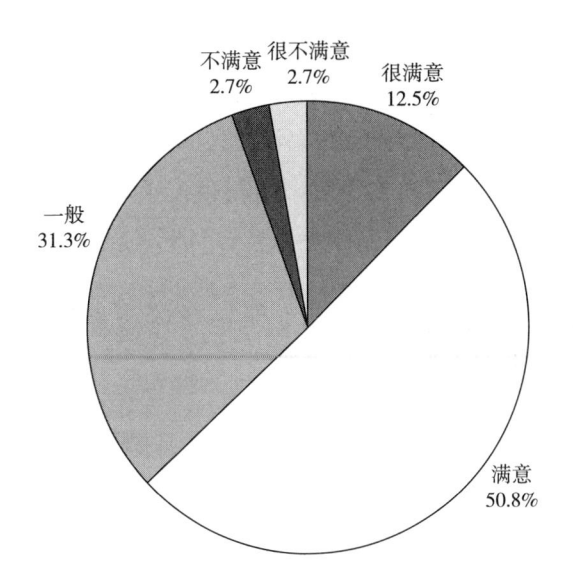

图15　椿树街道社区便民服务满意度情况

很满意 12.5%　满意 50.8%　一般 31.3%　不满意 2.7%　很不满意 2.7%

```
椿树园社区   76.9
香炉营社区   76.5
琉璃厂西街社区 73.3
四川营社区   64.7
红线社区    56.3
梁家园社区   53.3
宣武门外东大街社区 47.4
```

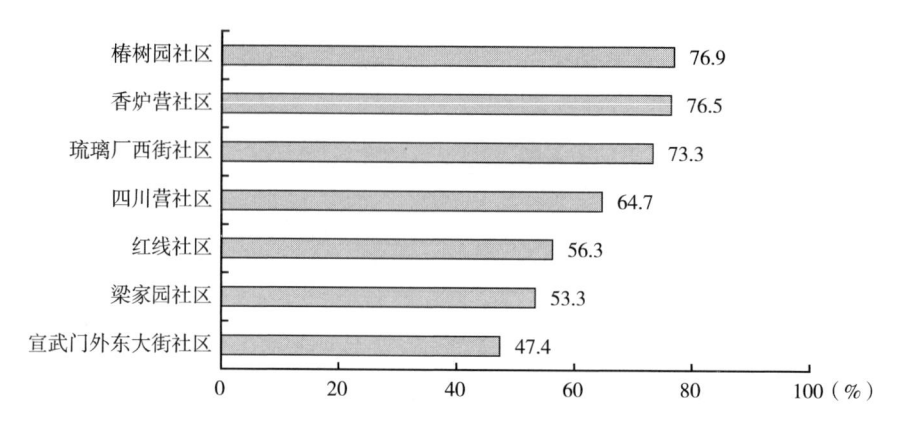

图16　椿树街道各社区便民服务满意度情况

（八）社区安全服务评价：社区治安服务供给最好

在公共安全服务项目供给情况调查中，社区治安服务的供给情况最好。调查显示，12个选项中，排序最靠前的是"社区治安服务"供给占比72.3%，此后超过四成选项的依次为"社区法律服务""社区禁毒宣传服务""社区警务设施和警力配备服务""社区消防安全服务""社区治安状况告知服务"，分别为49.1%、48.2%、46.4%、44.6%和43.8%（见图17）。总的来看，对于社区安全问题，椿树街道十分重视，服务领域较宽，供给相对均衡。

（九）辖区信息基础设施评价：受访者普遍对推进智慧化、便利性基础设施投入表示支持

随着信息技术的迅猛发展和快速应用，人们对智慧化、便利化的信息基础设施的需求日益上升。在问卷调查中，按照需求程度，居民的选项由高到低分别为"社区便民服务在线办理""社区停车缴费智能化""社区生活服务信息查看""加强智慧社区信息基础服务设施建设""社区政务信息查看"（见图18）。

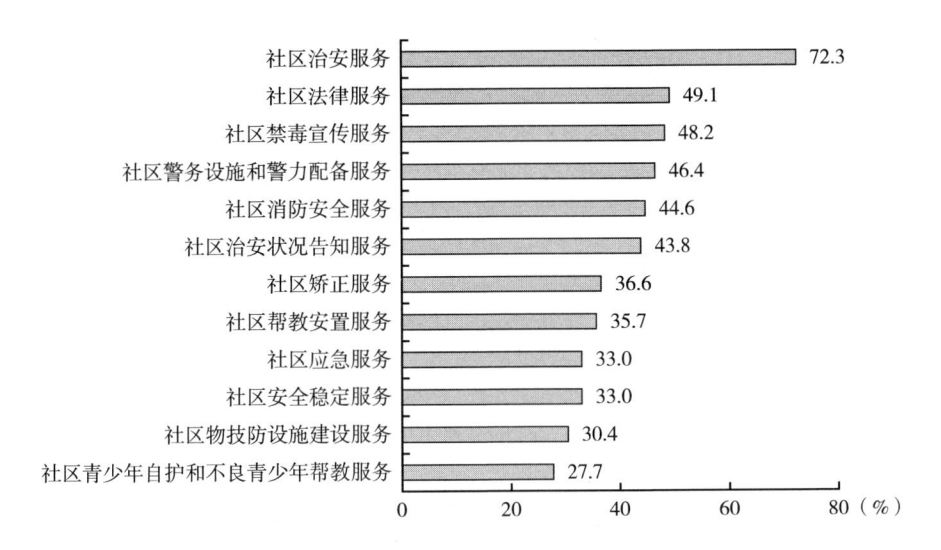

椿树街道基于常住人口的地区公共服务调查报告

项目	百分比
社区治安服务	72.3
社区法律服务	49.1
社区禁毒宣传服务	48.2
社区警务设施和警力配备服务	46.4
社区消防安全服务	44.6
社区治安状况告知服务	43.8
社区矫正服务	36.6
社区帮教安置服务	35.7
社区应急服务	33.0
社区安全稳定服务	33.0
社区物技防设施建设服务	30.4
社区青少年自护和不良青少年帮教服务	27.7

图17 椿树街道社区安全服务项目供给状况

项目	百分比
社区便民服务在线办理	53.6
社区停车缴费智能化	45.5
社区生活服务信息查看	44.6
加强智慧社区信息基础服务设施建设	41.1
社区政务信息查看	33.0
其他	0.9

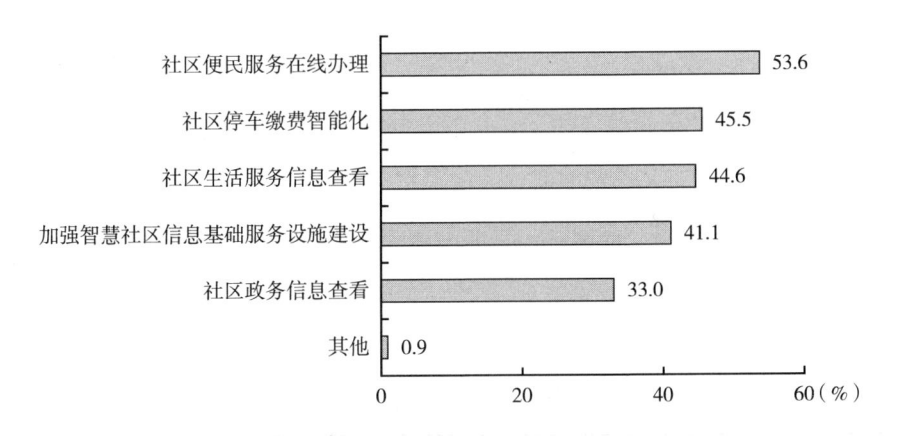

图18 椿树街道社区信息基础设施服务需求情况

三 基本数据结论

椿树街道受调查居民有半数人员收入水平远低于西城区平均水平，家庭支出结构中基本生活类消费居主导地位，文化体育类消费次之。此次调查，围绕公共教育资源、公共文化服务、社区服务、就业（创业）服务、为老服务、残疾人专项服务、便民服务、公共安全服务和辖区信息基础设施服务等九个方面进行评价，得出以下数据结论。

第一，在公共教育资源评价方面，被调查者的评价差异性很大，对椿树辖区的教育资源状况并不乐观。特别是对学前教育机构的供给并不满意，有超八成受访者认为幼儿园便利度低。

第二，在公共文化服务评价方面，对街区公共文化资源分布的知晓度超过八成，但对其提供的服务满意度总体上不足五成。在具体项目中，居民对"书画展览、摄影展等"项目的参与度最高，占57.1%。

第三，在社区服务评价方面，受访者对"社区群众文化服务"的满意度较高，达到77.3%。分别有27.5%、22.5%和21.6%的受访者对"社区早教服务"、"社区体育设施建设服务"和"社区居民体质测试服务"不满意。此外对社区体育服务的整体满意度不高。

第四，在就业（创业）服务评价方面，街道较为重视，居民参与度最高的是"社区职业介绍和岗位推荐服务"和"就业信息发布"，所占比例均超过半数，分别为55.0%和52.3%。另外有37.5%的受访者表示在就业服务中接受过"社区推荐"。

第五，在为老服务评价方面，"生活照料""医疗保健""紧急救助"等服务选项最受欢迎。对现有的为老服务项目，有超七成受访者表示"满意"和"很满意"。

第六，在残疾人专项服务评价方面，分别有44.7%和45.5%的受访者认为社区残疾人设施相对完善和不够完善。从社区残疾人服务项目的供给情况来看，"康复照料""法律援助""日常生活"最受欢迎，"康复照料"占比达到66.1%。

第七，在便民服务评价方面，超过八成的受访者认可"超市便利店"的分布情况，认为最不便利的是"公园或公共绿地"（31.6%）、"公共停车场站"（28.4%）、"洗衣洗浴"（24.2%）和"幼儿园、小学"（22.1%）。

第八，在社区安全服务评价方面，社区服务项目供给较为丰富，在12

个选项中,对社区治安服务的需求最高,占比72.3%,另外,对"社区法律服务""社区禁毒宣传服务""社区警务设施和警力配备服务""社区消防安全服务""社区治安状况告知服务"的需求也超过四成。

第九,在信息基础设施评价方面,人们对智慧化、便利化的信息基础设施的需求普遍较高。"社区便民服务在线办理"的选项达到53.6%。

综上所述,我们进一步梳理出公共服务调查中的13个重点选项,需要街道予以关注(见表3)。

表3 椿树街道公共服务重点选项调查数据

单位:%

序号	需重点关注的调查选项	调研占比
1	便利度最差的公共教育服务选项"幼儿园"	83.0
2	参与度最高的公共文化选项"书画展览、摄影展等"	57.1
3	满意度最高的社区服务选项"社区群众文化服务"	77.3
4	满意度最低的社区服务选项"社区早教服务"	27.5
5	参与度最高就业(创业)选项"社区职业介绍和岗位推荐服务"	55.0
6	满意度最高的为老服务选项"生活照料"	77.7
7	满意度最低的为老服务选项"身体锻炼"	23.2
8	满意度最高的残疾人服务选项"康复照料"	66.1
9	满意度最低的残疾人服务选项"文教服务"	20.5
10	便利度最高的便民服务选项"超市便利店"	81.3
11	便利度最差的便民服务选项"公园或公共绿地"	31.6
12	供给最好的公共安全服务选项"社区治安服务"	72.3
13	需求度最高的信息基础设施选项"社区便民服务在线办理"	53.6

四 对策建议

椿树街道区域面积仅有1.09平方公里,但拆迁区面积占到约0.7平方公里,由于多处拆迁区域数年没有进展,再加上地区可开发利用空间小、交通路网规划滞后，由此带来了公共文化、学前教育、养老等设施不足，交通不畅和停车困难，绿化面积缺口大等等问题。这就是椿树街道各类突出问题的根源。在疏解整治促提升专项行动中，虽然街道采取了各种手段去利用好很有限的每一处公共空间，增加公共服务供给，但由于可调控的资源有限，街道的这种努力并不能使公共服务供给出现实质性好转，而待拆迁区和文保区居民的生活环境也无法从根本上改善。有鉴于此，提出以下建议。

（一）创新理念：坚持以人民为中心，公共资源投入要由"供给导向"向"需求导向"转变

满足公共需求，提供公共服务，是政府的一项重要职责，也是人民的发展权利。坚持以人民为中心是新发展理念指导下的核心思想，就是以人为核心，以民众的需求为出发点，强化公共资源投入保障，切实解决好居民的基本生活和公共利益问题，不断提升民众的获得感、满意度。按照这个工作理念，街道在公共资源投入上要由"按供给配置资源"向"按需求配置资源"转变。对于椿树街道而言，按照传统的"供给导向"模式早已无法解决现实问题，久而未决只会使问题变得更糟。因此必须创新工作理念，按照"需要导向"来最大限度地整合资源、配置资源，切实解决人民群众最关心最直接最现实的利益问题。

（二）强化统筹：坚持街道主导、共建共享，政府社会市场合力扩大公共服务供给

街道要发挥统筹街区治理的职能，统筹运用相关政策和公共服务制度，统筹运用各领域各层级公共资源，统筹社会单位履行公共责任，支持各类主体按照市场机制平等参与并提供公共服务，优化资源配置、形成扩大供给合力。椿树街道面积小、拆迁区占比大，还是西琉璃厂文保区所在地，辖区人口密度大，公共空间资源极为稀缺，成为制约公共服务发展的最大的瓶颈。因此，街道在提请区级层面加大资源投入的同时，还要积极动员社会单位履行公共责任、向居民开放资源，特别是要监督拆迁区各主体企业履行好拆迁

建设期的管理责任和社会责任,协调解决拆迁期突出的公共空间和基本公共服务供给问题,完善问责机制,提高共建能力和共享水平。

(三)聚焦重点:坚持基本公共服务优先,最大限度地保障好待拆迁区和文保区的居民生活问题

享有基本公共服务是公民的基本权利。椿树街道是典型的拆迁区,除已建项目外,尚有多处区域拆迁进展缓慢。椿树街道又是典型的文化区,有安徽会馆、京报馆等6处国家级、市级文物保护单位,但平房区基础设施落后,生活环境差,低收入人群集聚。因此,椿树街道的重点任务就是保障好街区居民的基本生活、基本健康,兜住底线、保住基本。在此基础上,借助背街小巷治理、违法建设拆除、文物腾退整治、直管公房转租转借整治等工作,利用好疏解腾退空间,优先保障好居民的基本公共服务需求。与此同时,要按照民本思想和城市有机更新的新理念,重新研究和规划待拆迁区和文保区的改造和复兴问题。

B.3
椿树街道基于工作人口的地区公共服务调查报告

摘　要： 工作人口是区域发展的重要参与者和推动者，为其提供便利、持续、优质的公共服务，对优化地区发展环境和服务水平，提高街道服务区域发展的能力具有重要意义。为此，课题组在2015年1月对椿树街道辖区工作人口首次进行公共服务调查之后，于2017年5月再次就工作人口对椿树辖区的公共服务供给、参与和获得情况进行问卷调查。本次报告通过对服务机构认知度、社区服务参与度、地区生活便利度、社区基本公共服务满意度、社区公共服务需求度五个方面进行分析，在对调查情况进行纵向比较的基础上，得出总体结论并针对存在的问题提出具体建议。

关键词： 椿树街道　工作人口　公共服务

　　椿树街道处于大栅栏－琉璃厂历史文化保护带和以菜市口－广安门为中心的高端产业发展带的交汇地区，辖区面积小、驻区企业集聚和类型多样是其区域发展的主要特征，如何服务好不同类型企业从业人员是保障区域经济社会有序发展的重要课题。本报告所涉及的调查对象有三个特征：从地域上看，企业地处椿树街道，工作人员在椿树街道范围内办公；从抽样条件上看，对纳税情况进行了限制，选取样本出自纳税情况较好的企业；从样本差异上看，主要有两类样本，一是企业的中高层管理人员，二是普通员工。调查进行时间为2017年5月，参与问卷填写的工作人员共287名，问卷回收287份，其中有效问卷207份，有效率为72.1%。

一 调查样本情况

调查对象中，中高层管理人员和普通员工的比例为0.95∶1，男性占50.7%，女性占49.2%，年龄在26~45岁的企业员工比例达到67.6%，本科或大专学历所占比重最大（78.2%），是企业的中坚力量。从受调查者的家庭成员结构来看，三口之家占比最高，达到53.1%。数据显示，参与调查的企业员工工作年限主要集中在三年以上，占到59.4%。其中，普通员工家庭人均月收入在3401~4999元和5000~9999元的居多，分别占比34%、31.1%，有3人低于北京市最低工资标准1890元；75%的中高层管理人员月收入以5001~9999元和10000~19999元为主，有12人月收入在5000元以下。从户籍情况来看，北京户籍人口占比接近60%，从实际居住情况看，椿树街道的企业从业人员"职住分离"现象明显，在本区拥有自有住房的企业员工仅有47人，占比仅为22.7%（见表1）。

表1 调查样本基本情况统计

单位：人

性别	男		105		女		102	
年龄	25岁以下		26~35岁		36~45岁		46~55岁	56~65岁
	26		78		62		33	8
户籍	本区户籍		本市其他区户籍			非本市户籍		
	71		53			83		
居住情况	本区,自有住房		47		本市其他区,自有住房		83	
	本区,非自有住房		14		本市其他区,非自有住房		63	
工作年限	三年以上		一年到三年			一年以下		
	123		57			27		
学历	博士研究生		硕士研究生		本科或大专		高中或中专以下	
	2		31		162		12	
家庭构成	四口以上		四口		三口		二口	一口
	27		40		110		21	9

续表

收入情况	普通员工家庭人均月收入					
	1890元及以下	1891~3400元	3401~4999元	5000~9999元	10000~20000元	
	3	16	36	33	18	
	中高层管理人员月收入					
	5000元及以下	5001~9999元	10000~19999元	20000~29999元	30000~49999元	50000元及以上
	12	43	33	2	6	5

二 社区服务机构认知度

（一）街道办事处服务事项：超六成企业员工有一定的认知度

关于工作人员对单位所在的街道办事处服务企业事项的了解程度，调查结果显示，有20.8%的受访者"知道"椿树街道办事处有关服务企业的事项，43.5%的受访者表示"知道一些"服务企业的事项，有35.7%的受访者对以上情况表示"不知道"（见图1）。由此可见，椿树街道办事处在做好服务企业相关工作的同时，在宣传媒介、宣传力度和宣传范围上应做进一步提升和改善，让更多的企业员工清楚街道服务企业或企业员工的具体事项。

（二）社区居委会：企业员工对社区的认知度有待提高

关于工作人员对所在单位社区居委会领导姓名、办公地点、服务项目和参加过相关活动的了解程度，调查结果显示，表示"知道办公地点"的受访者占31.8%，表示"了解服务项目"的受访者占15.4%，表示"参加过活动"的受访者占8.6%（见图2），这三项数据相较于上次调查结果（2015年1月调查，下同）均出现不同程度的下降，并且仍有19.8%的受访者对以上情况"都不知道"，表明椿树街道社区居委会

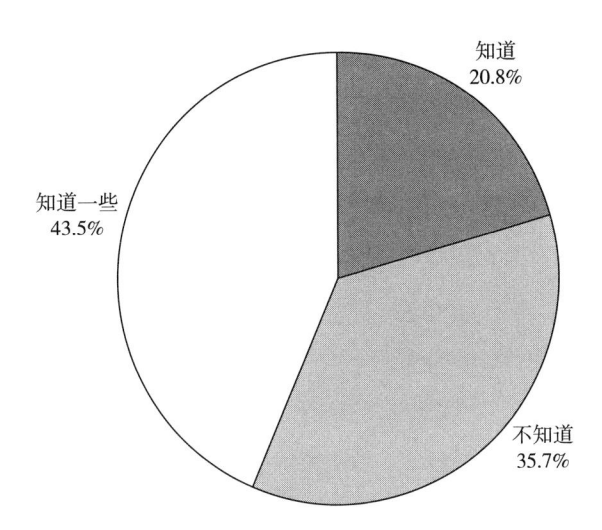

图1 企业员工对椿树街道服务企业事项认知度

在服务企业的具体宣传工作上需要进一步改善，让企业员工不断加深对社区居委会的认知度。不过，需要特别指出的是，相较于上次调查，本次数据中表示"知道领导姓名"的受访者比例大幅提高，增长超过40个百分点，达到52.1%，表明社区居委会在密切联系企业、服务企业方面取得了一定成效。

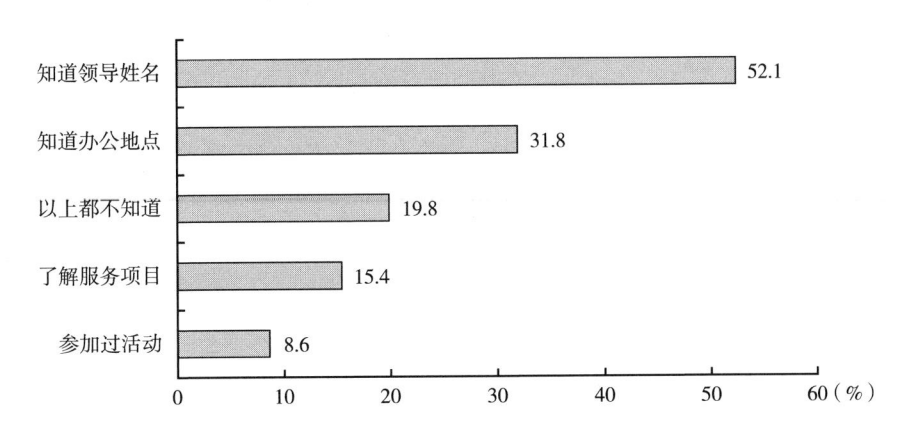

图2 企业员工对椿树街道社区居委会认知度

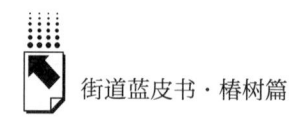

（三）社区认同度：接近七成企业员工表示会以社区为荣

关于企业工作人员是否"以单位所在社区为荣并经常向朋友或亲人提起和夸耀"这一问题，调查结果显示，18.8%的受访者表示"会"以椿树街道或社区为荣，48.8%的受访者表示"有时候会"，有32.4%的受访者表示"不会"（见图3）。显然，近七成企业工作人员表示会以单位所在社区为荣，这与社区完善服务机制，创新服务模式，进一步提升企业对社区的认同感是分不开的。

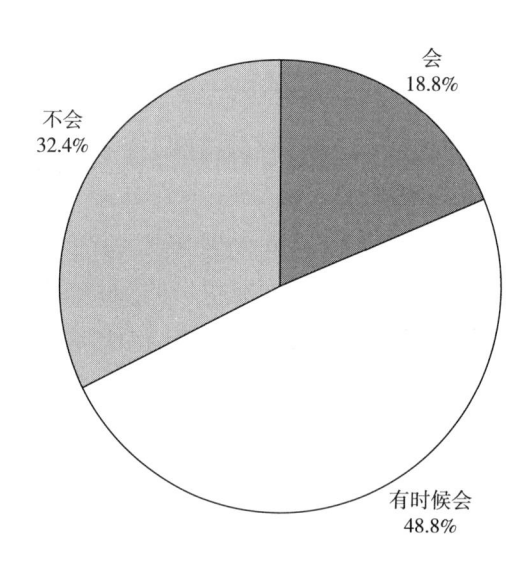

图3　企业员工对椿树街道社区居委会认知度

三　社区服务参与度

（一）社区服务项目：仅有不到四成受访者参与过社区服务项目

关于企业员工对社区服务项目的参与情况，调查结果显示，"图书阅览""心理咨询""棋牌娱乐""人才交流""婚姻介绍"五个选项中，企业员工参与社区服务项目的频度均呈明显上升趋势，相应比例分别由上次的 15.0%、5.9%、5.9%、6.6%、2.2%提高到 16.0%、14.5%、11.0%、8.0%、6.5%（见图4）。而在"职业介绍""家政服务""幼儿教育""法律服务"四个选项中，企业员工参与服务项目的频度由上次的 15.4%、8.8%、5.1%、16.2%下降为 10.0%、5.5%、4.0%、3.0%。值得注意的是，超六成的受访者对以上社区服务项目表示都没有参与过，相较于上次调查数据上升了 11.3 个百分点，表明椿树街道目前的服务项目仍与企业员工多元化的需求存在一定差距，在开展具体项目前，应加强与企业员工的沟通与交流，充分考虑不同群体及岗位对社区服务的正当诉求。

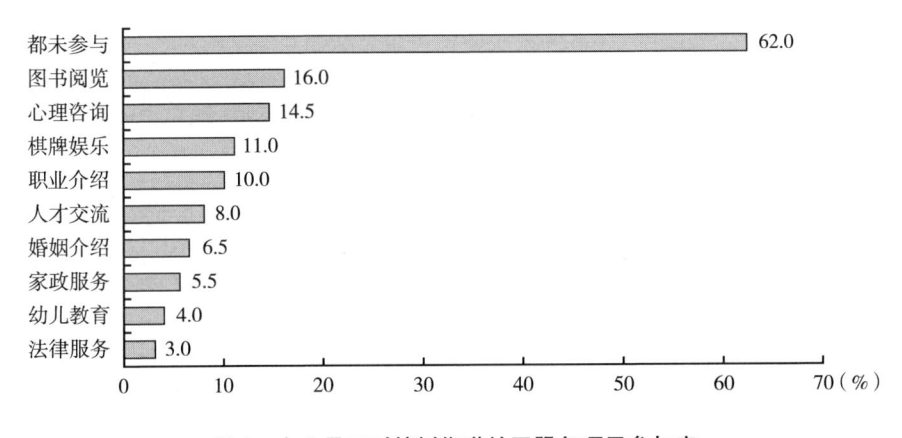

项目	比例(%)
都未参与	62.0
图书阅览	16.0
心理咨询	14.5
棋牌娱乐	11.0
职业介绍	10.0
人才交流	8.0
婚姻介绍	6.5
家政服务	5.5
幼儿教育	4.0
法律服务	3.0

图 4　企业员工对椿树街道社区服务项目参与度

（二）社区文化活动：不足四成受访者参与社区文化活动

关于企业员工对社区文化活动的参与情况，调查结果显示，62.3%的受访者表示"从来没有"参加过椿树街道及社区组织的文化活动，较上次数据上升近 10 个百分点（见图5）。表示"经常参加"社区文化活动的受访者占比 5.8%，表示"偶尔参加"的受访者占比 31.9%，可以看出，不足四成的受访者参与过社区文化活动，这就要求社区不断整合辖区资源和力量，拓宽社区服务的参与渠道，创新活动的内容和形式，提高企业员工参与社区活动的积极性，给社区凝聚人气。

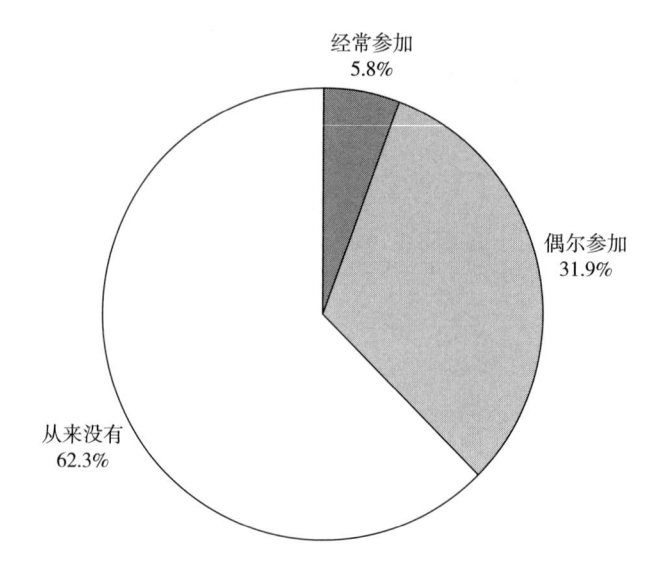

图5 企业员工对椿树街道文化活动参与度

（三）社区公益事业：42.8%的受访者表示愿意参与"志愿活动"

关于企业员工对社区公益事业的参与情况，调查结果显示，企业员工对这六项公益事业的参与度均不到四成，但"志愿者"的参与意愿达到42.8%，其后依次是"公益培训""助老助残""治安""绿化""文艺演出"，分别占比33.3%、31.8%、27.9%、20.4%、20.4%（见图6）。椿树

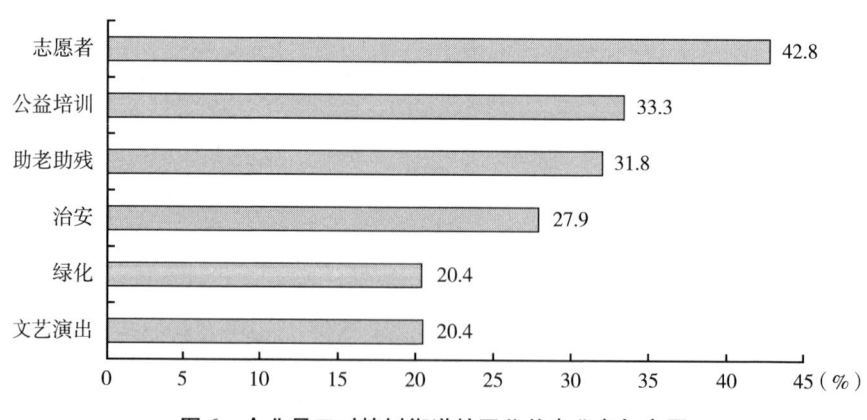

图6 企业员工对椿树街道社区公益事业参与意愿

街道社区可根据实际情况，多策划组织系列公益事业活动，提高企业员工参与社区活动的积极性、主动性以及创造性。

四 地区生活便利度

（一）停车资源情况：表示停车问题"很好"的受访者较上次数据提升了11个百分点

停车难是椿树街道较为棘手的问题。关于停车资源情况，调查数据显示，30.9%的受访者表示所在单位周边停车条件"很好"，较上次数据大幅提升，增加了11个百分点。表示"不太好，但不影响工作"和"很不好，严重影响工作"的受访者比例分别为48.3%、20.8%，较上次数据均下降近5个百分点（见图7）。显然，椿树辖区停车难问题近几年有所改观，但仍满足不了大多数企业员工的停车需求，解决椿树街道停车难问题仍十分迫切。

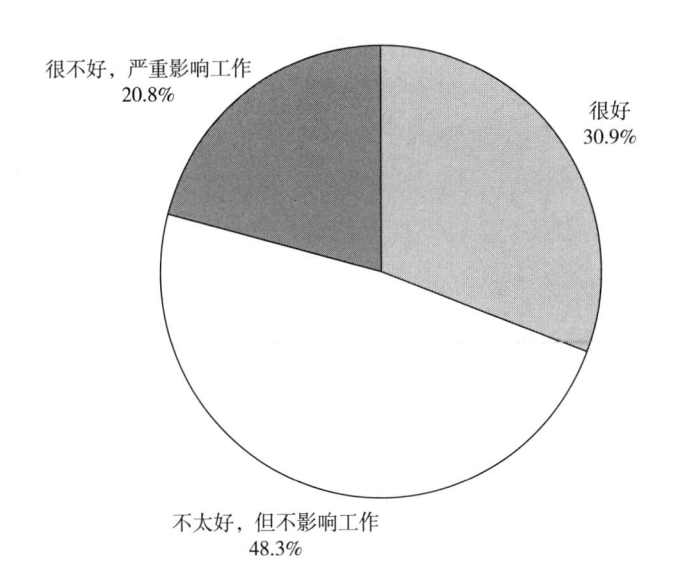

图7 椿树街道停车条件便利度

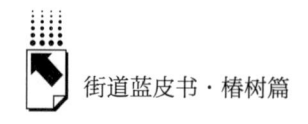

（二）交通便利度：71%的受访者表示"最后一公里"步行时间在10分钟内

公共交通作为工作通勤出行方式的首要选择，一直是工作人口关注的话题。关于交通便利情况，调查数据显示，26.1%的受访者表示从地铁或公交站点步行"5分钟以下"即可到达单位，44.9%的受访者表示需要"5~10分钟"，而表示在"15分钟以上"的受访者仅占总调查人数的11.6%（见图8）。椿树街道企业从业人员从地铁或公交站点步行时间在10分钟之内占比较大的原因是，椿树街道是西城区面积最小的街道，仅有1.09平方公里，以椿树街道办事处为中心点，1000米范围内，有地铁站4座，公交站点超过10个，给上班族带来了很大的方便。

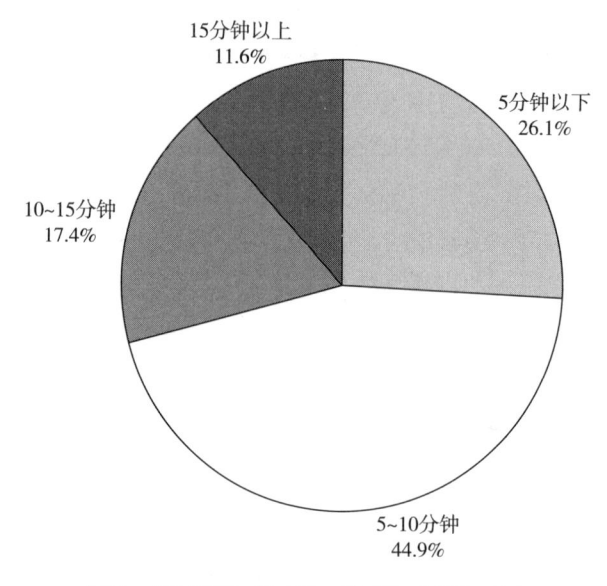

图8 椿树街道"最后一公里"交通便利度

（三）早餐便利度：表示"有流动的摊点，卫生难以保障"的受访者较上次调查下降了34.2个百分点

关于椿树街道早餐供应点的情况，调查结果显示，65.2%的受访者表示

"稍有不便，多走几步能找到"相对正规的早餐店，这相较于上一次调查统计的26.1%提升了39.1个百分点。同时，值得注意的是，15.1%的受访者表示"有流动的摊点，卫生难以保障"，相较于上次统计的49.3%降低了34.2个百分点（见图9）。可以看出，通过疏解整治促提升行动，椿树街道早餐店正趋向规范化，椿树街道也在加强对店内卫生环境的检查监管力度，争取为企业工作人员提供"满意早餐"。

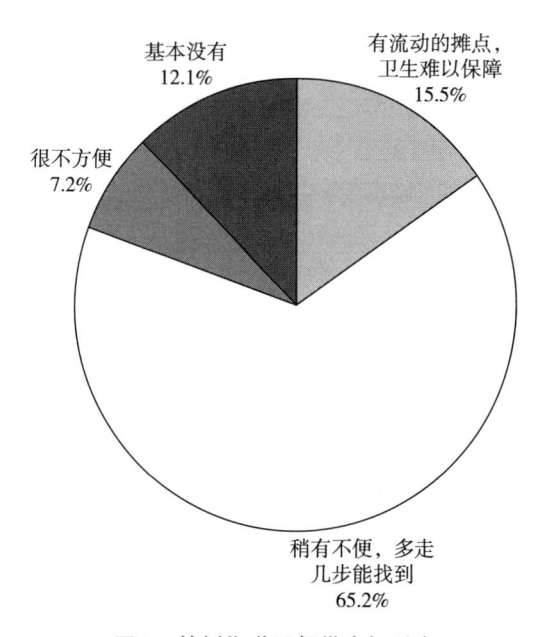

图9 椿树街道早餐供应便利度

五 社区基本公共服务满意度

（一）社会保障服务：49.5%的受访者表示"都不满意"

关于社会保障服务，调查结果显示，"低保""社会福利""社会救助""养老服务""住房保障"五项数据中满意度较上次数据均有不同程度的提升，占比分别为31.4%、26.1%、25.5%、20.2%和12.8%（见图10），

"医疗保险"和"就业服务"两项数据受访者的满意度整体下降,所占比重分别为19.1%和9.0%。不过,值得注意的是,对以上七项社会保障服务"都不满意"的人数由上次的28.9%增长到49.5%,这说明,近五成的受访者不满意目前的社会保障服务项目,这一方面有社会保障制度本身的因素,另一方面也在一定程度上要求椿树街道提高服务理念,深入辖区单位中,广泛征求企业员工的意见和建议,并不断改进服务态度和办事方法,为企业员工提供更为优质的保障项目。

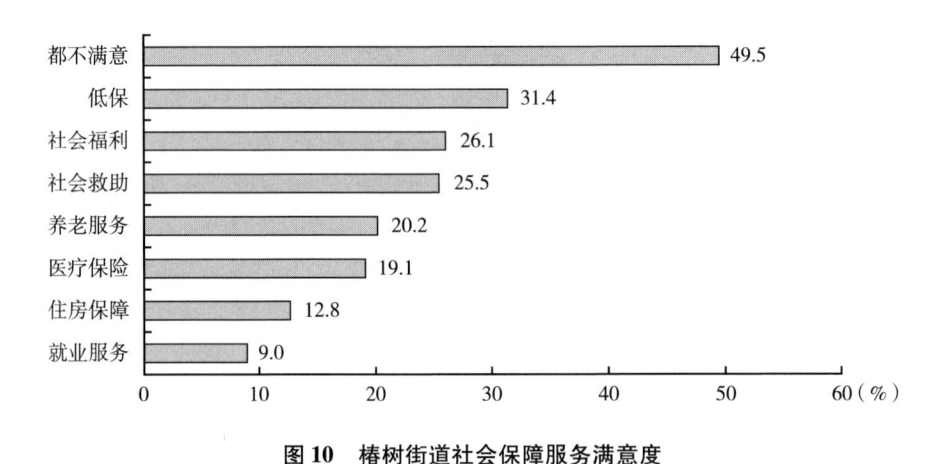

项目	百分比
都不满意	49.5
低保	31.4
社会福利	26.1
社会救助	25.5
养老服务	20.2
医疗保险	19.1
住房保障	12.8
就业服务	9.0

图10 椿树街道社会保障服务满意度

(二)医疗卫生服务:表示"就医方便"的受访者较上次数据下降了33.5个百分点

关于医疗卫生服务,调查结果显示,除超六成的受访者对以下三个选项"都不满意"外,企业员工认为椿树街道医疗卫生服务最令人满意的是"价格合理"(35.0%),其次是"设施先进"(28.4%)。表示对"就医方便"这一医疗服务满意的受访者仅占总调查人数的10.4%,较上次数据下降了33.5个百分点(见图11)。可以看出,在发展更加优质的健康医疗服务、加快优化就医流程、推动分级诊疗,进一步提高企业员工就医满意度方面,还有很多工作需要做。

图 11 椿树街道医疗卫生服务满意度

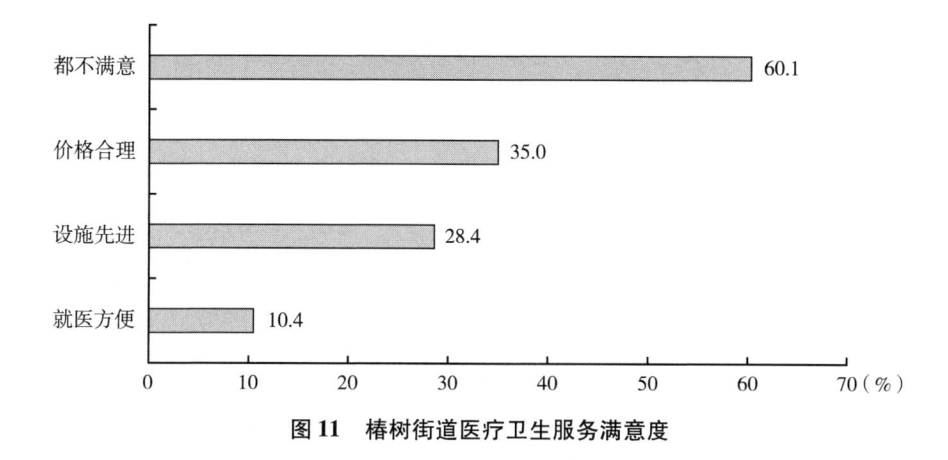

（数据：都不满意 60.1；价格合理 35.0；设施先进 28.4；就医方便 10.4）

（三）公共安全：对"社会治安"满意的受访者较上次数据下降了63.2个百分点

关于公共安全，调查结果显示，企业员工对公共安全满意度不足四成，最满意的是"突发事件处理"，比例为38.4%，其次有27.1%的受访者对"流动人口管理"比较满意。除此之外，仅有6.4%的受访者对"社会治安"比较满意，这一数据较上次调查结果下降了63.2个百分点（见图12）。这表明，椿树辖区在公共安全状况方面需要改善的空间较大，街道要在消除社会治安乱点、提升治安防范水平上加大力度。

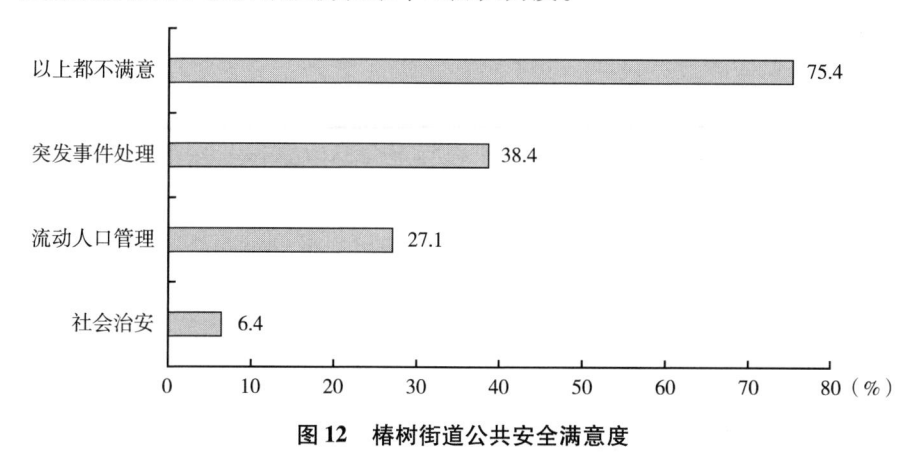

图 12 椿树街道公共安全满意度

（数据：以上都不满意 75.4；突发事件处理 38.4；流动人口管理 27.1；社会治安 6.4）

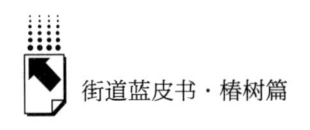

（四）市容环境：近五成受访者对五类选项"都不满意"

关于市容环境，调查结果显示，有近五成的受访者对椿树街道以下选项"都不满意"，其中，40.3%的受访者表示对"厨余垃圾分类收集与利用"比较满意，而表示对"生活垃圾投放清运"、"扬尘污染治理"、"雾霾应急举措"和"低矮面源污染"满意的受访者比例分别为29.4%、23.9%、23.4%和10.4%（见图13）。可以看出，椿树街道在市容环境提升和保持方面整体上有差距，还需要加大整治力度，提升街区环境品质。

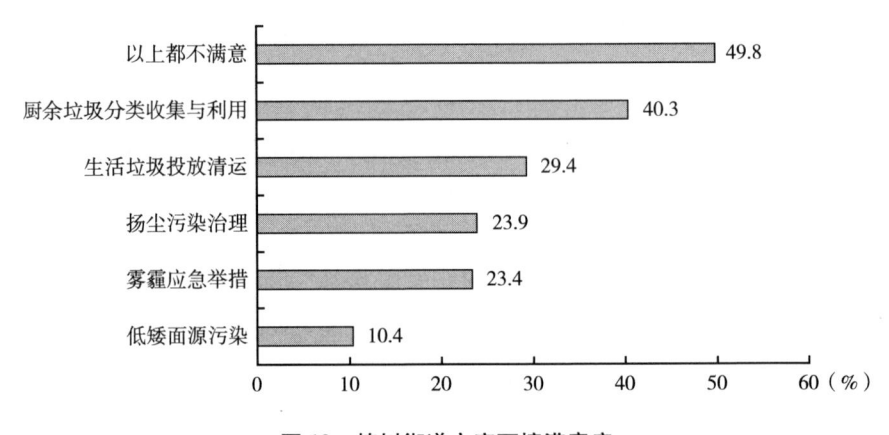

选项	比例（%）
以上都不满意	49.8
厨余垃圾分类收集与利用	40.3
生活垃圾投放清运	29.4
扬尘污染治理	23.9
雾霾应急举措	23.4
低矮面源污染	10.4

图13 椿树街道市容环境满意度

（五）城市管理："街巷保洁"作为突出问题较上次调查数据下降近30个百分点

关于城市管理的突出问题，调查问卷结果显示，"门前三包"和"乞讨卖艺"问题较上次调查数据分别上升了30.9个百分点和3.4个百分点，"私搭乱建"和"绿化不够"由39.7%、44.1%下降到13.2%、22.3%（见图14）。值得注意的是，10.2%的受访者表示椿树街道城市管理的突出问题是"街巷保洁"，相较于上次调查数据下降了29.5个百分点。可以看出，椿树街道疏解整治促提升和背街小巷整治行动在街巷保洁方面取得了一定的成效，但是在"门前三包""乞讨卖艺"等方面仍存在不小问题，还需要街道统筹谋划，全面推进和提升。

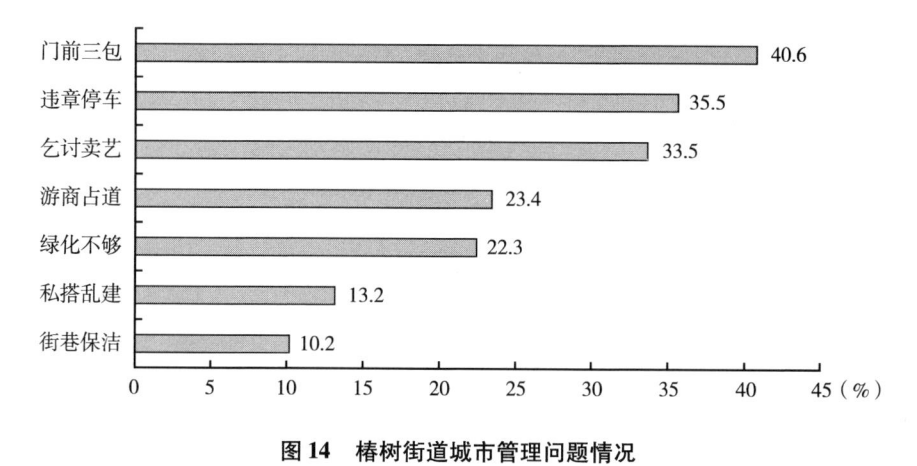

类别	百分比
门前三包	40.6
违章停车	35.5
乞讨卖艺	33.5
游商占道	23.4
绿化不够	22.3
私搭乱建	13.2
街巷保洁	10.2

图14　椿树街道城市管理问题情况

（六）公用事业服务："供水""供电"满意度较上次数据分别下降了15.2个和21.4个百分点

关于市政公用事业服务，调查结果显示，企业员工对这八项公用事业服务的满意度均不到五成，"邮政"服务以48.3%的受访者满意度排在第一位，其次是通信（44.4%）、供气（39.5%）、信息化水平（29.8%）、市容市貌（27.3%）和城市规划布局（26.8%）（见图15），与上次调查结果相比均有不同程度的提升。不过，值得注意的是，表示对"供水"和"供电"比较满意的受访者比例为38.0%、35.6%，这两项数据较上次分别下降了15.2个和21.4个百分点，这表明，公共服务质量与企业员工的期望值仍有一定差距，供水、供电部门仍需强化监管检查。

（七）消防安全：仅5.8%的受访者表示"防火设施不好，逃生机会不多"

关于消防安全，调查结果显示，52.7%的受访者表示"防火设施很好，会安全逃生"，41.5%的受访者表示"防火设施一般，火势不太大的情况下可以"。值得注意的是，5.8%的受访者表示"防火设施不好，逃生机会不

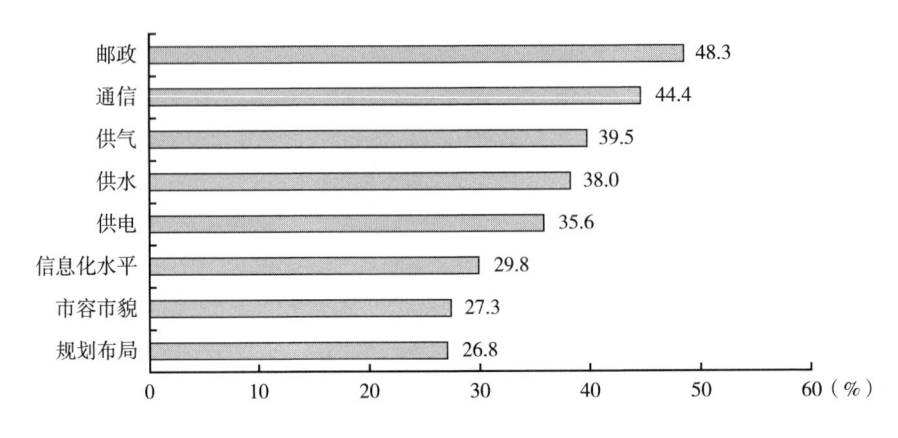

图 15　椿树街道市政公用事业服务满意度

项目	满意度(%)
邮政	48.3
通信	44.4
供气	39.5
供水	38.0
供电	35.6
信息化水平	29.8
市容市貌	27.3
规划布局	26.8

多",较上次数据下降了33.3个百分点(见图16),这表明,椿树街道在辖区的防火设施配备的监督检查上取得了明显的成效,得到了辖区企业人员的普遍认可。

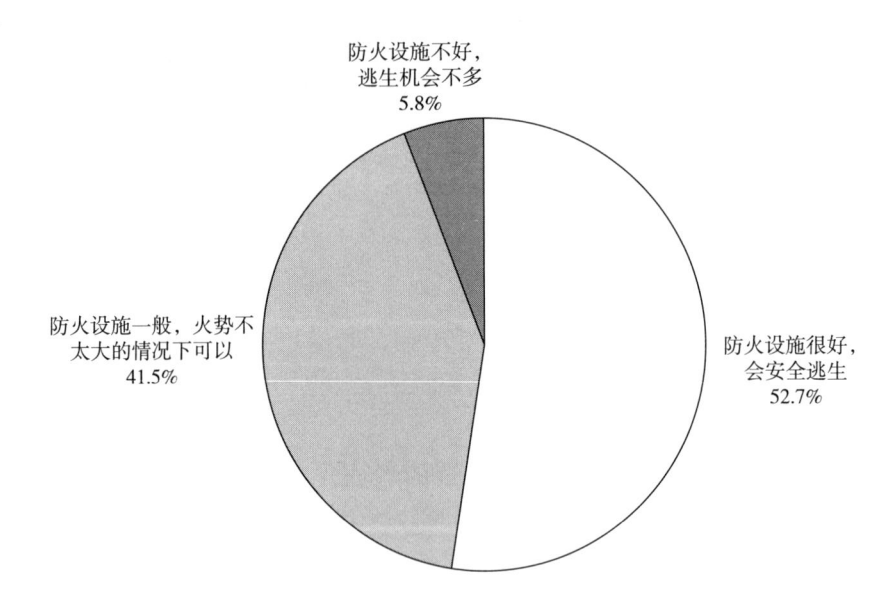

图 16　椿树街道消防设施和安全满意度

- 防火设施不好,逃生机会不多　5.8%
- 防火设施一般,火势不太大的情况下可以　41.5%
- 防火设施很好,会安全逃生　52.7%

六 社区公共服务需求度

（一）硬件设施需求：58.0%的受访者表示公共广告栏最为短缺

关于硬件设施需求，调查结果显示，58.0%的受访者表示椿树街道公共广告栏最为短缺，而且有加重的倾向，较上次调查数据增加了45个百分点。此外，卫生所的需求也由上次数据的16.7%上升到33.7%。而对于宣传栏、图书室和体育健身点的需求均有不同程度的下降（见图17）。椿树街道可以考虑通过设置一些广告栏满足企业员工快速掌握即时信息的需要，再辅之以"堵"的措施，严厉打击张贴小广告的行为，如此一来，不但能维护市容市貌的整洁，更会赢得企业员工的理解和支持。

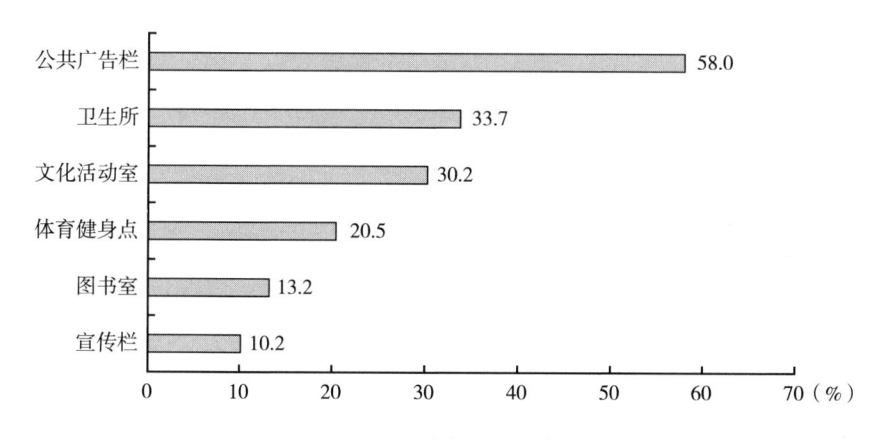

图17 椿树街道硬件设施缺乏情况

（二）服务项目需求：38.9%的受访者表示公益培训需求最大

关于服务项目需求，调查结果显示，38.9%的企业工作人员对椿树街道的公益培训（38.9%）需求度最高，其次为便民利民服务（37.9%）、文化娱乐（27.1%）、法律援助（27.1%）、劳动就业（23.2%）和家政服务

（22.7%）（见图18）。椿树街道可以多承办公益培训活动，提供一些经验分享、政策说明或文化交流等方面的项目，满足企业员工的不同诉求。

公益培训 38.9
便民利民服务 37.9
文化娱乐 27.1
法律援助 27.1
劳动就业 23.2
家政服务 22.7
医疗保健 14.8
残疾人服务 13.8
青少年课外服务 11.3
老年服务 4.9

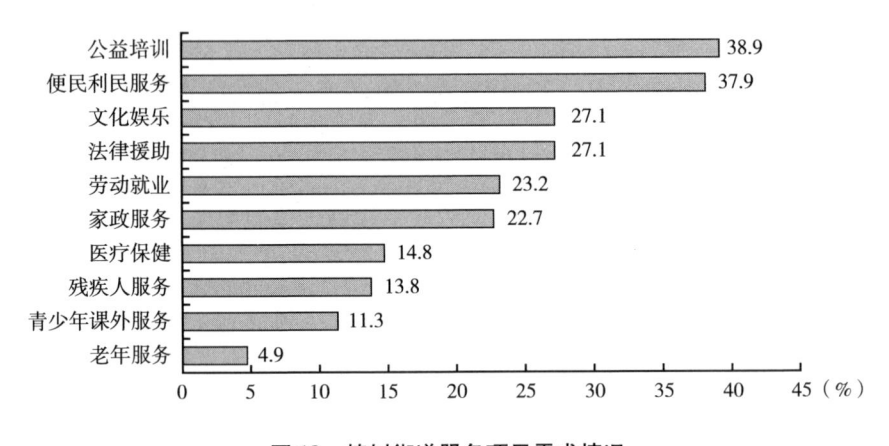

图18　椿树街道服务项目需求情况

此外，相关调查发现，辖区内企业获取信息和服务的主要渠道是通过网络、微信等平台，显示出大数据时代对互联网的高度依赖性。与此同时，企业与街道社区的沟通和联系的平台和渠道有限，需要进一步发挥好区域化党建平台的作用。

七　基本数据结论

基于对椿树街道驻区单位工作人员的调查，并与上次调查数据进行比较后，我们从社区服务机构认知度、社区服务参与度、地区生活便利度、基本公共服务满意度和公共服务需求度等五个方面进行归纳，得出如下结论。

第一，在社区服务机构认知度方面，64.3%的受访者表示对街道办事处企业服务事项"知道"或"知道一些"；79.2%的受访者对居委会有或多或少的了解；67.6%的受访者表示以所在社区为荣。

第二，在社区服务参与度方面，社区服务项目参与度整体下降，仅有37.7%的受访者参与过社区服务项目，其中参与图书阅览的受访人数最多，占比为16.0%；参与过社区文化活动的受访者不足四成，仅达37.7%；42.8%的受访者愿意参加志愿者活动。

第三，在地区生活便利度方面，停车难问题仍十分迫切，表示停车问题"很好"的受访者较上次数据提升了11个百分点；有71.0%的受访者表示"最后一公里"步行时间在10分钟内；椿树街道早餐店正趋向规范化，表示"有流动的摊点，卫生难以保障"的受访者较上次数据下降了34.2个百分点。

第四，在社区公共服务满意度方面，社会保障服务中，有49.5%的受访者表示"都不满意"；医疗卫生服务中，认为"就医方便"的受访者较上次数据下降了33.5个百分点，为10.4%；公共安全中，对"社会治安"满意的受访者较上次数据下降了63.2个百分点，比例为6.4%；市容环境中有49.8%的受访者五类选项"都不满意"；城市管理中，表示"街巷保洁"问题较上次数据下降了29.5个百分点，占比为10.2%；公用事业服务中，"供水""供电"满意度较上次数据分别下降了15.2个和21.4个百分比，比重分别为38.0%和35.6%；消防安全中，5.8%的受访者表示"防火设施不好，逃生机会不多"。

第五，在社区公共服务需求度方面，硬件设施需求中，有58.0%的受访者表示公共广告栏最为短缺；服务项目需求中，有38.9%的受访者表示公益培训需求最大。

通过对上述结果进行梳理可以看出，虽然存在部分项目服务改善缓慢，服务满意度不高的现象。但整体来看，椿树辖区的公共服务水平总体上升。从具体选项的数据变化看，椿树地区的公共服务亮点较为明显，难点也反映突出，有13个选项值得重点关注（见表2）。

表2 椿树街道公共服务重点选项调查数据比较

单位：%

序号	需重点关注的调查选项	2015年1月调查数据	2017年5月调查数据	数据变化情况
1	对椿树街道办事处企业服务事项"知道"或"知道一些"	65.9	64.3	下降1.6个百分点

续表

序号	需重点关注的调查选项	2015年1月调查数据	2017年5月调查数据	数据变化情况
2	知道椿树社区居委会"领导姓名"	10.9	52.1	上升41.2个百分点
3	以椿树社区为荣	62.3	67.6	上升5.3个百分点
4	参与度选项中社区服务项目"都未参与"	50.7	62.0	上升11.3个百分点
5	便利度选项中能找到早餐供应点	75.4	80.7	上升5.3个百分点
6	便利度选项中"最后一公里"时间在10分钟之内	60.0	71.0	上升11个百分点
7	满意度最高的选项公共事业服务选项"邮政"	38.0	48.3	上升10.3个百分点
8	满意度最高的选项城市管理选项"门前三包"	19.1	40.6	上升21.5个百分点
9	满意度较差城市管理选项"乞讨卖艺"	30.1	33.5	上升3.4个百分点
10	满意度较差城市管理选项"违章停车"	59.6	35.5	下降24.1个百分点
11	满意度最高城市管理选项"街巷保洁"	39.7	10.2	下降29.5个百分点
12	需求度最大公共服务设施选项"公共广告栏"	13.0	58.0	上升45.0个百分点
13	需求度最大公共服务项目选项"公益培训"	27.7	38.9	上升11.2个百分点

八 对策建议

当前，西城区正在积极落实北京市委市政府疏解非首都功能整治城市环境的相关部署，大力推进疏解整治促提升和背街小巷环境整治专项行动。为此，各街道逐步推动违法建设拆除、"开墙打洞"治理、地下空间和群租房整治、老旧小区整体提升、"七小"门店整治和文明街巷创建等工作。虽然街区环境、街巷面貌得到了很大改善，但由于对疏解整治促提升后的空间使用等配套政策的制定滞后，街道又缺乏对腾退空间利用的自主权，导致许多公共服务项目问题不降反升。围绕椿树街道实际情况提出以下几点建议。

（一）强化服务意识，完善服务理念

树立服务理念，鼓励企业从业人员积极参与所在社区相关活动。椿树街道一方面可以利用地区优势，调查从业人员的服务需求，充分利用辖区内闲置的商业资源，宣传活动优惠政策，对有需要的从业人员进行指导工作。另一方面，努力创新椿树街道服务模式，深入辖区单位，积极开展走访活动，听取企业员工的意见和建议，做到真实有效地主动服务，提升服务效率。

（二）优化服务项目，提升服务标准

为提高椿树街道服务企业水平，需要以坚持问题导向来发展具体服务项目。一方面，椿树街道服务企业需要整合各社区发展状况，注重街道服务企业事项的内在价值，在贯彻落实疏解整治促提升行动方案的同时，依据椿树街道服务企业的项目特性，优化服务，牢记为人民服务的宗旨，推广社区精神文化产品，推行公共服务均等化策略，让所在辖区的从业人员自觉参与到椿树街道公共服务的工作中，促进街道服务企业标准的提升。另一方面，针对本次调查结果，可看出椿树街道企业从业人员对于公共服务整体满意度不高，参与感不强，这就要求街道工作人员树立一种项目思维。当服务企业项目在建时，街道相关部门主动排忧解难，积极给予扶持，提出合理的建议，立足从业人员的内在诉求，加快项目进程。通过完善服务企业事项，全面提高椿树街道服务企业水平。

（三）整合服务资源，完善服务供给

一方面，区域资源优势。椿树街道处于大栅栏－琉璃厂历史文化保护带和以菜市口－广安门为中心的高端产业发展带的交汇地区，辖区面积小、驻区企业集聚和类型多样是其区域产业的主要特征。椿树街道可充分利用自身

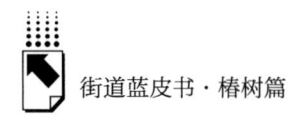

资源组织系列文化活动,促进街道与企业之间的合作交流,共同创新发展。同时在拓展企业服务项目工作中,把握最积极参与的项目,挖掘具有潜力的服务项目,进而提升社区凝聚力,掌握其发展规律。然而,针对街道服务企业项目的薄弱环节,要对其特色及重点的发展项目进行大力宣传,最终实现推动街道企业服务转型新发展的目标。另一方面,信息优势。椿树街道需要重视企业服务,强化服务项目的信息管理功能,通过互联网等现代化信息技术,做好街道服务企业经营等问题的收集工作,通过及时有效的整合分析,找出问题,提出针对性的解决措施,完善信息服务,推动街道服务企业的能力与水平。

理论报告

Theoretical Reports

B.4
以"本土化"思维推进社区社会组织建设

——以椿树街道文体类社区社会组织发展为例

摘　要： 党的十九大报告提出,"发挥社会组织作用,实现政府治理和社会调节、居民自治良性互动。"社区社会组织作为社会组织的重要组成部分,在社区建设中发挥着重要作用。引导社区社会组织参与社区治理、为居民提供更加贴近居民需求的服务,有助于完善社区自治、促进社会和谐。我国社区社会组织发展经历了从无到有、从弱到强、从自发无序到规范有序的兴起与成长的历程,特别是文体类社区社会组织的发展,往往更具本土化的特点,这与文化发展的地域性和社区发展的人本性都有关系。西城区椿树街道积极营造社区社会组织发展的良好环境,进一步充实社区社会组织的服务职能,为居民提供优质的社区服务。本文以社区社会组织为主要研究对象,探讨其"本土化"的发展模

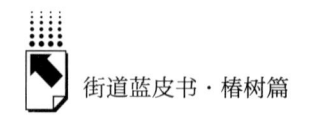

式，以期为椿树街道推动文体类社区社会组织的发展提供一点理论支撑。

关键词： 椿树街道　社区社会组织　本土化　社区建设

一　社区社会组织的"本土化"及其作用

（一）社区社会组织的内涵

我国社会组织主要有由公民自愿组成，从事非营利活动的社会团体、民办非企业单位和利用社会捐赠的财产从事公益事业的基金会三大类经民政部门登记的机构组成。社区社会组织是社会组织的重要组成部分，是社会团体或者个人在社区范围内共同或者单独开展各类活动、社区服务的民间自发组织。2017年8月，中共中央、国务院出台了《关于改革社会组织管理制度促进社会组织健康有序发展的意见》，提出"社区社会组织"不仅是"社会组织"的组成部分，更是非常重要的并承担着基层社会服务职能的社会组织，建设好社区社会组织，是衡量我国社会组织发展水平的重要尺度。

社会组织最早起源于19世纪的西方国家。到了21世纪，社会组织的发展程度已经成为衡量一个社区工作及社会发展情况的标志。在我国最早使用的是民间组织，直到2004年国务院下发了《基金会管理条例（试行）》，将基金会从社会团体中正式分离出来，形成了三种相互独立的民间组织，即社会团体、民办非企业、基金会。在我国，真正意义上的社区社会组织是在上海产生的，1996年2月，浦东新区创建了公办民营的罗山市民会馆，此后，全区各地逐步开始培育社区社会组织。我国社会组织政策变迁情况如表1所示。

表1 我国社会组织政策变迁情况

序号	文件	时间	相关政策	颁布单位
1	《关于严格控制成立全国性组织的通知》	1984年11月	用于避免全国性组织的泛滥,但却未限制地方各类组织的发展	中共中央、国务院
2	《基金会管理办法》	1988年9月	第一部专门规范中国民间组织登记管理的行政法规	国务院
3	《关于在社会团体中建立党组织有关问题的通知》	1998年2月	对社会团体(不包括由国家确定其职能,核定编制,核拨经费,工作人员按国家公务员管理的社会团体)建立党组织的有关问题做出了相关规定	中共中央组织部、民政部
4	《社会团体登记管理条例》	1998年9月	对社会团体的登记和管理等方面做出了相应规定	国务院
5	《民办非企业单位登记管理暂行条例》	1998年10月	为了规范民办非企业单位的登记管理,保障民办非企业单位的合法权益,促进社会主义物质文明、精神文明建设而制定	国务院
6	《关于开展民办非企业单位复查登记工作意见》	1999年12月	建立了民办非企业单位统一归口登记制度,确认民办非企业单位法律地位,规范了民办非企业单位行为	民政部
7	《关于加强社会团体党的建设工作的意见》	2000年7月	对加强社会团体(不包括《社会团体登记管理条例》规定免于登记的社会团体和特定社会团体)党的建设工作提出相关意见。加强了党对社会团体的领导	中共中央组织部
8	《中共中央关于加强党的执政能力建设的决定》	2004年9月	提出要加强社会建设和管理,推进社会管理体制创新;要加强和改进对各类社会组织的管理和监督	中国共产党第十六届中央委员会第四次全体会议通过
9	《中共中央关于构建社会主义和谐社会若干重大问题的决定》	2006年10月	在此次报告中,用"社会组织"取代了原有的"民间组织",首次提出要培育扶持社会组织,并阐述了推动社会组织发展的主要职能、方法、政策,这些成为之后社会组织发展和培育工作的指导思想	中国共产党第十六届中央委员会第六次全体会议通过

续表

序号	文件	时间	相关政策	颁布单位
10	《中共中央、国务院关于加强和创新社会管理的意见》	2011年7月	表示要加强非公有制经济组织、社会组织服务管理	中共中央、国务院
11	《关于改革社会组织管理制度促进社会组织健康有序发展的意见》	2016年8月	对社区社会组织提出了降低准入门槛、积极扶持发展、增强服务功能等一系列支持措施，推进社会组织管理制度改革	中共中央、国务院
12	《关于通过政府购买服务支持社会组织培育发展的指导意见》	2016年12月	提出"切实改善准入环境；加强分类指导和重点支持；完善采购环节管理；加强绩效管理；推进社会组织能力建设；加强社会组织承接政府购买服务信用信息记录、使用和管理"等要求	财政部、民政部
13	《关于大力培育发展社区社会组织的意见》	2017年	明确了社区社会组织的概念，对加强社区社会组织的培育扶持力度和管理服务做出了明确要求	民政部

资料来源：根据网络资料整理。

（二）社区社会组织的"本土化"

本土化应该是一个过程而非目的，是指某种事物为了适应所处环境而发生的变化，具有本地的特色或特征。社区社会组织本土化指的是借鉴外来社会组织好的经验和做法，以增进本社区社会组织成长的适应性和实用性，进而形成具有本地区特征的社区社会组织的过程。

可以通过三个层次来理解这一过程：一是社区社会组织的本土化是一个具有地区特色的发展过程，它符合社会组织发展整体规律；二是社区社会组织的本土化是在吸收和借鉴国外社会组织精华的基础上，满足本社区实际发展需求并为该社区的居民提供个性化、多元化的服务；三是社区社会组织的本土化要立足长远。社区社会组织的发展要努力成为社区建设中不可或缺的重要力量，承接政府因改革而转移出来的社会职能，同时，要在构建基层协商民主机制以及表达社区居民利益诉求等方面发挥积极作用。

（三）社区社会组织对基层治理具有重要作用

社区社会组织在社区建设中发挥着越来越重要的作用。在城市社区，居民之间一般缺少血缘和业缘关系，原有的地缘关系也由于封闭式的居住环境和生活方式而逐步淡化。在这样的大背景下，社区社会组织以及由这一类组织开展的社区活动在促进居民融合过程中发挥着重要的纽带作用。在社区中，一些拥有共同兴趣爱好的居民，可以通过文体类的社区社会组织活动增进沟通，相互了解成为熟人或者朋友，并将交往范围扩展到日常生活中，不仅能够促进居民融合，也进一步增强了社区凝聚力。特别是在社区公共事务管理方面，由于社区社会组织与社区有直接的利益相关性，比较容易说服社区居民进行集体行动，是推动社区协同治理的有效组织载体。社区社会组织在社区管理方面扮演了重要的角色，能够有效地解决包括社区物业管理、邻里事务、社区治安等方面产生的纠纷，是政府基层治理的有益补充。

二 椿树街道推进"本土化"文体类社区社会组织发展的探索

椿树街道在推进本地区社会建设过程中，特别注重社区社会组织的建设发展，在建设"创新、平安、靓丽、文化、活力、温馨"六个椿树的进程中，街道始终坚持将社区社会组织建设作为重要抓手，不断完善社会组织服务功能，加强规范管理、强化统筹、整合资源，着重培育本土化社区社会组织，将社区文体服务的一些具体事务逐步让渡给社会组织，从而在社区建设中形成"政府放权、社会组织发展、公众监督服务"的新格局。本文以椿树街道文体类社区社会组织"本土化"的形成和发展为例，探讨社区社会组织本土化建设与发展路径。

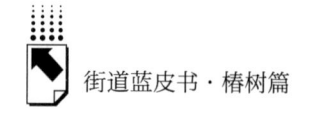

（一）椿树街道文体类社区社会组织建设基本概况

椿树街道辖区面积1.09平方公里，辖区户籍人口14123户37154人，是北京市辖区面积最小、人口密度较大的街道之一。随着市场经济的深入发展和社会转型的加快，椿树街道高度重视社会组织建设，把它作为完善社区服务的新抓手，目前街道打造了文体科教、服务福利、共建发展、治安民调等一批社会组织品牌。

1. 文体社区社会组织规模不断壮大

截止到2015年底，椿树辖区经街道备案登记的社区社会组织有88支，涉及文体科教、服务福利、共建发展、治安民调、医疗计生、社区环境物业共计六大类（见图1），分布在辖区7个社区。其中文体类社会组织共计41支，占总数的47%，比2010年的22支增长近一倍，它们在整合社区资源、拓展文化服务领域、构建和谐社区等方面发挥了积极的作用，为社区居民提供了多样化、专业化的文化服务、文化载体，成为政府服务于民的桥梁和纽带。2017年，椿树街道成立了社会组织孵化培育管理中心。

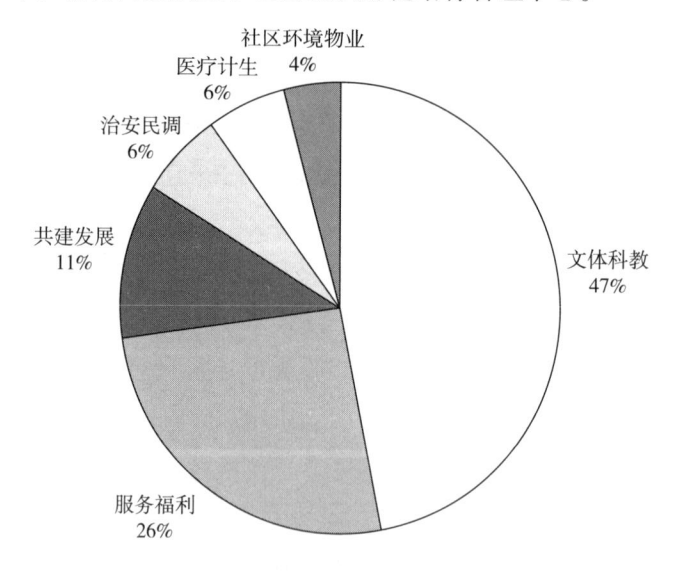

图1 椿树街道社会组织分类

2. 文体类社区社会组织快速发展

近年来,椿树街道特别重视文体类社会组织建设,在颁布《关于进一步培育和发展社区社会组织的意见》,明确街道社区社会组织建设和发展目标、原则、措施的基础上,把文体类社区社会组织作为建设重点,不断发挥"梨园之乡"优势,大力扶持促进京剧推广的文体类社区社会组织发展,因地制宜,不断加强广受居民喜爱的舞蹈、书法、合唱等具有地区特色的本土化文体社会组织进行培育和提升,先后完成了红线社区博雅读书文化社、香炉营社区春晖少年足球队、琉璃厂西街社区翰墨艺苑、椿树园社区京剧队等文体类社会组织的备案、复核。这些文体类社区社会组织在为居民提供文体服务,打造地区文化品牌方面发挥了重要作用。例如,以"一戏、一毽、一球"系列活动的开展为抓手,全面打造地区"椿树杯"街道文化活动品牌;充分利用安徽会馆,办好第十三届"椿树杯"及全国微视频推广活动;扶持春晖紫曦少儿京剧苑等特色社会组织开展形式多样的活动,满足地区居民不同需求;通过向社会组织购买服务的方式,举办第五届"椿树杯"花毽邀请赛和首届"椿树杯"五人制足球赛,倡导居民广泛参与。

3. 文体类社区社会组织作用日益凸显

文体类社区社会组织为居民提供文化服务,一方面满足了居民需求,缓解文化类公共服务供需不平衡的矛盾,另一方面承接政府转移或委托的部分工作,有助于政府实现职能转变。椿树街道通过加强文体类社区社会组织的规范化建设,逐步整合优化文体资源,培育发展示范典型,鼓励引导文体类社区社会组织积极参与地区的文化发展,使辖区群众日益增长的文化需求得到进一步满足。可以说,文体类社区社会组织在社会志愿服务、精神文明建设等领域的社会功能初步显现。

(二)椿树街道推动文体类社区社会组织本土化的必要性

1. 认清"本土"资源的价值

习近平总书记说,"中华优秀传统文化是中华民族的精神命脉,是涵养社会主义核心价值观的重要源泉,也是我们在世界文化激荡中站稳脚跟的坚实根基"。多年来，我们有些本土文化在外来文化的侵袭、干扰、同化的过程中逐渐弱化。当然，这并非诋毁或排斥外来文化，而是要怀着一种对本土文化的强烈认同来认清"本土"价值，不要一味地对外来的文化推崇，应该紧跟时代的步伐，怀着时代的精神去甄别，更加理性地去审视各类文化。本土文化是每一个具有本土身份认同的人所共有的情感纽带，是能引起共鸣的精神寄托。因此，要充分利用本土文化的价值，以正能量稳民心、聚民心、暖民心。椿树街道的"椿树杯"京剧票友大赛之所以能够在北京这样一个全国文化中心有一定地位和影响力，根本原因在于街道充分挖掘和利用了本地区丰富的文化资源，在于发掘了会馆文化、京剧票友等文化价值，在于京剧所具有的民族性、群众性。

2. 保护与利用历史文化资源

随着城镇化的快速发展，对物质文化遗产产生了建设性的破坏，非物质文化遗产的继承人越来越少，甚至是传承断裂，造成了不可挽回的损失。因此，要加强对历史文化资源的保护和有效利用。椿树街道近年来就十分重视历史文化资源的保护、开发和利用，比如，街道投资200多万元对安徽会馆进行了翻新和改造，并开始进行利用，目前街道举办的各类群众文化活动都在安徽会馆举办，安徽会馆在保护修缮的同时焕发出新的活力与生机。安徽大戏楼成为已经连续举办十三届的"椿树杯"北京市社区京剧票友大赛新赛址。

3. 优化整合社区资源

文化是具有地域特点和差异的，从大的方面来讲，不同的国家，拥有不同的文字、风俗、文化和信仰；从小的方面来讲，由于各种原因，不同的街道（社区）之间也会有文化、建筑特色等的差别。也正是由于有这些差别，才会产生了这种风格迥异、内涵丰富的文化。因此，加强社区文体建设的一个重要方面，就是要强化社区资源整合。具体说，就是要充分挖掘、整合辖区学校、企业等社会资源，逐步形成辖区文体资源"共建、共享、共用"。比如，椿树街道积极挖掘琉璃厂荣宝斋、一得阁等老字号企业的传统技艺，配合支持这些企业做好非遗项目整理、申报，协调荣宝斋上报文化创意产业资金支持项目等；开办翰墨艺苑，让社区百姓学习书法、鉴赏字画；带领中小学生走进名家名店，感受古文化气息等，都是进行社区资源整合的有益探索。

（三）椿树街道推进文体类社区社会组织"本土化"的探索

社区建设和社区社会组织发展之间是相互促进、共同发展的，社区建设带动社区社会组织发展，社区社会组织建设反过来又为社区建设服务，两者的高度结合使得社区社会组织成为社会建设的重要内容。椿树街道坚持以服务群众为大方向，通过建机制、促转型、重培养、倚绩效，不断发展社区社会组织和推动专业人才队伍建设。特别是针对社区文化建设，街道以加强硬件建设、提升软实力、活跃群众参与、构建智慧社区为主线，以打造"椿树杯"品牌、挖掘会馆文化为依托，以京剧票友大赛、社区京剧社、少儿京剧苑、花键运动等文体社会资源为载体，着力培育本土化的文体类社区社会组织，取得了良好的社会效应。

1. 坚持"四众"理念，创新社区社会组织管理机制

椿树街道成立了社会组织孵化培育管理中心，通过该中心的运行，在社区社会组织发展的制度、流程、管理、项目运作等方面进行不断完善和规范，并在政府购买服务方面进行探索，最终实现社会组织，特别是社区社会组织在财务管理、队伍组建、组织成长等方面能够满足其自身及社区发展需要。其中，非常重要的一点是，椿树街道提出了"四众"理念，即通过"创新理念，众谋未来；搭建平台，众创共赢；积极推进，众心凝结；注重实效，众享成果"来统筹辖区各方资源，努力打造多元参与的社会组织发展环境。充分发挥了社区社会组织在社区建设中的积极作用。

2. 借助专业优势，完善政府购买社会组织服务机制

椿树街道借助专业社会组织的专业优势，对社区社会组织进行孵化和培育，对政府购买社会组织服务的机制不断进行完善和强化，根据辖区居民需求及当前社会组织发展实际情况，分别采取引入、孵化、转型的不同方式，把重点放在广聚、广揽、广纳社区社会组织的发展内生动力上。街道向北京市思科社会组织能力建设促进中心购买服务，发挥社会组织整合社会工作资源、设计服务项目和方案、提供社会工作服务等专业作用，合作编制符合椿树街道实际的专业服务规范和指导标准；培育扶持各类社区社会组织发展，

指导帮助椿树街道社区公共服务协会作为街道"枢纽型"社会组织发挥其应有作用；协助社区社会组织建章立制、规范管理，提高居民组织化程度，提升社区社会组织服务能力，推动"孝""和"等社区文化建设。

3. 注重专业引领，完善社区社会组织培训机制

椿树街道从骨干培养、业务指导、技能培训等方面加强社区社会组织培训工作，培育社区社会组织规模壮大。一是充分挖掘社区社会组织带头人并对其进行有针对性的培训和辅导，通过树立典型，发挥示范带头作用。二是建立多渠道培训机制，整合各方资源，引进专业社会工作机构和社会工作专业人才，加大对社区社会组织的培育力度。三是通过加强对购买服务项目的管理，增强社区社会组织发展能力。多种举措与培训方式综合运用，全面提升培训效果。四是通过整合优秀的社会资源、专家资源，结合辖区社会组织的特点和居民的服务需求，开展切合实际的交流、分享、宣传等活动，使辖区内文体类社区社会组织向互益、公益性发展，实现提升居民幸福指数，促进社区和谐文明协调发展的目标。

4. 加强政策支持，规范社区社会组织运营机制

椿树街道从政府和社会组织两个角度发力，提供政策支持，以规范社区社会组织的运营机制。一方面，街道修订并实施本街道的相关制度，推进政府购买社会组织服务工作，例如出台《椿树街道政府向社会组织购买服务管理办法（修订）》《椿树街道政府向社会组织购买服务立项管理竞争性洽谈细则》《椿树街道政府向社会组织购买服务立项管理"椿议民情坊"细则》《椿树街道政府向社会组织购买服务过程管理细则》《椿树街道政府向社会组织购买服务验收（结题）细则》等，以管理倒逼社区社会组织规范运行。同时建立文化团队奖励制度，激励居民广泛参与，合理利用地区资源，举办传统文化节日活动，推进非遗进社区，传承推广群众文体项目，实现本土化文体团队比重达30%的目标。另一方面，引入专业机构搭建运营平台，协助梳理街道现有社会组织状况，搭建社会组织管理构架，制定规范化的社会组织管理制度。根据街道具体服务需求，进行购买服务推介宣传，吸引社会组织入驻椿树；同时根据街道现有社会组织运行中存在的问题，有针

对性地设计培训课程,开展能力提升培训,并为社会组织日常管理运行提供咨询服务。

5. 引导群众深度参与,依托社会组织完善社区自治机制

街道将团队号召、人才挖掘、居民参与作为文体类社会组织的发展思路,通过社区社会组织发展,拓展居民参与社区自治的方式与渠道。一是通过吸纳新增人员、统计具体活动时间和场所,提高居民的参与度,成立街道级的合唱团(椿萱合唱团)及舞蹈队(椿萱舞蹈队),支持其参与了北京第九届体育国标舞蹈公开赛并荣获第一名。二是不断完善奖励制度,对符合条件并在辖区内有一定的带动性和影响力的社会组织进行奖励扶持。三是注重参与群体在年龄、特长、个性等方面的不同。比如,街道举办的第九届"椿树杯"京剧票友大赛考虑到残疾人行动不便等,专门为他们提供乐器比赛,让更多的残疾人参与到比赛当中;在第十二届"椿树杯"京剧票友大赛中,街道更加重视学生群体的参与,举行了京剧演出、书画表演、乐器表演等,活动形式和内容更加丰富多样。另外,2013年成立的民间少儿京剧培训学校——春晖紫曦少儿京剧苑,坚持传承京剧、弘扬国粹文化为办学宗旨,从活跃社区居民文化活动、服务在校青少年的角度出发,将热爱京剧艺术的优秀青少年聚集在一起,坚持不懈地开展京剧艺术的传承和推介,促进京剧文化的传承和发展。通过文体类社区社会组织开展的这些活动,进一步凝聚人心,让居民通过活动了解社区情况、参与社区事务,提升自治能力。文体类组织比例如图2所示。

三 推进社区社会组织"本土化"面临的主要问题

椿树街道在文体类社区社会组织建设方面取得了很大的进展,但是随着群众日益增长的文体生活需求的日益增加,这类社会组织发挥作用还有很大的提升空间。总的来看,在推进社区社会组织"本土化"的进程中,还面临着一些问题和挑战。

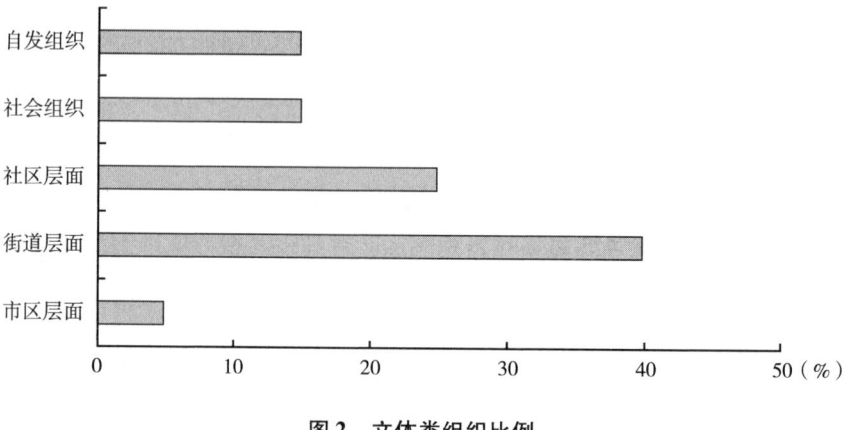

图 2 文体类组织比例

（一）公众对社区社会组织的认识有偏差

从政府层面看，重政府作用而轻社会组织参与的现象较为普遍：有些人对社会组织发展前景和能力不太看好，不敢放手让渡社会治理和社会服务空间，导致社会组织难有作为；有些人认为社会组织做的是社会边缘或者补充性的工作，导致支持动力不足。从公众层面看，对政府的依赖心理根深蒂固，遇到问题时主要寻求政府的帮助，很少去考虑各类社会组织，而对于现有的社会组织是否提供帮助或者提供怎样的帮助，公众也没有太多清晰的认识。从社会组织自身层面看，很多社会组织对自身的性质地位、发展目标和价值诉求并不明确，仅凭兴趣爱好自娱自乐，无疑会制约其参与社会治理能力的提高。这一点，在文体类社区社会组织的发展中尤为突出。

（二）支持社区社会组织发展的政策及资源有限

当前，社区社会组织的管理服务体制和扶持政策的统一性方面有待加强。同时，由于主观观念、客观环境、人才支撑、政策制定科学性等原因，导致一部分政策难以执行。一是专业人才匮乏，组织作用发挥差。例如，椿树街道文体类社区社会组织数量多且规模小，普遍缺乏具有专业能力的专职工作人员。现有组织工作人员也普遍缺乏专业技术和管理知识，致使开展组织活动能力弱化，缺乏自主性。二是发展资金明显缺乏。目前社会组织的资金来源主要包括政府资助、提供产品和服务、企业捐赠等。社会组织在注重社会效益和坚持非营利性的前提下，应该可以通过更好地为社会提供多样化的产品和服务获取相应的收入。三是政策制度缺乏有力支撑。主要表现在社会组织扶持政策不到位，缺少法律上的具体指引与支撑，法律体系不健全。登记管理机关与业务主管单位双重负责的管理体制强化了社会组织的准入条件，造成登记门槛过高、多头管理和政社不分等问题。

（三）社区社会组织发展缺乏有效监管

由于社区社会组织不具有法人主体资格，没有独立账户和规范的管理，因此资金使用公开透明度较低，在开展服务或活动时主要是兴趣导向。一是重登记、轻监管。街道的社会建设办作为社区社会组织的登记部门，虽然履行登记审批、日常监管、违法审查等多个方面的职责，但受制度、人力、资金等因素影响，监管乏力是一个现实问题。二是重服务、轻制度。随着各社区社会组织都制定了章程，但在照章开展活动时更多注重服务项目和活动本身，而对是否按照章程约定履行职责，尤其在财务管理方面，资金的使用是否合情合理、是否经过了广大会员的同意、是否有完善的财务账目等方面既缺乏明确约定又没有相应的制度安排，导致社会公信力较差。

（四）社区社会组织提供服务和自我发展的能力有待提升

一是社会组织功能结构简单。由于社区社会组织功能结构简单，加上缺乏规划引导和监督，很多游离在政策体制之外，社区能承担的各项社会事业仍未得到充分发展和授权，社区自治意识和氛围仍然不足。目前只有少数的社区社会组织能够达到正式登记的标准。此外，由于政府委托和授权不足，社区社会组织主体作用不突出，导致社区社会组织在居民意愿表达集结以及居民意见的实施方面作用较弱。二是社区社会组织在区域间发展不平衡。由于社区社会组织隶属于社区这个地域范围，因此，它的实践

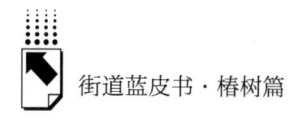

效果与这一区域的制度政策和经济社会发展都有一定联系，地域局限性非常明显。这在一定程度上也造成了社区社会组织发展的成功经验推广具有一定难度。

四 推进文体类社会组织"本土化"的对策建议

社区社会组织作为最基层的社会组织，在满足居民需求、维护社区秩序、增进社会资本等方面具有重要意义。同时，培育和发展本土化文体社会组织、提高本地区本土化文体社会建设水平，也是一项具有探索性、创新性的工作，给政府管理、培育等方面带来了一定的挑战，需要在发展模式与路径上进一步思考。

（一）建立健全社区社会组织评级机制

文体类社区社会组织建设培育是基层政府所应重视的问题，也是社会建设的必然要求。应加快建立健全社区社会组织评级机制，加强社区社会组织的信用建设，为优秀社区社会组织提供相应的奖励和扶持政策，加强对社区社会组织承担政府购买服务项目的评估工作，完善相关评估指标体系。建立社区社会组织评优评级和信用等级等档案，并将相应等级作为政府购买服务的资格条件，把社会组织建设的考核指标纳入当地对政府社会建设领域主要绩效之一来考核，让考核制度起到真正的激励和督促作用。

（二）加强对社区社会组织的孵化培育

通过设立孵化培育资金、建设孵化基地，鼓励社会力量支持社区社会组织发展，其重要的支持措施就是减优税等一系列安排。将文体社区社会组织培育工作作为深化社区建设的重点任务，纳入社区工作日程当中，为文体社会组织发展提供有益的制度和外部环境。街道、社区要开展调研，对辖区已有的资源和潜在资源进行登记记录，并结合实际情况制度适合本地区文体社会组织的发展规划，引导社区建设需要并有发展潜力的准文体类社会组织发展壮大。建议把社区社会组织作为党政机关和领导干部结对帮扶的联系点，着力把社区社会组织打造成加强和创新社会治理的研究基地、干部深入基层的锻炼基地、学校师生的社会实践基地、有志社会服务人员的就业基地。

（三）加强社区社会组织人才队伍的建设

首先，针对社区社会组织专职工作人员配备不足、兼职过多等问题，有系统有计划地对现有社区社会组织工作人员进行业务技能的培训，逐步提高整体素质，支撑社区社会组织吸收一批优秀人才充实社区社会组织人才队伍。其次，充分发挥能人的作用，并指导其组织开展更多更好的活动，让其成为社区社会组织的中流砥柱，通过他们的引领、辐射，引导广大群众更加自觉更加主动地参与社区建设。

参考文献

黄立新：《推进本土化文体社会组织建设的探索及思考》，西城区椿树街道办事处，2015年12月25日。

北京市西城区椿树街道办事处：《椿树街道社会办深化社会治理体制改革重点任务的工作汇报》，2016。

宋言奇、羊凡：《以本土化思维培育社区社会组织》，《中国社会科学报》2017年7月26日。

朱红权：《社区和社区民间组织概念解析》，《经济研究导刊》2011年第6期。

向德平、申可君：《社区民间组织的本土化及其发展模式》，《中南民族大学学报》（人文社会科学版）2013年第5期。

陈富仁：《我国城市社区民间组织可持续发展问题研究》，重庆大学硕士学位论文，2011。

B.5
多元社会治理中基层党组织的地位和作用

摘　要： 在我国，基层党组织作为基层治理的"领头雁"，是基层治理能力彰显的重要组织载体，是加强社会治理创新的核心和关键力量。本文试图通过分析多元社会治理中基层党建的角色和功能，以椿树街道把党委领导作为功能强大的核心驱动器，吸引多方力量向心凝聚，初步形成党组织与政府、街道和社区、社会单位和居民共同参与管理的社会治理新格局，激起基层社会治理的活水效应，使得群众的获得感稳步提升为具体事例，对进一步加强基层党组织建设，更好地以基层党建引领并创新基层治理进行思考和探讨。

关键词： 椿树街道　社会治理　基层多元治理　基层党建创新

一　社会治理相关概念和理论基础

（一）治理、社会治理和基层治理的概念界定

1. 治理是一种进行利益调解的制度安排

"治理"理论是20世纪90年代开始兴起的，该理论的主要创始人之一詹姆斯·N. 罗西瑙认为，治理是一种通行的制度安排，它适用于规制空隙之间的，尤其是当两个或者多个规制出现冲突或交叉，甚至是相互竞争关系的利益主体间需要进行调解时，所通用的原则、规范和决策程序。著名学者罗茨对于治理的定义，给出了六个方面较为全面的定义（见图1）。

多元社会治理中基层党组织的地位和作用

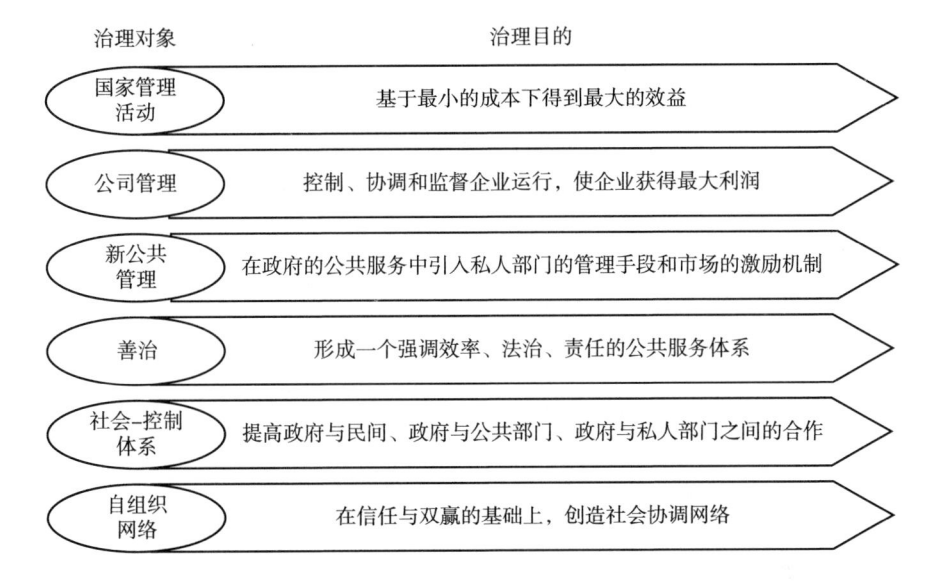

治理对象	治理目的
国家管理活动	基于最小的成本下得到最大的效益
公司管理	控制、协调和监督企业运行，使企业获得最大利润
新公共管理	在政府的公共服务中引入私人部门的管理手段和市场的激励机制
善治	形成一个强调效率、法治、责任的公共服务体系
社会-控制体系	提高政府与民间、政府与公共部门、政府与私人部门之间的合作
自组织网络	在信任与双赢的基础上，创造社会协调网络

图1 治理的六种定义

我国学者俞可平把治理定义为官方或者非官方的组织运用权力维护秩序的行为，其主要手段是通过权威引导，控制和规范公民的活动，其目的都是满足公众的需求。治理有三个突出特征，具体如图2所示。

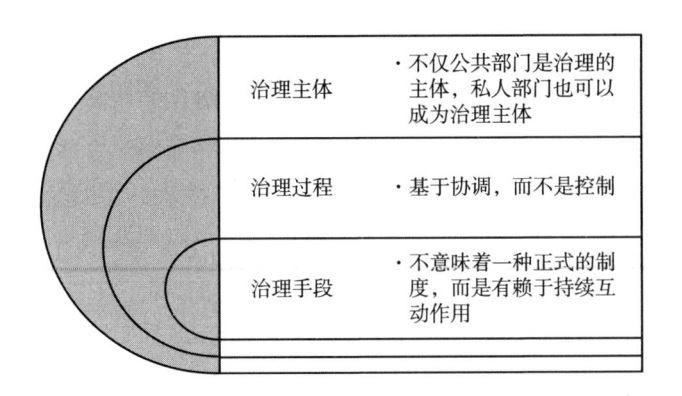

治理主体	·不仅公共部门是治理的主体，私人部门也可以成为治理主体
治理过程	·基于协调，而不是控制
治理手段	·不意味着一种正式的制度，而是有赖于持续互动作用

图2 治理的三大特征

为了更好地理解治理的含义，需要进一步区分治理行政和管制行政的区别。从本质上看，治理行政与管制行政有很大程度的不同。一方面，政府是

077

管制行政的主要来源，但治理尽管需要权威，但是政府并没有垄断这个权威。治理行政实际上是政府与公民、非政府组织的合作，是公共机构与私人机构之间的合作。另一方面，管制行政与治理行政的权力运行向度不同。管制行政是自上而下的，政府通过发号施令、制定政策和制度等对公共事务进行单向度的管理。而治理行政则是通过上下互动，实现政府、社会组织、个人之间的协作，形成一种伙伴关系，通过共同目标来处理公共事务，其权力向度是多元的。

2. 国家治理概述

国家治理是一个综合性的概念，一国范围内的所有治理均是国家治理的组成部分，它不仅包括政治、经济、文化、军队、党组织建设等各个领域的治理，还包括社区治理、社会治理、政府治理等各个层面的治理。即国家运行权力，把国家管理得合法、正当和高效，且得到社会的认可。国家治理理论遵循"维护国家基本秩序、发展国民经济、提供公共服务"的价值目标，是一个不断改革治理制度，使其与经济社会发展相适应的动态调整过程。

新中国成立后，我国的治理经历了统治、管理、治理三个阶段。这是一个从量变到质变的过程，更是一个跨越式飞跃。国家治理在坚持党的领导前提下，更加注重社会的积极参与，追求的是公平和正义，以人民需求为导向，并充分调动和运用法治的力量、社会的力量来实现共治共享，推进各项事务的法治化、制度化、规范化。总体来说，国家治理更加科学有效（见表1）。

表1 治理和统治的区别

类别	治理	统治
治理主体	公共机构、私人机构或者公共机构和私人机构的合作体	公共机构
权力运行的向度	上下互动的管理过程,权力向度是多元的、互动的	自上而下的,政府的政治权威对公共事务的管理实行单一方向
管理的范围	国家,也可以是国际领域	以领土为界的国家
权威的基础和性质	公民的共识,以自愿为主	法规命令,以强制为主

3. 基层治理是国家治理的基石

基层治理是将社区作为政府和社会共同互动作用的领域，以维系社会秩序为核心，以基层公共事务为主要治理内容，通过政府、社会、市场和公民等多方参与，以维护群众利益为重点，协调社会关系、规范社会行为、解决社会问题、完善社会福利、化解社会矛盾、促进社会公正、维护社会稳定。基层治理现代化程度直接影响国家治理现代化水平。在多元化的社会治理体系中，基层是社会的单元细胞，同时又是党的执政之基、力量之源。

（二）治理理论的基础

1. 政党、国家和社会关系理论

政党、国家和社会是构成现代政治生活最重要的三个因素。政党，作为一种特殊的社会政治组织，具有一定的政治目标和意识形态，在社会上拥有合法权力，在政治生活中为取得和维护政权积极发挥自身作用，具有组织性、计划性、扩张性的特点。国家，是一种持续运转的、强制性的政治组织，在一定的领土内拥有内部和外部的主权。社会，指的是由有一定联系、相互依存的人们组成的超乎个人的、有机的社会生活体系。马克思主义的观点认为，社会是人们通过生产和生活交往形成的社会关系的总和，是人类生活的共同体，是国家的本源。政党、国家和社会三者间的关系为：国家产生于社会、管理社会；政党通过国家政权来管理社会；社会则是国家和政党产生的本源，直接对国家政党产生影响（见图3）。

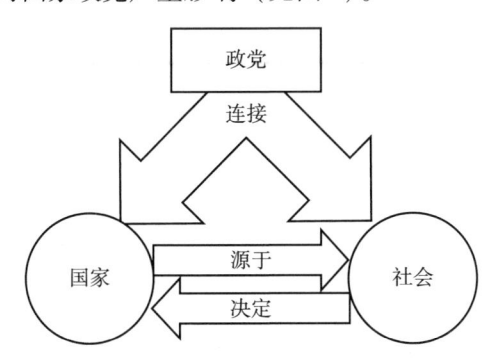

图3 政党、国家和社会间的关系

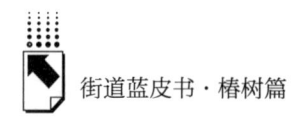

在我国，政党与国家机器高度结合。加强基层政权建设，进一步发挥执政党的领导作用，以及整合资源的优势，通过创新与完善服务方式和服务内容，提升社会力量对基层党组织的认同感，有利于进一步巩固执政党的地位，同时也是提升基层治理水平的关键因素和重要主体。

2. 公共治理理论

公共治理是指政府及其他组织组成自组织网络，共同参与公共事务管理，谋求公共利益最大化，并共同承担责任的治理形式。西方发达国家早在20世纪70年代就进行了普遍性的政府管理改革，即从"统治"向"治理"转变。这是在经济全球化的大背景下，资源开始在全球范围内自由流动配置，市场机制逐渐成为世界经济运行的主导规律，从而催生了权力主体多中心多元化的趋势，打破了传统的权力中心统治格局。政府对公共事务管理的垄断地位被打破，治理理论兴起，政府开始逐步将部分公共事务管理交由非政府组织参与。公共治理的本质其实就是"多中心合作治理"，这就需要强调社会参与的重要性。在我国基层治理中，在以下方面形成了高度共识，一是公民参与治理有利于提高公民对执政党的认同度，二是协商民主可以为公民参与治理提供路径。

二 我国城市基层治理结构、治理主体及党建功能

（一）我国的社会治理主体及运行

1. 我国的社会治理格局

党的十八届三中全会通过的《中共中央关于全面深化改革的若干重大问题的决定》中确立了构建"党委领导、政府负责、社会协同、公众参与、法治保障"的社会治理格局，将以往所提的"社会管理"一词改为"社会治理"。这表明我国将在发展基层民主和重塑基层治理主体间的关系上进行深层次转变。与此同时，这二十个字也是对中国社会治理模式的一种愿景式勾画，是对主体间权利关系、基层治理机制、治理目标的一种规范性探索。

总而言之，我国社会治理结构必然发展为网状治理结构，将具有治理主体多元化、权力分散化的特征（见图4）。

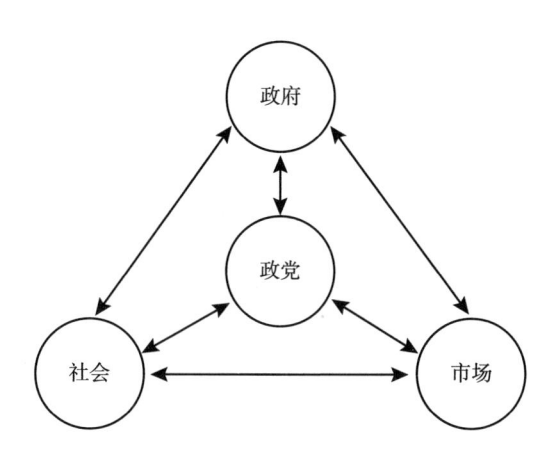

图4 中国社会治理结构

2. 治理主体及权利关系

基层治理主体包括政党组织、政府、企业、社会组织和居民等。首先需要明确的是，我国的基本社会制度决定中国共产党是全社会的领导力量。因此，基层治理要重视党和政府的主导性作用，尤其是在社会民主意识尚在觉醒和培育的阶段，社会自治权力的培育和成长仍然需要党和政府的扶持和引导。

3. 治理运行机制

习近平总书记在党的十九大报告中提出，要打造共建共治共享的社会治理格局，将其作为提高保障和改善民生水平、加强和创新社会治理的重要内容。共建共治共享的社会治理格局作为我国新时代社会建设的一种模式，应该体现以下特征：一是社会共同体成员共同参与共同体建设和共同体治理；二是"公共物品"的具体管理机构、管理人员均由共同体全体成员通过协商民主方式产生，其一切管理行为遵循共同体全体成员的意志；三是"公共物品"运作产生的所有利益，均为共同体全体成员共同享用。由此可见，引入共建共治的理念，为多元主体的参与和协同推进提供了路径指引，即构建多方参与的共建共享机制。

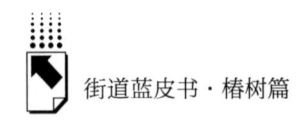

（二）多元社会治理中基层党建的功能

1. 党员群众的政治归属功能

在以往的"单位社会"，党员群众的隶属关系大多归于自己所属的单位，人们对于组织化的依附性较强，但随着"单位社会"的瓦解，越来越多的人从体制内走出，成为"社会人"，原来"单位社会"条件下党员和群众的政治归属的体制特征开始弱化，党员群众的主体意识和自我特性开始逐渐觉醒。加强基层党建有利于增强党员群众对党组织的政治归属感，化解行政体制组织吸纳的局限性和社会公众选择的多样性矛盾。

2. 引领社会的政治示范功能

基层党建的政治示范功能主要体现在两个方面：一是主要体现在意识形态的现实表达上，基层党组织和党员个体通过日常与群众的交往，把宏观的党的"全心全意为人民服务"的宗旨等政治符号，变成具有现实意义的行为举动，这种意象的表达，具有践行中国共产党政治先进性的行动意义，有利于将党的政治形象不断强化；二是表现在基层党组织和党员个体的行为对于促进群众对执政党的认同感上，通过发挥党员的先锋模范作用，有利于群众对党组织产生积极的印象，从而更好地推动党的方针路线和政策的落实，增进群众对党的政治认同。

3. 组织凝聚的政治吸纳功能

中国共产党的组织先进性取决于其有着严密的组织体系和成熟的管理模式，代表着广大人民的根本利益。因此，党组织在协调个体利益和集体利益间的矛盾时，展现出无可比拟的优势。但是，随着个人主义、物质主义的兴起，以及多元社会结构的出现，对社会公众的社会心理产生一定影响，使得公众对政治的热情逐渐降低，这也大大影响了公众对于公共事务的参与度。加强和创新基层党建，提高党组织对群众的吸纳能力成为巩固执政基础、关系政党长远发展的重要举措。

三 椿树街道以党建为核心的基层治理模式

习近平总书记多次强调,改革发展稳定的任务越繁重,我们越要加强和改善党的领导。在推进城市品质提升与基层社会治理的过程中,同样有一个坚持和改善党的领导的问题。因此,在基层治理过程中,要把基层党建作为重点,发挥好基层党组织的引领作用。

目前,西城区在推动服务和管理转型、提高城市品质的过程中面临的一个重要问题,就是正确处理基层党组织和新的经济组织、社会组织、群众自治组织之间的关系。在群众的组织形式由过去的"单位人"为主变为现在的"社会人"为主的条件下,基层党组织发挥好领导核心作用至关重要。因此,椿树街道既高度重视和积极稳妥地推进新的经济组织、社会组织和群众自治组织的建设,鼓励它们发挥好在社会自我调节、自我完善、自我管理、自我教育中的特殊优势;更始终坚持党在基层社会治理中的领导核心地位,发挥好党组织总揽全局、协调各方的作用。

(一)建立"一岗双责"党建责任体系

椿树街道办事处强化书记第一责任人制度,认真履行书记抓党建第一责任人职责,着力抓好政治思想建设、干部队伍建设、基层服务型党组织建设、作风建设、制度建设等重点工作。坚持党建工作和重点行政工作同部署、同检查、同考核。强化班子成员"一岗双责"。认真落实党建工作"一岗双责"工作机制,形成了书记负总责、街道党工委成员分工负责的齐抓共管局面。督促班子成员每人联系1个所属党组织,每月至少深入联系点1~2次。街道党工委成员每年都下发年度党建工作要点,细化分解党建工作任务,与所属党组织层层签订目标责任书,召开工委会、党建工作专题会,研究、安排部署党建工作,全面落实主体责任。

(二)开展"五零服务"质量目标管理

街道机关党支部重点在干部队伍中强化作风建设,深入开展以服务居民零距离、业务办理零推诿、为民办事零拖延、目标任务零积压、服务态度零投诉为内容的"五零服务"活动（见图5），方便群众，提高办事效率，密切党群关系。在提高服务意识方面，坚持问政于民、问需于民、问计于民，改进和创新联系群众方法，建立和完善民意调查等制度，了解社情民意，倾听群众呼声。以民生需求为导向，以提升城市品质为目标，聚焦提高公共服务能力、实施精细化管理、促进文化繁荣、强化环境治理、加强平安建设、倡导文明风尚等方面的工作。

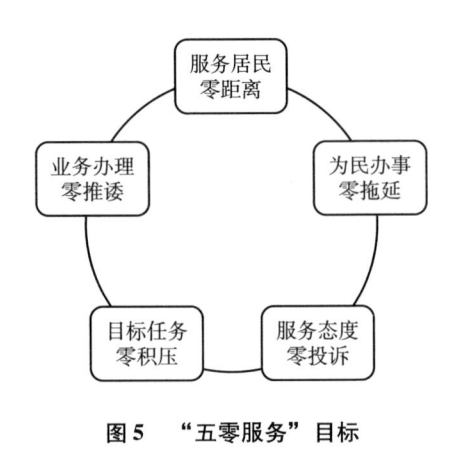

图5　"五零服务"目标

（三）创新"一核多元"共治共管体系

椿树构建地区大党委格局，增强街道社区党组织统筹协调功能，健全社区治理机制，充分发挥街道社区党组织的领导核心作用。牢固树立以人民为中心的理念，推进街道社区与驻区单位共驻共建，健全责任约束机制，促进"条块"双向用力，推进资源联用，服务居民群众。完善党建联席机制，推动地区党建工作全面发展。总结"五零服务"模式经验，推广应用到党建创新、培育典型等各项工作中，重新调整党建联席会成员名单，将地区重点企业纳入联席会，进一步完善地区党建联席会议制度，深化拓展区域化党建工作的服务机制，营造党建工作齐抓共管、群策群力的良好氛围。通过实施大党委制，领导体制从单一到区域、从封闭到开放、从一元到多方，初步形成了"一核多元"的区域共治共管体制，充分适应多元、多层的社会发展。

（四）探索建立街道参与型协商的新模式

椿树街道在社区打造"椿议民情坊"，围绕居民需求，构建"民事民提""民事民议""民事民决""民事民评""民事民享"的参与型协商体系，在涉及居民切身利益问题上，采用"谁享受，谁决策"的新理念；在形成、落实社区公共议题上，实现"居民派活，街道跑腿落实"的新常态，使参与型协商作为社区自治的一种具体形式得到落实。一是加强社区动员能力建设，提升党组织动员驻区单位、社区党员群众和社会组织的能力，拓展各方参与的纵向深度。二是完善社区大党委协商议事机制，组建由社区党员、群众、网格员、社会组织、驻区单位等多方代表组成的协商议事小组，拓展区域化党建多元治理立体维度。三是对党组织服务群众经费和社区公益金实行基层党建项目化管理方式，以党建引领协商内容，拓展议事成效横向广度。进一步丰富了基层民主形式，更广泛、更经常、更直接地让居民群众参与到公共事务管理中来，充分发挥社区中多元治理"主体"的参与热情和积极作用。此制度执行以来，拓展区域化党建多元治理立体维度，推动了党组织领导下的居民自治进程，形成了党组织有效服务党员群众的管理体系。

（五）构筑"一体多方"社会力量参与机制

西城以党员为主体，以党代表、人大代表、政协委员、社工、义工和志愿者等公共参与的治理力量，充分调动各方的智慧和积极性，提升基层社会治理水平。椿树街道从创新党建项目和合作机制入手，在更新与完善党建示范点创新项目的基础上，充分结合在职党员"双报到"[①] 和党员意识、作用"双提升"活动，从服务中央单位出发，与国家新闻出版广电总局等驻区单

---

① "双报到"即党建理论词语，要求全市市县机关、企事业单位党组织到所在地社区报到，实行共驻共建；在职党员到居住地社区报到，组织党员开展志愿服务。

位合作，创新一系列党建项目，服务辖区居民。通过加强区域化党建工作，建立健全协调议事平台，完善街道、社区党组织与驻街道单位党组织双向联系服务机制，调动和整合各类资源为居民做好服务。目前，驻街道单位党组织分别与社区党组织确定了共驻共建关系，融合了服务资源，开展了经常性的志愿服务，达到了街道、社区、单位和居民四方满意的效果。

（六）完善"四位一体"廉政监督网络

一是完善监督制度。椿树街道按照《中国共产党党内监督条例》《中国共产党问责条例》规定，探索制定落实街道工委（社区党委）全面监督、纪工委（社区纪委）专责监督、工委工作部门职能监督、党支部日常监督和党员民主监督的实施办法。二是建立监督网络。修改完善《街道廉政监督员工作办法》，将地区人大代表、政协委员纳入街道廉政监督员体系，建立健全以街道工委为主体，纪工委协助，相关科室配合，街道廉政监督员日常监督等"四位一体"的监督网络。在街道各层级、各领域推行落实党风廉政建设责任全程纪实工作，加强各层级、各个阶段、环节的监督。三是强化薄弱环节监督。探索建立地区非公企业、社会组织党组织的监督机制，在"两个覆盖"的基础上，推进"两个责任"向非公党组织延伸。

四 以基层党建引领基层治理创新的路径和思考

从椿树街道以党建为核心创新基层治理的实践模式可以看出基层党建在基层治理中的地位和作用，即通过加强基层党的建设将党的领导深深根植于人民群众之中，为社会治理和基层建设提供坚强有力的组织保证，从而实现党领导下、依靠群众的社会治理创新。

领导社会治理是基层党组织的重要职责，街道党工委在基层治理中发挥着领导核心作用。在公共政策制定，切实推进公共管理、公共服务、公共安全过程中，始终充当领导者、组织者、决策者、管理者、监督者的角色。在政策制定中，一些公共问题只有以特定的形式、通过特定的渠道进入决策过程、成为政策，才能使问题最终得到解决和处理。在公共政策形成过程中，必须组织群众参与，在确保政策符合民意及政策合法化的前提下，走群众路线，将老百姓的意见、要求、利益反映到党的各项决策中，这也是决策科学化、民主化、法治化的必然要求，对发挥好基层党组织在基层治理中的领导地位和核心作用具有重要意义。

（一）树立科学的基层党建理念

树立科学的基层党建理念是推动社会治理创新的基础。要创新基层治理就应该始终坚持党在基层社会治理中的领导核心地位，与此同时，基层党组织领导核心的内涵也应该顺应形势，实现三个观念转变。

1. "直接领导"向"权力维护"转变

社会治理创新，必须着眼于维护最广大人民根本利益，要由以往的领导、控制和命令为主的权力领导，转变为以代表、服务和维护人民群众利益的政治领导。畅通民意表达渠道，倾听民声、整合民利、化解民怨等，切实维护和保障好人民群众的知情权、参与权、监督权等，成为广大人民群众的真正代表。

2. "经济型党组织"向"社会治理型党组织"转变

进一步厘清街道的职能，重新审视基层党组织的社会治理职能定位。社会治理重心要向基层下移，长治久安，关键在基层；安全稳定，重心在基层。要以基层党组织建设为龙头，切实发挥基层党组织在公共服务、公共安全和公共管理中的领导作用、带头作用和战斗堡垒作用。

3. "管控为主"向"服务民生"转变

始终坚持"为人民服务"的宗旨理念，将社会治理的核心放在改善民生问题上，改进服务方式，将服务群众、改善民生作为党的建设的日常工作来抓，建设服务型党组织，将服务和保障民生融入基层党组织的建设中，形成以服务群众为导向，以群众参与为动力，以群众评价为准则的基层党组织服务群众工作机制。

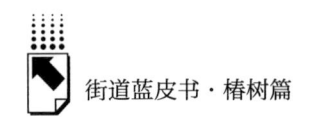

（二）以发挥在基层治理中的领导作用为核心，创新体制机制

具有凝聚力和战斗力的基层党组织建设，需要有科学合理的体制机制作为保障。创新基层党建体制的关键在于发挥基层党组织的整合功能，推动社会治理体系的重构。

1. 织密基层治理网络

以基层党组织覆盖为目标和统领，打造基层治理网络，发挥基层党组织的组织优势，统筹辖区内的党政资源、行政资源、社会资源、市场资源，使社区多元利益主体在党组织的统筹协调下，形成多方联动、多元互补、共建共享的良好局面。以基层党组织建设覆盖为核心构建起"全网络"的社区治理结构。

2. 党员管理"细分类"

伴随着"单位制"社会的瓦解，越来越多的流动党员"散落"在社区，社区党组织建设的重要性和工作量不断提高。如何建立和完善党员教育管理长效机制，切实把基层党组织的"堡垒"筑得更加坚固，需要进一步探索新型的党员管理方式，根据党员分布情况，以地缘型、单元型、单位型为主要形式划分网格，也可以社会服务型、维护稳定型、环境保护型等功能类型来优化党支部设置，建立分类分层管理的新格局。

3. 基层党组织功能"齐提升"

进一步发挥党的基层组织在社会治理中的功能作用，一方面，要加强政治功能建设，进一步发挥党员的模范引领作用；另一方面，要强化党组书记第一责任人的责任，建立责任清单制度、问题清单制度、任务清单制度，以及考核评议制度和基层党建督查制度。

（三）以服务人民群众为导向，构建基层党建工作长效机制

百姓的获得感和认同感是衡量社会治理成效的重要依据，保障民生是社会治理的根本。以党的建设推动社会治理创新，关键就是要以为人民群众服务为核心，通过服务型党组织建设进一步推动基层党组织建立服务群众的长效机制。

1. 完善党员服务群众机制

顺应新形势下对基层党组织的全新定位，完善党员服务群众机制，建设服务型党组织。加强党组织领导干部和党员队伍的建设，提高他们的党性观念，树立服务意识、增进服务能力。教育引导党员干部改进工作作风，狠抓"四风"建设，使党员干部更加主动、密切联系群众，切切实实为群众着想，扎扎实实为群众做事。同时，围绕满足服务群众多样化需求，坚持立足实际、尽力而为，运用多种形式和手段开展服务工作。建立党员联系群众制度，实现党员领导干部联系服务群众的全覆盖。坚持和完善党员示范岗、党员责任区，党员志愿服务、组团服务、结对服务、专项服务等好的做法，健全完善党员承诺、亮诺、践诺的长效机制。实现党员服务群众有功能实用的服务场所、有形式多样的服务载体、有健全完善的制度机制、有群众满意的服务业绩。

2. 完善利益诉求化解机制

当前，随着改革的深化，企业改制、征地拆迁、民生保障等问题引发的社会矛盾不断增多，以基层党组织为依托，畅通党员群众利益诉求表达渠道，将各类矛盾发现、分析和化解在基层、化解在萌芽阶段，体现社区党组织在社区不同群体间的利益整合功能，使不同利益主体的诉求都能够平等、充分地表达，并得到及时化解。以基层党组织为核心，建立社会调节组织和解决机制，推动基层矛盾解决制度化、常态化。

3. 建立党建人才培养机制

建立与基层治理相适应的基层党组织，需要培养一批具有社会治理素质的基层党建人才。要建立健全基层党建人才的培养机制。综合采取选拔使用、谈心谈话、走访慰问、教育培训等手段，有效激励干部，强化干部的主人翁意识。加强对社区党委班子成员和党务工作者的教育培养，提高党建指导员、非公党支部书记的能力水平。吸收优秀积极分子加入党组织，清理不合格党员，提高党员队伍素质。"请进来"和"走出去"相结合，开展系列学习讨论活动，促使地区党员坚定理想信念、树牢宗旨意识。强化志愿者队伍培育，提高志愿服务的专业化水平。

4. 建立党建责任考核机制

建立健全综合绩效考评制度是进一步完善基层党建体系，创新社会治理的重要环节。制度先行，制定基层党建考核办法，作为党建工作的突破口和基础性工作，明确基层党建考核评价对象、考核内容和标准、考核原则、考核方法、考核结果的运用、否决指标等内容，通过制度先行着力解决党建工作"说起来重要、干起来次要、忙起来不要"的问题，为构建基层党建工作长效机制提供制度保障。此外，要改进考核方式，扩大考核民主，构建群众参与评价机制，调动基层党员和群众参与党建的积极性，加大群众在基层党组织评价工作中的权重，使基层党组织真正扎根基层，进一步巩固党组织的基础治理中的执政地位。

参考文献

高兴春：《从基层党建看城市品质提升与基层社会治理创新》，北京市西城区椿树街道办事处，2016年12月。

刘睿佳、曹雪帆：《国家治理概念的中国化表达》，《法制博览》2015年第9期。

黄维民：《现代化的城市社区治理架构探析》，《国家治理》2015年第34期。

孙子怡：《"国家治理"概念的文献综述》，《改革与开放》2015年第7期。

郑家昊：《论政府类型从"统治"到"管理"的转变》，《天津行政学院学报》2013年第3期。

马正英、孙晓红、刘翠莲：《浅谈加强基层党组织建设与社会治理创新融合发展的策略》，《法制博览》2018年第7期。

晋秋红：《党建引领基层治理创新》，《中国组织人事报》2018年3月26日，第6版。

陈炜：《以基层党建创新推动城市社区治理——广州的实践与探索》，《岭南学刊》2018年第2期。

刘震：《创新思维 做好基层党建工作》，《厦门日报》2018年3月12日，第4版。

邓顺平：《党治基层：当代中国基层治理的理论与实践》，《领导科学》2018年第5期。

于今：《打造共建共治共享的社会治理格局》，《浙江日报》2018年3月17日，第5版。

B.6 以社区为切入点推动市民素质教育发展的研究

摘 要： 党的十九大报告要求全面贯彻党的教育方针，落实立德树人根本任务，发展素质教育，推进教育公平，同时要办好继续教育，大力提高国民素质。目前，我国已进入中国特色社会主义新时代，发展现代化的教育事业、加强市民的素质教育具有了时代意义。以社区为依托开展市民素质教育成为近年来各方关注的一个重点议题。本文将梳理市民素质教育的相关理论基础，结合椿树街道全面推动市民素质教育发展的具体做法，进一步探索以社区为切入点推动市民素质教育的现实路径。

关键词： 椿树街道 社区 市民素质教育

一 推动市民素质教育的相关概念、理论

（一）相关概念

1.素质教育

素质教育指的是以提高受教育者专业、心理、品德等综合素质能力（见图1）为基本目标的教育模式。素质教育的重点在于它重视人的思想道德素质、能力培养、个性发展、身体健康和心理健康教育。在我国推进社会主义现代化发展的进程中，党和国家始终把提高全民族的素质当作一项根本任务。

党的十九大报告指出："建设教育强国是中华民族伟大复兴的基础工程，必须把教育事业放在优先位置，加快教育现代化，办好人民满意的教育。要全面贯彻党的教育方针，落实立德树人的根本任务，发展素质教育，培育德智体美全面发展的社会主义建设者和接班人。"党中央对素质教育方面的这一重大决策，充分体现了新时代加强素质教育、全面提升市民素质的重要性。

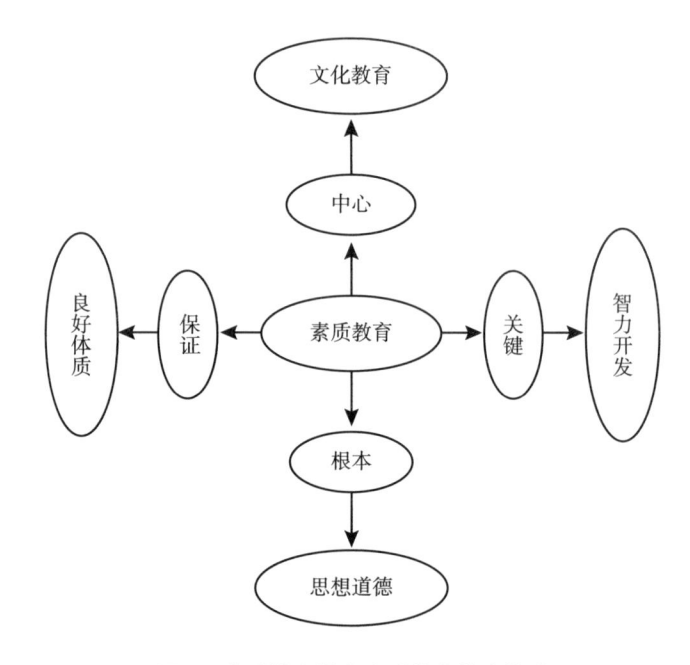

图1　素质教育综合素质能力基本构成

2. 社区市民素质教育

社区市民素质教育是指以社区为依托对市民进行素质教育，通过发挥社区资源和力量的作用，不断提升社区居民的综合素质，激发居民才智和能力的潜在力量，共同建设和谐社区、和谐社会的一种教育形式。社区市民素质教育是一项比较系统、复杂的工程（见表1）。

社区市民素质教育和其他形式的一些素质教育差异较大。一方面，教育对象不同。社区市民素质教育的对象是社区居民，这与学校的学生不同，居民群体特征较为复杂，为素质教育提供了一定的挑战性。另一方面，教育方式不同。教育对象的不同决定了教育方式也要因地制宜,在教育的过程中必须要考虑到居民的具体情况采取相应的教育措施,开展丰富多彩的活动,从而实现市民素质的提升。

表1 素质教育的主要方面

序号	主要方面	重要性
1	创造性能力的培养	创造性是生产力发展和社会文明发展的基础。创造能力培养特别应贯穿幼儿教育、义务教育始终,从小培养敢于创新的思想和创新思维的能力;中国的"应试教育"已经严重束缚了一代人创造能力的培养和发挥,影响了中国科学技术的发展速度
2	自学能力的培养	自学能力是一个人在已有的知识水平和技能的基础上,不断独立获取新知识并运用这些知识的保障
3	社会公德教育	每一个人在生长发育的过程中,必须学会遵守社会公德,完成心理和精神上的进化和成熟,从为生存而生存、自私、野蛮的动物本性的禁锢中解放出来
4	世界观教育	世界观是人们对整个世界的根本看法。科学的世界观必须在不断学习自然知识和社会知识的过程中逐步形成
5	人生观教育	人生观是人们对人生的根本看法。主要包括:人生目的、人生态度和人生价值。必须要树立正确的人生观
6	劳动观念教育	人要不断发展社会生产力,提高生存、生活质量,为人类的持续发展而劳动。人必须成为社会生产力、成为劳动力,能创造财富
7	终生学习教育	随着社会的发展,每个人都必须在生产实践中根据需要不断学习、充实、完善。因此,每个人还必须把培养自己不断学习、善于学习的能力放在重要地位
8	审美观念与能力的培养	审美能力可以促进个人知识的永久性记忆,是提高学习效率的基础

资料来源:根据网络资料整理。

(二)相关理论

1. 大教育观

大教育观是基于"终身教育"思潮和"教育社会""学习化社会"设

想之上的一种教育观,是一种新型的教育观念,其特点是时间长、空间广、效率高、质量好、内容多。随着现代社会大生产、大经济、大科学的发展,与之相适应的是大教育。大教育观更提倡必须建立多维度、开放性、综合性的教育体系。在时间维度上,教育要贯穿人从幼到老的整个过程;在空间维度上,更突出教育场合的开放性,不仅局限于家庭、学校,而是将教育延伸到社区;在教育内容上,不断丰富完善教育内容,提倡"泛教育",通过延长居民受教育时间、拓宽教育空间、提高教育质量形成集终身教育、智能教育、博才教育、未来教育等各类教育为一体的多维度教育体系,使每个人既成为受教育者,又成为教育者,最终促进全民族素质的提升,提升人们的生活质量,实现人的全面发展。

2. 协同教育

协同教育是一种教育方式的创新,它把家庭、学校、社区对受教育者的作用相互联系与融合,产生协同效应,从而提高教育质量、效率和效益,形成家庭、学校、社区"三位一体"的教育模式。这种教育的协同性,是联系家庭教育和社区教育的重要桥梁,有利于激发教育潜力,开发受教育者的潜在学习力量,让受教育者更加主动、积极地参与教育、参与学习,并且更加重视发挥继续教育的作用,使受教育者不再局限于学校学生、青少年、婴幼儿等接受正规教育人群,使得社会人群的学习潜能也得到激发,使他们素质不断提高。社区参与教育是实现协同教育的一个重要力量,社区是否对居民开展有效的教育活动,将直接影响市民素质教育的质量和效果,只有重视社区教育,才能弥补家庭教育和学校教育等正规教育的不足,扩大受教育人群,实现教育方式多样化,以社区教育引领其他各类教育的深入开展,实现协同教育的最优化。

3. 终身教育

终身教育是指人们在一生之中所受到的各种培养、教育的总和,包括人们各个阶段所接受的不同的教育方式,既包括家庭教育、学校教育,还包括社区教育、正规或非正规教育、生活教育等,提倡在人的各个阶段提供满足人们学习需求的教育服务。20世纪60年代中期以来,在联合国教科文组织及其他有关国际机构的大力提倡、推广和普及下，1994年，"首届世界终身学习会议"在罗马隆重举行，终身教育已经作为一个极其重要的教育概念而在全世界广泛传播。放眼世界，而后聚焦自身。古人云：吾生而有涯，而知也无涯。更通俗易懂的说法，就是活到老学到老。可见，终身教育是有共识、有基础的一种教育学习理念。

终身教育具有终身性、全民性、广泛性、灵活性与实用性的特点，突破了学校教育的传统思维，认为人在婴儿阶段、幼儿及少年阶段、青年阶段、中年阶段以及老年阶段都应该持续接受教育，将学习和受教育贯穿人的一生。除了年龄界限的打破，终身教育还打破阶级、种族、性别、职业等界限，认为人人都应该终身进行学习，并且学习个体有权根据自身的需要和特点选择相应的时间、场合、方法和方式。终身教育涵盖了各种方式的教育，为人们提供了学习、接受教育的场所和机会，大大拓宽了人们的学习空间，更推动了教育民主化的实现。

二　推动社区市民素质教育发展的重要性

（一）市民素质教育是推进城市文明建设的重要基础

市民是城市的主体，是城市文明的实践者、创造者和保护者，是城市发展与文明进步的能动力量。如果只有发达的城市硬件，没有良好的市民素质相适应，那么这个城市的现代化就是不完整的。市民素质的高低对城市的文明程度具有决定性作用，同时也透视着一个城市的生命力。有文明的市民，才会有文明的城市。市民文明素质关乎一个城市文明形象、精神风貌的综合反映，其整体水平的高低，极大地影响着城市的发展和现代化进程，提高城市文明程度的关键就在于提高城市的主体即市民的素质。只有加强市民素质教育，才能使城市文明建设成为广大市民群体的共识，使高素质、高热情、高自信的市民群体成为城市文明的形象和代表，最终形成城市文明建设的合力，打造高文明程度的现代化城市。

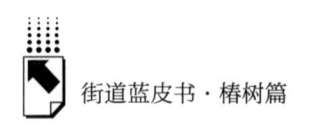

（二）市民素质教育是新时代建立文化自信的重要基础

习近平总书记在党的十九大报告中指出："没有高度的文化自信，没有文化的繁荣兴盛，就没有中华民族伟大复兴。"增强文化自信，加强市民素质教育尤为重要，市民的素质决定了整个城市的文化品位，只有不断提升市民综合素质，才能为中华民族传统文化的传承提供牢固的桥梁。增强文化自信，就是要培养能够认同新时代中国传统民族文化的市民，文化自信的培育体系繁杂庞大，只有经过长时间的积淀才能形成，而一个地区市民的素质状态，最能反映出文化自信状态，市民素质教育不够，对民族文化的认同感就不高，则很难支撑强大的文化自信。深化教育改革除了对义务教育、高等教育阶段要加强制度完善，更要注重对市民素质教育的投入，积极推进市民素质教育的提升工作，培养具有高度民族精神、文化认同和文化自觉的广大市民群众，真正将文化自信渗透到全民族的骨子里。

三 社区是推动市民素质教育的重要切入点

社区是市民活动的主要场所，在社区不仅可以化解各种矛盾、问题，使生活更加和谐文明，而且能为广大市民提供更加便捷灵活的学习、受教育场所和丰富的教育资源，对于提高市民学习、受教育的积极性和主动性具有重要作用。

（一）社区是市民活动的主要场所

社区是城市组成的最基本单位，是政府、街道联系广大市民的桥梁纽带。社区是广大市民生活的主要场所，除了工作之外，社交娱乐、健康锻炼、知识更新等生活性活动基本是在社区进行，社区对市民的思想观念、行为规范、生存和发展有着影响。市民素质提升如果从社区入手，充分利用好广大市民的空闲时间，积极组织各类社区文化教育活动，引导市民积极参与，在活动中实现综合素质教育，满足市民的精神文化需求，将会取得良好的效果。

（二）社区是提升市民素质不可或缺的教育空间

社区是提升市民综合素质不可或缺的教育空间，在提升市民素质的工作推进中，关键在于要利用好社区的优势，摸清社区居民实际情况，因地制宜推动社区市民素质教育顺利推进。另外，随着经济社会的发展，社区居民对自身素质也有着较高的要求，这就需要社区为他们提供各种教育机会、教育资源，以不断提高自身素质，从而适应经济社会发展的需要。

（三）以社区为切入点加强市民素质教育将创新素质教育模式

以社区为切入点加强市民素质教育，就是指打破市民素质教育的传统模式，在整个社区范围内，运用各种教育方式和手段，与社区内的单位、团体相互合作，形成在社区开展市民素质教育的新模式。以社区为切入点，是加强市民素质教育的客观要求。首先，从促进终身教育体系的构建来看，以社区为切入点有利于实现社区全体成员接受不同类型、不同层次、不同内容的终身教育，能够实现家庭、社会、学校全面结合，融入社区其他社会组织的力量，使社区成员人人都可以接受教育。社区丰富多彩的学习活动，使居民学习具有较大的选择性，从而真正促进教育实现全面性、开放性、多元性、灵活性和民主性，实现终身教育体系的有效构建。其次，从提升城市文明水平上看，把提高全体市民素质融入社区建设之中，将使得城市文明更具人文素质。最后，从公共服务的角度来看，社区可以为市民素质教育提供丰富的教育资源。社区可以根据居民的学习需求，充分开发、利用和整合一切可以利用的教育资源，为市民接受素质教育提供方便。

四 椿树街道推动社区市民素质教育繁荣发展的实践

椿树街道工委、办事处按照《西城区人民政府教育督导室进一步推进全面实施素质教育评价工作方案》的标准，全面推进素质教育工作。在此过程中，椿树街道秉承着素质教育深入扎根的理念，以民需为重要导向，有

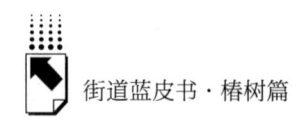

重点、有目标地开展素质教育工作，把学习与公共事务参与，与社区协商结合起来，创新素质教育方式，不断促进辖区人口素质整体水平的提高，推动地区繁荣与发展。

（一）完善制度，为社区开展市民素质教育提供制度保障

推动社区市民素质教育工作，首先要有制度保障。椿树街道结合地区整体发展与机关、社区、企业的实际情况，建立了素质教育工作的四项制度，让各方各司其职，形成合力。一是建立管理制度。椿树街道首先明确了街道层面的职责与任务，制定推动社区市民素质教育管理的相关制度，如《椿树街道素质教育工作领导小组工作职责》《椿树街道素质教育工作制度》《椿树街道素质教育工作各科室教育职责》等。椿树街道每年召开工委会及主任办公会议研究社区教育工作，把实施素质教育目标责任纳入街道工作计划，与辖区学校签订共建协议。要求处级领导联系学校，参与学校开学典礼、教师节、六一儿童节等常规教育教学活动。同时，把学校资源引入社区，推动社区市民素质教育。二是建立社区教育团队的学习制度。椿树街道以社区教育工作的相关法律法规、基础知识以及学习型组织创建的相关理论为主要内容，面向街道干部、社区专职工作者等群体，定期开展集中学习和专题培训，以学习型组织的建设来推动社区市民素质教育工作。三是建立考核制度。椿树街道将素质教育和社区教育目标责任纳入目标管理，要求各相关职能科室将素质教育的工作目标和责任落实到岗到人，并作为职能科室年底考核的重要内容之一，有效激发相关人员的工作积极性。四是建立宣传制度。椿树街道充分利用市民学习周、寒暑假、节假日等时段，以社区橱窗、街道报纸、政务网站等为宣传阵地，开展丰富多彩的宣传活动，不断扩大社区教育工作的影响力。

（二）盘活存量，形成社区开展市民素质教育的工作合力

第一，建立素质教育工作领导小组。领导小组办公室设在社会办，有专职社区教育干部，社区配有教育专干，主要负责社区层面的素质教育工作。

在具体工作中，街道注重整合多方力量，加强对社区的指导，增进与辖区中小学校、企业的联系，做到部门职责明确，任务落实到人，形成了"核心领导统一指挥、职能部门分工协作；分层次管理、按需求配备；网络化组织、扁平化实施"的素质教育工作格局。第二，围绕"四结合"理念，打造思想水平高，业务能力强，并具有创新意识的素质教育工作者队伍。所谓"四结合"，即开展活动与推动工作相结合、开展专业知识讲座与提高实际操作能力相结合，"引进来"与"走出去"相结合、到课率与满意度相结合。街道注重从实效性出发，建立了三支队伍，即由街道青年工作者、居委会负责人、团组织负责人、社区民警、社区司法干部、辖区共建单位相关工作人员组成青少年校外辅导员队伍；由区文化馆老师、辖区退休教师、社区文体青教主任、社区志愿者组成社区教育工作队伍；由京剧名家、歌唱家、民俗专家组成名师顾问团队伍。第三，培育"互益性"组织。通过队伍建设，特别是在基础制度建设、社会组织专业指导、引入第三方评估机制后，将社会组织向"互益型"志愿服务团队的方向发展，并且成功转型了梁家园社区、香炉营社区等多个社区的队伍，为社区社会组织的转型培育积累了一些经验。

（三）协调力量，整合开展社区市民素质教育的各类资源

椿树街道在整合现有资源的基础上，利用资源共享等方式，寻求整合可利用资源，充实素质教育内涵，完善了学校教育、家庭教育、社区教育无缝衔接的"三结合"教育网络建设。街道以东西中轴划分，分为北、中、南三个教育基地，并依托三个基地：一是街道利用拆迁区闲置空地建设的椿树街道文化广场和健身广场，组成了北部居民日常活动基地；二是通过"老"与"少"的碰撞融合，构建了琉璃厂文化西街和椿树少年宫为中心的中部文化传承基地；三是街道将展览、视听和体验融为一体，建成了安徽会馆和北京电信博物馆为主的特色素质教育基地。以三个基地为依托，以群众文化、传统文化、地域文化、梨园文化为支撑，构建具有椿树街道特点的公共文化服务体系，不断推动地区文化的发展、繁荣。街道还为居民搭建资源共享平台，促进社会协同参与，先后与荣宝斋、北京紫砂艺术馆、千禧园球迷

餐厅、李晓斌律师事务所、社区卫生服务中心、天津银行北京分行、清秘阁等单位进行资源共享,极大地拓宽了素质教育平台。为了能够更好地满足居民主动学习的需求,街道树立了"服务场所即学习场所"的场地建设理念。并在街道中心位置建设百姓文化之家,七个社区的居民都可以步行15分钟内便捷到达,响应居民学习需要的同时,调动居民主动学习的推动力。

(四)"纵横交错",打造社区终身教育体系

以目标为导向,秉承辖区人文禀赋,结合地区居民层次,针对不同人群,构建全龄教育设置,实现椿树终身教育环境,展现教育中蕴含的人文关怀,服务居民日益增长的精神需求。目前,椿树街道构建了内容广泛覆盖、形式丰富多样、富有实际效果的"纵横交错"终身教育体系(见表2),使辖区素质教育覆盖率始终保持较高水平。

表2 椿树街道"纵横交错"终身教育体系具体做法

"纵横交错"终身教育体系	纵:终身学习	婴幼儿阶段	开展《0~3岁宝宝亲子课堂》特色项目,根据年龄段分三场进行:0~1岁、1~2岁、2~3岁,课堂内容针对不同月龄段宝宝的大脑感觉综合能力、身体协调能力而专门设置,在课上育儿专家在活动中会向宝宝家长普及健康育儿知识。另外还举办了《新手父母》讲座、《幸福宝宝欢乐季》体验活动及《小手拉大手》趣味运动会等丰富多彩的育儿活动
		少年阶段	街道在统筹残联、红十字会、民政等部门慈善助学的同时,开展"金色阳光"低保、低收入高中生资助等活动,并积极鼓励社会各界人士捐资助学,为贫困家庭子女和弱势群体教育提供资助;紧密围绕青少年身心成长的特点,培育三种品德(即社会公德、家庭美德、个人品德),积极开展形式丰富、主题鲜明、为青少年所喜闻乐见的活动
		青壮年阶段	建立了多点便于居民阅览的政策宣传栏,设立了对外接待咨询的公开服务电话,解答失业人员就业相关问题
		中老年人阶段	着力打造的"椿龄"六老养老服务体系,依托市民学校平台三级网络资源,实现"文化悦老"
		精神文明教育	开展培育核心价值观主题宣讲教育活动。会场内身边人讲述身边事,细微之处见真情。会场外图书换绿植活动,普及科普知识,精神生活丰富多彩
		法制宣传教育	食品安全法、未成年人预防犯罪等法律法规的宣传教育活动,用鲜活案例、现身说法、图片展览、视频短片等多种形式,将晦涩难懂的法律条文变成生动具体的内容,让大家更易接受,自觉遵守

续表

"纵横交错"终身教育体系	横：全民学习	爱心志愿	为空巢老人、独居高龄老人集体庆生，唱生日歌、送生日祝福，志愿者们送给老人的生日礼物也是大家在环保活动中用废旧物品再利用亲手制作的。荧荧烛光映上老人慈祥笑容，令现场的志愿者们同样感受到温暖
		科技创新	运用科技方法，让青少年认识雾霾、正视危害、保护健康，开展健康课堂活动。测测脸上的灰尘、看看衣服上的颗粒物，科技设备让青少年打开眼界，也打消了顾虑，成为科技小专家
		生活技能	消防安全体验冬令营活动，在互动体验中让辖区居民学到很多火灾和地震应急避险处置知识和逃生方法，宣传普及消防安全知识和技能，提升消防安全意识和素质，从而提高自我保护能力
		健康教育	首次尝试在实验幼儿园大班组织急救培训，专家与儿童互动，教授适合低龄儿童的知识。"星光自护"教育活动，每期设定不同的主题，辖区青少年在星光自护学校专业教师的带领下学习烧烫伤知识、禁毒等相关知识
		文化体育	小手拉大手亲子活动，在"人口文化季"期间，组织地区家庭的宝宝和家长参与"幸福宝宝趣味运动会"等活动，2岁半至3岁的宝宝在家长的引导和帮助下，参与了符合低龄宝宝身心发展的运动项目，增进亲子间的互动
		文化传承	街道专项支持第四十三中学建设文房四宝传承基地，保护和传承非物质文化遗产，让地区青少年认知体验进而热爱中国传统文化

资料来源：椿树街道办事处，《顶层设计与运行保障并重 推动地区素质教育繁荣发展——椿树街道全面实施素质教育工作自评报告》。

"纵"即秉承终身学习理念，开展覆盖各年龄段人群，从婴幼儿早期教育到中老年的学习培训，实现生命全周期教育。婴幼儿阶段教育方面，椿树街道积极探索建立社区婴幼儿保教整合新模式，与实验幼儿园等优质学前教育机构合作举办各种潜能开发的训练和亲子互动活动。少年阶段教育方面，全面落实各项教育法律法规，依法保障适龄儿童按时入学，积极开展形式丰富、主题鲜明、为青少年所喜闻乐见的活动。青壮年阶段教育方面，组织就业政策宣传、就业指导、技能培训等方面讲座等，实现教育促进就业。中老年人阶段教育方面，着力构建文化悦老体系，实现教育提升养老品质。常年开展老年居民喜闻乐见的文娱活动，进一步丰富社区中老年居民的精神文化需求。"横"即倡导全民学习，培训形式多样，教育内容广泛。椿树街道通过精神文明教育、法制宣传教育、爱心志愿、科技创新、生活技能、健康教

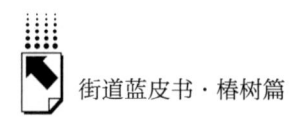

育、文化体育、文化传承八大类别活动的开展，做到素质教育培训全方位、多角度，有主题、有针对性。

（五）"寓教于商"，构建本土化教育路径

所谓"寓教于商"，就是把社区居民素质教育寄予、渗透在协商议事中。所谓本土化，指椿树街道的教育路径具有本地化特征，就是将于"纵横交错"的居民终身教育体系与"椿议民情坊"这一协商议事体系相结合，寓教于协商中。"椿议民情坊"有一套比较完整的协商议事的流程，"民事民提""民事民议""民事民决""民事民评""民事民享"五个环节环环相扣，赋予居民更充分的知情权、自主权、决策权、监督权和管理权，极大地调动了居民参与家园建设的积极性，并在达成最广泛的共识的同时，实现对居民的自我管理、自我服务和自我教育。在街道制定的文体团队发展整体规划中，也对居民参与有明确的要求，提出本辖区内的文体团队中本辖区户籍居民或常住居民需要达到50%，并且每年达到一定比例的提高。通过这种议事协商途径和实践，实现对社区文化的塑造和教育居民的目的。

（六）文化搭台，把文化活动与学习教育结合起来

文化搭台，教育唱戏。根据琉璃厂西街深厚文化背景及社区居民对文化生活不断丰富提高的需求，独创"翰墨艺苑"品牌，将书画文章、科普、文体等文化教育、文化娱乐、文化养生、文化服务融于其中，分为书画艺苑、文学艺苑、快乐艺苑、科普艺苑、文体艺苑和巧手艺苑。邀请社区中老教师、老教授、老干部、老领导和学校校长参与组织和教学。每个艺苑都有丰富的活动内容，有退休的教师资源支持，有社区党员负责组织和管理，真正实现了党员、居民自我服务、自我教育、自娱自乐。此外，书法、篆刻、文学教师资源共享，服务周边共建单位。"书香蒲公英"项目紧扣"六个一"（见表3）打造人文椿树，并把最关键的"正家风"与最平常的"读好书"结合起来。

表3 椿树街道"书香蒲公英"项目"六个一"

"六个一"	目标	做法
一老一小	服务对象	倡导全民阅读，提升社区居民学习水平
一内一外	服务方式	提高困境家庭解困能力，走出精神困境
一硬一软	载体建设	指导搭建阅读空间，提供优秀书籍和先进阅读方式，带动志愿服务，提供针对性引领性的精神文化

资料来源：椿树街道办事处，《顶层设计与运行保障并重 推动地区素质教育繁荣发展——椿树街道全面实施素质教育工作自评报告》。

（七）教育优先，保证投入与支持

椿树街道工委、办事处为确保"教育优先"，在经费紧张的情况下，始终保证了教育经费的逐年递增，为素质教育工作奠定了坚实的基础。2014~2016年，街道财政投入各项教育资金总计822.62万元（2014年投入176.82万元，2015年投入270.16万元，2016年投入375.64万元），用于改善教育场所和教学环境，以及开展丰富有益的各类教育活动。此外，街道对辖区学校拨款资助，协助学校培训红十字急救员，开展防震减灾、安全建设、京剧进校园、少年花键等活动，较好地推动了素质教育工作的全面实施。椿树街道在教育资金方面严格执行"规范化运营、项目化运作"的思路，借鉴街道已有的政府购买社会组织服务管理的相关制度和细则，引入第三方专业机构，对资金的使用进行管理。并由专业社会组织对居民的满意度进行回访，按照一定比例采取入户回访与电话回访的方式，对资金使用、各支队伍功能发挥等接受居民的检验。从问卷设计到调查员培训各环节全程由第三方负责，确保结果的真实、有效。

五 进一步以社区为切入点全面推动市民素质教育发展的思考

（一）社区市民教育要精准对接实际需求

伴随着人民群众对教育均等化、终身学习、相互交流等教育需求的日益增加和多样化，教育场所成为制约椿树街道教育布局的重要掣肘。与此同时，对教育供给和资源配置也提出了更高的要求。街道要统筹考虑从街道到社区，再到市民的各层次和各要素，对街道与教育提供各方和教育接受各方做出更加准确的定位，不能替代教育提供各方，更不能忽视教育接受各方；要鼓励市场和社会组织的进入，更要避免政府失灵，打破各方的壁垒，融通紧扣需求，实现核心价值观融入教育实质。此外，还需要从椿树街道所处的高端产业发展带和传统文化保护带交会处着手，在战略部署上寻求全面实施素质教育问题的最佳解决方案。

（二）社区开展市民素质教育需要深化研究

要继续加强供给与需求的研究，形成有效对接。一方面，街道要加大理论研究和调研力度。认真领会各级各类关于发展社区市民素质教育的文件精神，加大对市民素质教育相关理论与实践模式的研究和分析，结合街道实际，开展教育资源、群众需求以及教育形式等方面的调研。另一方面，围绕社会诚信、家庭美德、职业道德、社会公德等公民思想道德体系建设，进一步开阔思路，创新发展品牌文化活动，挖掘地区文化资源，将文化根植于社区市民素质教育工作之中，提升街道特色品牌影响力，扩大社区市民素质教育活动的吸引力。

（三）通过整合优质资源把社区市民素质教育引向深入

街道可以采取社区公益服务项目推介的方式，将社会组织的优质教育资源引入社区，提高社区教育水平，提升居民文明素质。同时，通过社会组织参与社区教育活动，增强社会组织自身的项目运作能力，完善自身管理水平，实现其在参与社区教育的同时自身得到发展和成长的双赢局面。此外，可以充分发挥志愿者的作用，开展帮扶社区文化教育基地建设、科普讲座、读书大使进社区、文化结对等多种形式的活动，倡导全民参与学习、受教育，达到"传播知识即提升辖区文化素养、传承信念即践行社会主义核心价值观"的社区素质教育实效。

（四）创新素质教育方式打造市民素质教育基地

创新符合民需的教育形式和内容，打造市民素质教育基地。一是整合社区文化基础设施资源，打造社区居民文体活动基地，为社区居民提供新的学习活动场所。二是打造社会组织孵化培育管理中心，形成政府向社会组织购买服务规范化运作的平台。三是社区牵线搭桥，整合社区各类主体和机构，打造社区居民学习实践基地，将居民个人发展与素质教育有机结合，形成居民学习的内生动力。

（五）提高居民对接终身教育体系的主动性

街道要积极推进和完善"纵横交错"的终身教育体系，并加大素质教育宣传力度，让社区居民在潜移默化中主动参与进来。首先，要以"纵横交错"终身教育体系为重点，不断丰富素质教育宣传内容。充分利用地区宣传栏、《椿树风采》报纸等市民学习平台，做好素质教育相关宣传，进一步扩大素质教育工作在居民中的影响力。其次，要创新素质教育宣传载体。充分利用好新时代网络优势，建立社区微信群、QQ 群、APP 等新宣传载体，对已有的街道外网、"嗨椿树"APP 等网络媒介平台要开发素质教育宣传专栏与模块，为市民学习、了解教育信息提供开放空间，使市民能够随时随地可以了解社区素质教育信息。最后，加大素质教育宣传频率。街道要加强宣传、舆论、教育、新闻等部门的协同联动作用，经常性、集中性的开展形式多样的素质教育宣传活动，使提升市民素质教育深入市民之心。

参考文献

习近平：《在中国共产党第十九次全国代表大会上的报告》，2017 年 10 月 18 日。
椿树街道办事处：《顶层设计与运行保障并重　推动地区素质教育繁荣发展——椿

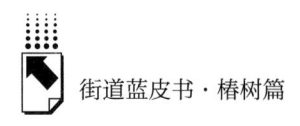

树街道全面实施素质教育工作自评报告》。

刘运珍、刘艳珍：《新时代呼唤素质教育》，《山西日报》2017年12月19日，第010版。

刘小幸、刘仲徽：《我市着力加强基层社区市民素质教育》，《邵阳日报》2016年8月17日，第001版。

朱建珍：《市民素质教育的现状及其对策——以昆山市淀山湖镇社区教育为例》，《考试周刊》2016年第47期。

马燕文：《城市新市民素质教育策略探究——以郑州市为例》，《中共郑州市委党校学报》2011年第4期（总第112期）。

韦露：《城市化进程中市民素质提升策略探究——以宁波市为例》，《世纪桥》2017年第6期。

张卫：《现代市民素质教育研究》，《南京化工大学学报》（哲学社会科学版）2000年第3期（总第5期）。

调研报告

Research Reports

B.7 关于椿树街道开展廉政宣传教育工作的调研与思考

摘　要： 党的十八大以来，以习近平同志为核心的党中央对加强党风廉政建设和反腐败工作提出了一系列的新论述、新部署，取得了一系列的新成效。实践证明，在坚持不懈地对党员干部进行日常教育的同时，集中一段时间，突出一个主题，有的放矢地开展廉政宣传教育，是必要的，也是有效的。椿树街道通过坚持"四个结合"，不断加强街道廉政宣传教育工作，切实有效地贯彻落实中央、市、区对党风廉政建设工作提出的要求，通过集中宣传教育活动，使党员干部对党风廉政建设有更深刻的认识，从而进一步筑牢拒腐防变的思想道德防线。

关键词： 椿树街道　基层廉政宣传教育　党风廉政建设

一 研究背景

（一）调研意义与目的

加强基层党风廉政建设是提升党在人民群众中形象的重要举措。基层开展廉政宣传教育工作不仅直接关系中央、市、区党风廉政建设要求的贯彻落实，也是加强基层党员干部队伍思想道德管理、督促社区党委认真落实"两个责任"①和"一岗双责"②要求，强化社区党委班子及其主要领导在党风廉政建设中的责任，确保党风廉政建设和反腐败工作落实的重要环节。调查了解椿树街道开展党风廉政宣传教育工作的基本情况，以及其在党风廉政宣传教育工作开展过程中遇到的问题，将有利于把握基层开展党风廉政建设的重点难点，并提出对策建议，进一步夯实基层党风廉政建设的基础。

（二）调研时间与过程

2017年4月初，课题组对椿树街道党风廉政宣传教育工作的开展进行调研，通过前期初步的准备工作，课题组成员基本掌握了椿树街道关于党风廉政宣传教育工作在开展过程中的整体情况并进行了资料收集工作。期间，课题组集中精力对椿树街道关于党风廉政宣传教育工作的相关资料进行研究，并多次召开研讨会，拟定针对椿树街道工委委员、监察科干部、社区相关人员等的访谈提纲。此外，多次举办关于调查研究方法的培训会，强化调研人员的基本能力与素质。

4月7日至18日，课题组赴椿树街道进行调研，调研方法主要采用访

---

① "两个责任"是指在落实党风廉政建设责任制过程中，"党委负主体责任，纪委负监督责任"的简称。
② "一岗双责"是指党委班子成员除抓好分管业务工作还要认真负责地抓好各分管领域党建工作，履行双重责任。

谈法与观察法，调研开展方式有座谈会与实地走访等。课题组成员分别针对椿树街道工委委员、监察科干部、社区相关人员等进行深入访谈，了解社区党风廉政宣传教育工作在开展过程中的亮点与不足、并针对问题提出对策建议。通过集中调研，课题组收集了大量椿树街道关于党风廉政宣传教育工作的第一手资料，为调研报告的撰写奠定了基础。

（三）调研方法与对象

本次调查采用的资料收集方法有文献法与深入访谈法。文献分析法主要是对收集到的中央、北京市、西城区对椿树街道关于开展党风廉政宣传教育工作的相关政策文件，以及对城市社区党风廉政建设工作相关的期刊文献等进行研读与分类整理；深入访谈法主要是针对椿树街道工委委员、监察科干部、社区相关人员等进行一对一的结构式访谈，了解工作进展和存在的问题等方面内容。对于通过访谈获取的定性资料采用归类—分析总结—分析—总结的方法进行分析。

二 椿树街道开展廉政宣传教育工作的基本情况

（一）重要意义

1. 加强廉政宣传教育是适应形势发展的需要

在改革开放、市场经济深入发展的新形势下，产生腐败的诱因很复杂，面对这种形势，通过开展廉政宣传教育，不断加强党员干部的自觉自律意识，提高道德修养和工作素质，筑起反腐防腐的思想防线，是一个长远的战略目标，对改变社会风气、推进反腐倡廉具有深远的意义。党员、干部不是生活在真空中，在社会上生活、工作，不可避免地会受到社会上存在的一些腐朽思想文化和消极因素的冲击及影响。如果党组织对党员不严加教育和管理，党员自身不防范和警惕，那么必然会有一部分人受到这些糟粕的侵扰和腐蚀。因此，在新的形势下，开展廉政宣传教育活动，对提高党员干部的思

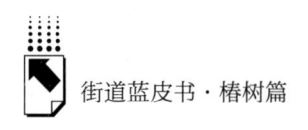

想道德素质，增强廉洁自律意识，具有积极的意义。

2. 加强廉政宣传教育是加强思想政治工作、增强党性的一条重要途径

在新时期，各种思想上的矛盾冲突日益尖锐，这就要求必须把对党员干部的思想政治教育作为廉政建设工作的重要环节抓紧抓好。要对基层党员干部进行广泛深入的宗旨、理想、纪律和优良作风的教育，尤其是要将党章、党规和党纪作为宣传教育的重点，促使党员干部树立正确的人生观、道德观和社会主义核心价值观，切实增强党员干部抵御官僚主义、享乐主义、形式主义和奢靡之风等腐朽思想侵蚀的能力，为廉政建设奠定坚实的思想基础。

3. 加强廉政宣传教育是加强党员干部作风建设的有效手段

各基层党组织和党员干部，作风的主流是健康向上的，但也必须清醒地看到，党员干部在作风建设上存在的实际问题。个别党委（党组）落实党风廉政建设主体责任还不够到位，少数党员干部纪律、规矩意识不强，服务效率不高、干部管理失之于宽的问题，少数干部不作为、不会为、乱作为，重点领域、群众身边的不正之风和腐败问题依然存在。这些问题，在街道党员干部队伍中（特别是在一些基层领导干部身上）还不同程度的存在，值得反思和警醒。对这些问题如果不予以高度重视并认真加以解决，就会损害党群干群关系。就椿树街道而言，区域发展正处在一个十分关键的时期，面对发展压力，加强党员干部作风建设的极端重要性和紧迫性进一步凸显，基于此，椿树街道把加强党员干部作风建设作为廉政建设的重要基础性工作抓紧抓好。

（二）主要做法

椿树街道开展廉政宣传教育，注重坚持"四个结合"，重点在深入查找、着力解决干部作风建设方面存在的突出问题上下功夫，特别是抓住群众最直接、最关心、最现实的利益问题，及时为群众排忧解难，以实际行动加强和改进干部作风建设，确保廉政宣传教育见到实效。

关于椿树街道开展廉政宣传教育工作的调研与思考

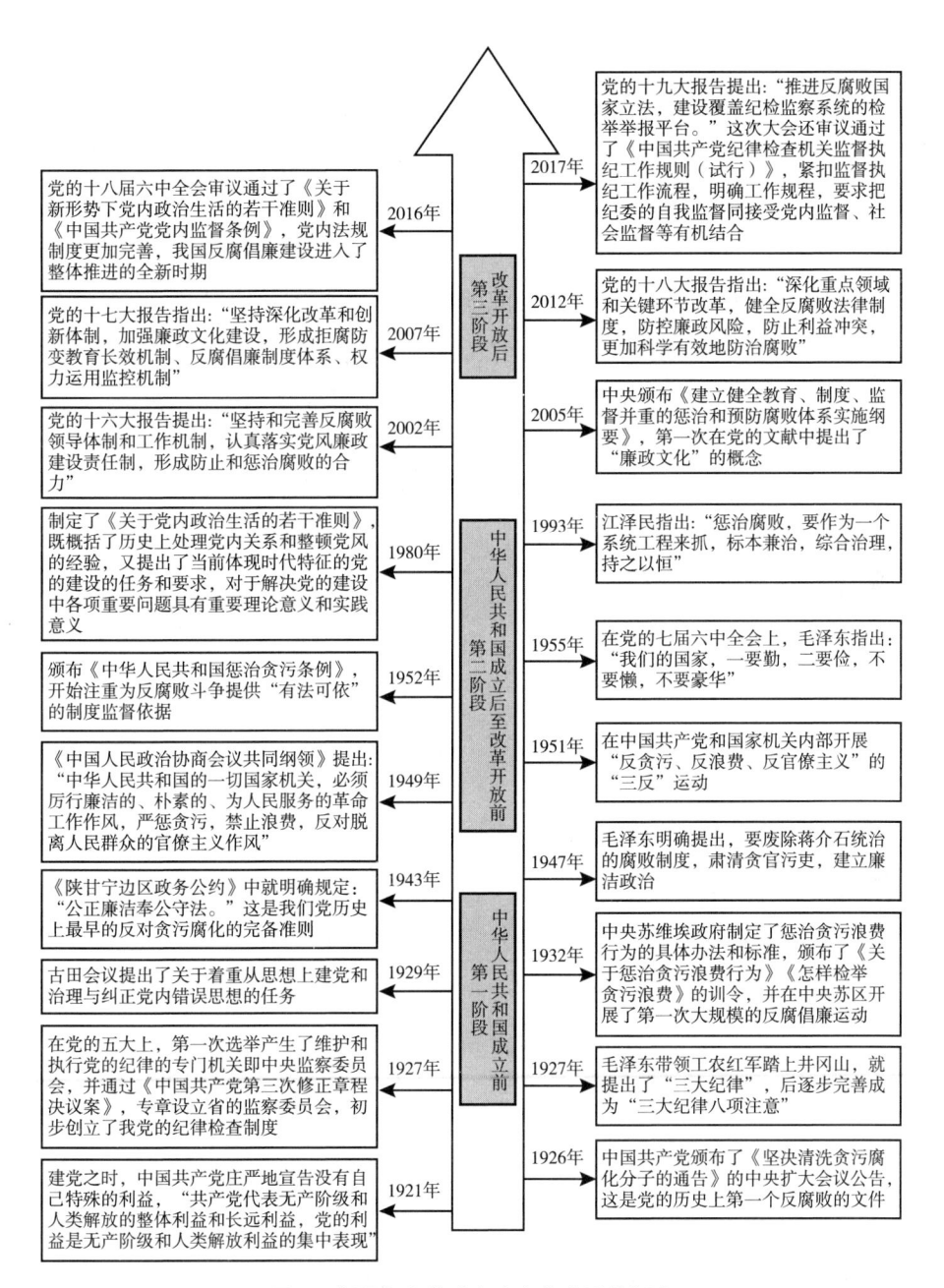

2017年		改革开放后第三阶段	党的十九大报告提出："推进反腐败国家立法，建设覆盖纪检监察系统的检举举报平台。"这次大会还审议通过了《中国共产党纪律检查机关监督执纪工作规则（试行）》，紧扣监督执纪工作流程，明确工作规程，要求把纪委的自我监督同接受党内监督、社会监督等有机结合
2016年	党的十八届六中全会审议通过了《关于新形势下党内政治生活的若干则》和《中国共产党党内监督条例》，党内法规制度更加完善，我国反腐倡廉建设进入了整体推进的全新时期		
2012年			党的十八大报告指出："深化重点领域和关键环节改革，健全反腐败法律制度，防控廉政风险，防止利益冲突，更加科学有效地防治腐败"
2007年	党的十七大报告指出："坚持深化改革和创新体制，加强廉政文化建设，形成拒腐防变教育长效机制、反腐倡廉制度体系、权力运用监控机制"		
2005年			中央颁布《建立健全教育、制度、监督并重的惩治和预防腐败体系实施纲要》，第一次在党的文献中提出了"廉政文化"的概念
2002年	党的十六大报告提出："坚持和完善反腐败领导体制和工作机制，认真落实党风廉政建设责任制，形成防止和惩治腐败的合力"		
1993年		中华人民共和国成立后至改革开放前第二阶段	江泽民指出："惩治腐败，要作为一个系统工程来抓，标本兼治，综合治理，持之以恒"
1980年	制定了《关于党内政治生活的若干准则》，既概括了历史上处理党内关系和整顿党风的经验，又提出了当前体现时代特征的党的建设的任务和要求，对于解决党的建设中各项重要问题具有重要理论意义和实践意义		
1955年			在党的七届六中全会上，毛泽东指出："我们的国家，一要勤，二要俭，不要懒，不要豪华"
1952年	颁布《中华人民共和国惩治贪污条例》，开始注重为反腐败斗争提供"有法可依"的制度监督依据		
1951年			在中国共产党和国家机关内部开展"反贪污、反浪费、反官僚主义"的"三反"运动
1949年	《中国人民政治协商会议共同纲领》提出："中华人民共和国的一切国家机关，必须厉行廉洁的、朴素的、为人民服务的革命工作作风，严惩贪污，禁止浪费，反对脱离人民群众的官僚主义作风"		
1947年			毛泽东明确提出，要废除蒋介石统治的腐败制度，肃清贪官污吏，建立廉洁政治
1943年	《陕甘宁边区政务公约》中就明确规定："公正廉洁奉公守法。"这是我党历史上最早的反对贪污腐化的完备准则	中华人民共和国成立前第一阶段	
1932年			中央苏维埃政府制定了惩治贪污浪费行为的具体办法和标准，颁布了《关于惩治贪污浪费行为》《怎样检举贪污浪费》的训令，并在中央苏区开展了第一次大规模的反腐倡廉运动
1929年	古田会议提出了关于着重从思想上建党和治理与纠正党内错误思想的任务		
1927年	在党的五大上，第一次选举产生了维护和执行党的纪律的专门机关即中央监察委员会，并通过《中国共产党第三次修正章程决议案》，专章设立省的监察委员会，初步创立了我党的纪律检查制度		毛泽东带领工农红军踏上井冈山，就提出了"三大纪律"，后逐步完善成为"三大纪律八项注意"
1926年			中国共产党颁布了《坚决清洗贪污腐化分子的通告》为扩大会议公告，这是党的历史上第一个反腐败的文件
1921年	建党之时，中国共产党庄严地宣告没有自己特殊的利益，"共产党代表无产阶级和人类解放的整体利益和长远利益，党的利益是无产阶级和人类解放利益的集中表现"		

图1 中国共产党对廉政文化建设的探索

资料来源：根据湖南师范大学王庭坚博士学位论文《中国特色社会主义廉政文化建设研究》及网络相关资料整理。

1. 开展廉政宣传教育与"从严治党"相结合

习近平总书记在十八届中央纪委六次全会上发表重要讲话，明确指出"全面从严治党，核心是加强党的领导，基础在全面，关键在严，要害在治"。这不仅深刻阐释了全面从严治党的新内涵，更进一步明确了管党治党的新要求，为管好党、治好党指明了方向，是今后推进全面从严治党的重要遵循。党风廉政建设和反腐败工作正是全面从严治党的重要部分，为此，椿树街道把廉政宣传教育的重点放在强化基层党组织和领导干部的主体责任意识上，让每一个党组织、每一个领导干部自觉担当起抓好党建、管党治党这个首要责任，把抓好廉政宣传教育当作分内之事、必须担当的职责。把主体责任意识教育作为党员干部教育培训的重要内容，特别是领导干部的必修课，贯穿到日常工作当中，与街道的社会治理、民生事业、重大任务等中心工作进行同步地考虑、部署、实施和检查。比如，开展"守纪律、讲规矩"主题教育活动，就是在日常工作中加强纪律教育、强化纪律执行、严查违纪行为，用纪律这把管党治党的尺子管住"大多数"。同时，结合主题教育活动，按照"谁主管、谁负责"的原则，通过约谈沟通、个别指导、工作检查、听取汇报等方式，将压力层层传导，责任压紧压实。通过这种"主题教育活动抓重点，融入日常工作能持续"的方式，确保廉政宣传教育有实效。

2. 开展廉政宣传教育与服务中心工作相结合

在开展廉政宣传教育中，椿树街道要求各基层党组织和党员干部要吃透落实中央纪委、市纪委和区纪委全会精神，国务院、市区政府系统廉政工作会议重要讲话精神，进一步统一思想，提高认识。尤其是紧紧围绕市中心工作、街道中心任务抓紧抓好廉政宣传教育，确保各项工作取得明显成效。椿树街道按计划统筹推进政府折子工程和专项任务，重点对疏解非首都功能、人口规模调控、精品胡同准物业化管理、环境综合治理、传统文化保护、"椿树杯"系列项目（活动）等工作措施的落实情况，开展督查督办，发现问题限期整改。严控"三公"经费，杜绝铺张浪费和奢靡之风。开展"为官不为、为官乱为"专项整治，坚决整治不作为、乱作为，坚决克服党员干部懒政怠政。运用好监督执纪"四种形态"①，注重抓早、抓小，对干部身上的问题早发现早处置。对于违规违纪、"四风"问题突出、顶风违纪等问题，既追究主体责任、监督责任，又严肃追究领导责任，形成严肃执纪、严肃问责的新常态。畅通和规范社会投诉举报渠道，发挥新媒体、新技术作用，自觉接受社会监督。认真践行"三严三实"要求，广泛开展调查研究，密切联系群众，深化"访民情、听民意、解民难"长效工作机制，扎实做好办实事工作。深化"四风"整治，全面落实各项整改任务。

3. 开展廉政宣传教育与"两学一做"学习教育相结合

"两学一做"学习教育活动是深化全面从严治党的成功实践，是新形势下加强党的思想政治建设的一项重大部署。椿树街道把开展廉政宣传教育要与开展"两学一做"学习教育紧密结合，坚持全覆盖、重创新、求实效，推进常态化、制度化，把廉政宣传教育融入日常、抓在经常。一是围绕专题开展学习讨论。椿树街道注重党员个人自学，强调个人自学与集中学习相结合，并明确自学要求，制订学习计划，引导党员搞好自学。二是创新讲党课的方式。椿树街道要求基层党组织按照专题进行学习讨论，对党支部开展党课的时间、方式、内容等进行规范，并要求运用多媒体手段，通过介绍身边事例、现身说法、答疑释惑等方式，增强党课的吸引力和感召力。同时，安排街道工委书记、处级领导、基层党组织书记、普通党员讲党课：要求街道工委书记围绕"两学一做"，以"守纪律、讲规矩"为主题，带头为机关、事业单位、各社区社工党员讲一次党课；要求处级领导到所在党支部或所联系社区为党员干部讲一次守纪律党课；鼓励和指导基层党组织书记、普通党员联系实际讲党课。三是立足岗位做贡献。椿树街道基层党组织以"亮明身份、公开承诺、示范带头、接受监督"为主要内容，根据岗位特点和工

---

① 2016年10月27日，中国共产党第十八届中央委员会第六次全体会议审议通过了《中国共产党党内监督条例》，其中第七条明确规定：党内监督必须把纪律挺在前面，运用监督执纪"四种形态"即经常开展批评和自我批评、约谈函询，让"红红脸、出出汗"成为常态；党纪轻处分、组织调整成为违纪处理的大多数；党纪重处分、重大职务调整的成为少数；严重违纪涉嫌违法立案审查的成为极少数。

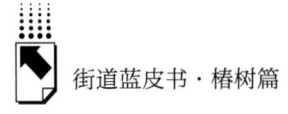

作实际，鼓励党员自主创新活动方式，教育引导党员无论何时何地都铭记党员身份，强化党员意识，切实履职尽责。

贯彻落实方面
- 对重大决策部署表态多调门高，但行动少落实差，虚多实少，仅仅满足于"轮流圈阅""层层转发""安排部署"

调查研究方面
- 搞形式、走过场，像打造旅游线路一样打造"经典调研线路"，搞"大伙演、领导看"的走秀式调研

服务群众方面
- 表面上推进服务型政府建设，但还是"事难办"，将过去的"管卡压"变成了现在的"推绕拖"

项目建设方面
- 热衷于打造领导"可视范围"内的项目工程，而不考虑客观实际

召开会议方面
- 无论什么会议都要层层重复开，一个接一个，检查评比走马灯，导致干部疲于应付，没有时间抓落实

改进文风方面
- 有的地方写文件、制文件机械照搬照抄，出台制度规定"依葫芦画瓢"，内容不是来自调查研究，而是源自抄袭拼凑

责任担当方面
- 有的领导干部"只求不出事，宁愿不做事"，逢事都要上级拍板，避免自己担责，甚至层层往上报、层层不表态

工作实效方面
- 有的地方对工作不重实效重包装，把精力都放在"材料美化"上，一项工作刚开始就急于总结成绩、宣传典型，搞"材料出政绩"

履行职责方面
- 有的部门热衷于与下属单位签订"责任状"，将责任下移，试图让下级的"责任状"成为自己的"免责单"

对待问题方面
- 有的党员干部对身边不良风气和违规问题态度漠然，知情不报、听之任之，甚至在组织向其了解情况时仍不说真话

图 2　"四风"问题的 10 种新表现

资料来源：根据网络资料整理。

4. 开展廉政宣传教育与落实"两个责任"相结合

党的十八届三中全会指出:"落实党风廉政建设责任制,党委负主体责任,纪委负监督责任。"全会专门明确党委的主体责任,目的就是要强化各级党委抓党风廉政建设的责任意识。椿树街道把组织开展廉政宣传教育月活动作为贯彻落实党风廉政建设责任制主体责任和监督责任的具体行动。街道工委书记,作为街道抓好党风廉政建设的第一责任人,各基层党组织书记也是抓好党风廉政建设第一责任人,街道处级领导和各科室负责人要按照"谁主管、谁负责"的原则和"一岗双责"的要求,既管事又管人,既履行主体责任又要履行监督责任。对党风廉政建设方面出现的苗头性问题要及时报告,发现问题及时解决,对出现严重问题的,按照"一案双查",不但要处理当事人,还要追究领导责任。层层签订"党风廉政建设责任书",基层党组织和党员干部签订个性化的责任书(承诺书),制定详细的责任清单,承诺的事情如果没做或者做不到,就要按照规定追究责任,问题严重的还要给予纪律处分。椿树街道工委把党风廉政建设和反腐败工作纳入工委总体部署,及时解决党风廉政建设中的突出问题。街道纪工委负监督职责,协助工委完成党风廉政建设各项工作,聚焦主业,履行监督、执纪、问责三项职责。

(三)主要成效

1. 强化了看齐意识

看齐,是一种政治要求和政治责任,是对广大党员的党性要求。进入新时代,看齐意识就是党的各级组织、全体党员都要认真学习习近平新时代中国特色社会主义思想,全面贯彻党中央治国理政的新理念、新思想、新战略,深入领会贯穿其中的马克思主义立场观点方法,向党中央看齐,向党的理论和路线方针看齐,向党中央的决策部署看齐。通过开展廉政宣传教育,椿树街道各基层党组织和党员干部进一步牢固树立了看齐意识,使之内化于心、外化于行。一是更加坚定了正确的政治方向,保持了对党忠诚的政治品格;二是严肃了组织程序,对重大问题及时请示汇报,不超越权限办事;三

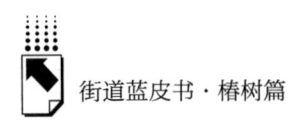

是服从和执行组织决定更加坚决，不搞非组织活动，不违背组织决定，确保党风廉政建设健康稳步发展。

2. 强化了党章意识

党章是党的总章程，是所有党员都必须共同遵守的根本行为规范，在任何情况下都要坚持政治信仰不变、立场不移、方向不偏。椿树街道通过廉政宣传教育，使全体党员干部进一步巩固了正确的理想信念，恪守政治规矩，坚持以人民为中心的发展思想，摆正公仆关系，真正做到清清白白做人、干干净净做事、堂堂正正做官，切忌台上一套、台下一套。

3. 强化了自律意识

习近平总书记在2014年中央纪委三次全会上指出，全党同志要加强党的意识，牢记自己的第一身份是共产党员。2015年10月，中央印发的《中国共产党廉洁自律准则》，紧扣廉洁自律主题，将依规治党和以德治党相结合，强调自律，重在立德，为全体党员和党员领导干部树立了一个看得见、够得着的高标准。通过廉政宣传教育活动，每名党员、干部都对照这个标准，切实加强自律意识，尤其是党员领导干部，发挥表率作用，带头践行廉洁自律规范；对党保持忠诚，始终按照党性原则办事；认真贯彻落实党的路线方针政策，践行党的群众路线，与党在思想上同心，在行动上同步，做党的忠诚卫士。在日常生活和工作中，每一名党员都能够树立一种"赶考意识"，自觉地抵制各种各样的诱惑，坚持理想信念宗旨"高线"，永葆共产党人清正廉洁的政治本色。

4. 强化了纪律意识

"欲知平直，则必准绳；欲知方圆，则必规矩。"全面从严治党，离不开铁的纪律。没有严格约束和严格执纪，就会弱化基层党组织的凝聚力和战斗力，就不可能把党组织管好、治好、建好。通过集中开展廉政宣传教育活动，进一步强化了党员干部的纪律自觉，把党规党纪刻在心上，把纪律要求转化为内在追求，做到明底线、知边界、不越轨。特别是在自觉遵守和执行党的六大纪律方面，能做到令行禁止，扎实工作，时刻警示自己，始终在思想上、行动上筑牢拒腐防变的思想防线，保持公仆情怀和平民心态，做到干事干净。

5. 强化了首善意识

北京要争当全国的首善，西城要争当北京的首善。椿树街道地处首都核心区，作为区级派出机构，街道党员干部通过接受廉政宣传教育，进一步强化了首善意识，始终保持良好的精神状态和工作状态，保持昂扬向上的激情和动力，抓住机遇，加快发展。在工作中，能坚持用长远的眼光谋划，从更高的起点出发，用更高的标准要求。自觉把各项工作放到全区、全市工作的大局之中去考虑，跳出椿树街道的小圈子，坚持一流工作标准，强化精品意识，坚持以质取胜，以优取胜，力争把各项工作做深、做实、做细、做精，脚踏实地，认认真真，一步一个脚印地抓好每一个环节，每一个细节，确保多出亮点精品，确保街道发展不断迈上新台阶，这也是开展廉政宣传教育的根本目的。

表1 椿树街道各社区开展党风廉政宣传教育的亮点工作

序号	社区	亮点工作
1	琉璃厂西街社区	一是开展社区党员"党风廉政教育季"活动。利用每月党活动日，将党风廉政建设工作和文艺活动结合起来，推出"廉政教育全员参与"的小主题廉政宣传月活动，号召社区工作人员全员参与，利用群众喜闻乐见的形式，宣传廉政、勤政要求，形成良好的勤政廉政氛围。二是坚持结对共建。拟与什刹海街道前海东沿社区进行资源互补，利用双方特色开展相关活动，如结合"七一"建党庆祝活动，组织双方党员重温入党誓言，发出廉政倡议，在横幅上庄严签字做出承诺；将廉政书画笔会、廉政书画教学扩展到前海东沿社区，让更多的人感受到椿树地区传统文化的魅力，在潜移默化中受到廉政教育
2	香炉营社区	一是设立格言警句。拟在社区办公场所，悬挂党风廉政建设标语展板和格言警句，让社区党员和社区工作者在工作中，感受浓厚的党风廉政文化气息，接受党风廉政文化教育，增强党风廉政教育的辐射力、吸引力、感染力。二是编排廉政短剧。充分挖掘社区和驻地单位的资源，发动社会组织成员、社区党员、社工，编排、展演廉政情景短剧，增强社区党员和社区工作者的廉政意识。三是探索廉政论坛。利用社区社会组织论坛，结合建党95周年和"八一"建军节，开展"红旗下成长，党旗前宣誓，军旗下站岗"为主题的论坛活动。年终，组织迎新年廉政笔会

续表

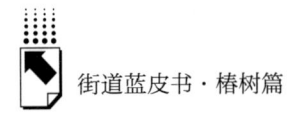

序号	社区	亮点工作
3	宣武门外东大街	一是建立楼道廉政文化。拟在楼门电梯间设立廉政宣传栏,利用"党建园地"和宣传栏张贴廉政警示教育宣传画,加强廉洁教育,营造崇廉氛围。二是开展廉政征文宣讲。结合"两学一做"活动的开展,以"忆党史、转作风、强党性、做奉献"为重点,组织党员开展征文活动,通过回忆自己入党的光荣历史,增强党员意识,做一名合格党员。各支部选取有代表性的1~2名同志以宣讲会的形式上台宣讲,以积极的正能量加强党风廉政建设。三是开展"我是党员我承诺"活动。为每位党员制作《廉政警言警句》和承诺标牌,长期摆放在书桌上,标牌由正反两面构成,一面为党旗、个人照片及承诺事项,另一面为廉政警言警句,将廉政教育融入每位党员的日常生活中,融入自己的承诺中,将强化廉政意识从社区工作者扩展到每一位党员
4	椿树园社区	通过抓宣传教育、抓活动载体、抓工作落实,将社区廉政建设工作不断推进深入。一是开通"廉政椿树园"微信群。开通椿树园社区三个支部的微信群,通过微信及时学习和传达贯彻上级党风廉政建设会议精神、文件等,加强廉政建设信息和监督工作。二是开展专题教育。5月到天安门武警支队进行廉政学习交流。三是日常教育宣传。在社区各楼道建廉政宣传橱窗,贴廉政警句,将廉政教育广泛化;与各种文化活动相结合,如书法廉政笔会、学唱廉政歌曲、廉政诗会等将廉政教育活泼化;开展廉政电化教育活动,如观看廉政影片、廉政短剧,将廉政教育专题化;开展《准则》《条例》日常学习化;与街道工作相衔接,共同组织好廉政宣传教育月活动等
5	四川营社区	一是分别组织社区党员、社区班子成员及社工入党积极分子开展反腐倡廉专题教育活动,认真组织学习有关文件精神,为社区党员购买《党章》《准则》《条例》三合一大号字读本,共同参与讨论,撰写学习心得体会,制作宣传展板。二是运用社区"同乐艺术团"平台,拍摄廉政微短剧;社区书画社开展一次反腐倡廉书法笔会活动;建立短信平台,每周向社区党员发送文件精神、社区活动等学习宣传内容1~2次,对不会使用智能手机的老年党员,社区党委将信息发送至其子女处,并向其转达,帮助他们开展学习
6	红线社区	一是利用每周五下午一个小时学习时间,开展党风廉政建设学习和业务流程方面的学习,使社区的每位社工都能按照业务规定廉洁公正地为居民服务。二是为更好地宣传廉政文化,社区"乐龄幸福吧"编排了一幕廉政话剧。目前话剧的剧本初稿已经完成,正在修改排演过程中;社区手工小组筹备制作廉洁布艺贴画
7	梁家园社区	一是为每名党员设计廉政学习手册,用于每次学习时插放材料便于党员学习。二是加强对社区20多名在职党员和20多名人户分离不能经常参加活动的党员管理,建立党员微信群,为他们和社区党委之间搭建学习沟通平台,及时宣传党政方针,传播正能量。三是利用周末时间,专门为在职党员组织党员活动日,签署党风廉政责任书

三 党风廉政宣传教育存在的主要问题及对策建议

（一）主要问题

一是抓党风廉政建设的自觉性和主动性还需加强。街道的工作纷繁复杂、千头万绪，个别领导干部对党风廉政建设的重要性认识不足，认为党风廉政建设不是硬指标、硬任务，甚至错误地认为党风廉政建设工作抓得太紧会影响基层干部的积极性，妨碍基层工作的推进和发展。因此，在落实党风廉政建设责任制上积极性和主动性不高，没有将其作为重大政治任务提上重要议事日程，满足于一般性的号召，更没有把党风廉政建设工作与服务群众工作有机结合起来。

二是个别党员干部廉洁自律意识差。有的党员干部重视工作、忽视学习，放松了对世界观的改造，片面地认为基层的工作主要来源于实践，与是否系统学习理论知识关系不大，从而导致学习的自觉性不够、目的性不强、理论联系实际不强。特别是在学习党纪政纪条规知识上，存在着表面化、形式化的倾向，对党纪政纪条规缺乏深刻的理解和认识，导致党性修养不够、拒腐防变能力较弱。

三是群众观念淡薄。树立正确的群众观，密切党群、干群关系是党永远立于不败之地的根本，是党风廉政建设的核心。个别党员干部群众观念淡薄，党的宗旨意识不强，对"立党为公，执政为民"的内涵缺乏深刻的理解和认识，"官本位"意识浓厚，对群众的声音听取不及时、不充分，习惯于发号施令，没有把社会治理、创造实绩与服务人民、造福人民很好地结合起来。

（二）对策建议

积极探索加强基层党风廉政建设的有效途径，从抓好教育、强化管理、规范程序三个关键环节着手，推动全面从严治党向基层延伸。

一是突出教育引导的基础作用,增强教育的针对性、常态性和警示性。在教育内容上,统筹理想信念、宗旨观念、党纪政纪、法律法规等多方面的教育,经常抓,反复讲,拧紧思想的"总阀门",使廉政之风"入耳入脑入心入行"。在教育的形式上,要制定具有针对性的行为规范,不断增强基层党员干部的廉洁自律意识。可以对比先进人物的感人事迹和腐败分子的丑恶行径,使党员干部从正反两个方面接受深刻的教育,筑牢反腐倡廉强大的思想道德防线。在教育的时机上,要高度重视和把握党员干部换届选举、职务升迁、逢年过节等特殊时期,加强教育和监督,预防为主,防范在先,在教育的对象上,不能"一刀切""一锅烩",要分类突破、因人而异,针对不同层次的人员采用不同的教育方式,提高教育的实效性。

二是科学拟定年度考核评价机制,在强化管理上下功夫。坚持以正确的政绩观为指导,进一步建立健全政绩评价的考核制度和奖惩制度,引导党员干部廉洁从政,踏踏实实为民办实事、办好事、解难事。尤其在考核上,既要引入群众评价机制,也要改变现行的指标过度量化、过于烦琐的过度考核。街道应该减少年度考核种类,突出考核重点,扎根于社会事业发展情况和为老百姓解决的实际问题,科学合理地设置考核指标。

三是进一步建立健全制度,强化监督制约。加强制度建设,不断建立和完善"三重一大"制度、民主生活会制度、民主评议制度、报告工作制度、请示汇报制度、决策失误调查制度等,强化对干部行使职权的监督和制约,提高决策的透明性、科学性、反馈性。尤其是涉及群众利益的问题上,决策前必须广泛地征求群众意见,得到大多数群众的支持和认可,积极接受群众监督,解决"越位"管理和"缺位"服务问题,真正做好为群众服务工作。要进一步完善政务公开和财务公开制度,凡是与群众生产和生活密切相关的事宜,都应该按照规定的程序和方法公开,扩大群众的知情权、参与权和监督权,不断提高政府权力运作和行政行为的透明度,形成有效的民主监督环境。

参考文献

高兴春：《在 2016 年椿树街道廉政宣传教育月活动动员部署会上的讲话》，北京市西城区椿树街道办事处，2016 年 4 月 28 日。

黄素琴：《创新宣传教育形式　提升反腐倡廉意识》，《大同日报》2017 年 12 月 19 日。

李琴：《浅析党风廉政建设新理念新实践新经验》，《党史博采》（理论）2017 年第 11 期。

吴诗成、熊超：《四措并举　推进党风廉政建设责任落实》，《人口与计划生育》2017 年第 10 期。

姜颖越：《基层央行党风廉政建设中的问题与对策建议》，《产业与科技论坛》2017 年第 12 期。

张志伟：《纪委落实党风廉政建设监督责任的若干思考》，《法制博览》2016 年第 3 期。

B.8
关于椿树街道开展"在职党员到社区报到为群众服务"活动的调研与思考

摘　要： 2014年，中共北京市委组织部、市委宣传部等九个部门联合出台了《关于积极倡导在职党员到社区报到为群众服务的通知》，要求党组织关系在北京且居住地在北京的在职党员，到社区报到并为社区提供志愿服务。同年，中共北京市西城区委组织部、西城区委社会工作委员会印发了《关于进一步开展在职党员到社区报到为群众服务的实施方案》，提出以单位党组织报到和在职党员报到两种形式进行报到，并明确了单位党组织开展服务和在职党员开展服务的主要内容。开展在职党员到社区报到服务群众活动，是新时期对在职党员加强管理的必然要求，是密切党群关系的重要途径，是巩固党基层执政基础的有效方法，做好在职党员管理工作，对加强基层党组织建设，落实从严治党的意义重大。本文在对椿树街道开展在职党员到社区报到为群众服务的情况进行调研的基础上，总结了其工作开展的主要做法，梳理了推进在职党员进社区面临的困难，并提出相关建议，以期为充分发挥辖区在职党员的作用，推动社区与单位党建共建提供一些参考。

关键词： 椿树街道　在职党员　社区服务　基层党建

关于椿树街道开展"在职党员到社区报到为群众服务"活动的调研与思考

一 开展在职党员进社区活动具有重要意义

（一）推进在职党员进社区是加强党员管理的必然要求

通常情况下，在职党员的组织关系都在企事业单位、社会组织或其他机构，在工作层面上跟社区的联系很少甚至是没有，而当下早已不是单位制的管理模式，特别是体制外的单位主要是在工作方面对党员进行管理和约束，在此背景下，如何对人数众多、分布广泛的党员加以管理，尤其是工作时间之外的管理，对于塑造党的形象十分重要。社区作为党员生活所在地，是充分发挥党员先锋作用的重要阵地。组织开展在职党员进社区活动，能有效扩大党员管理的时间和空间范围，是对加强党员管理工作的新探索。另外，社区党组织与各个单位党组织还可以建立双向沟通机制，让每个党员无论是在单位还是在居住地，都能与党组织联系，受到组织管理，让党员随时都能受到党组织和人民群众的监督，充分发挥党员的先锋作用，调动党员参与社区建设的热情和积极性。

（二）推进在职党员进社区是密切党群关系的重要途径

开展在职党员到社区报到活动，使党员以一名志愿者的身份参与社区各项公益事业当中，能有效壮大社区党组织的服务力量，从根本上改善社区志愿者年龄偏大、文化水平偏低的问题，丰富社区的服务资源。同时，每名在职党员从事不同的工作岗位，具有各自的兴趣特长等，这些可以为社区带来多样化的服务项目，社区可以根据党员的自身情况组织他们认领服务岗位、确立服务对象，使在职党员近距离地接触群众、了解群众、服务群众，满足社区群众多样化的服务需求。通过这样的活动还能有效促进在职党员与社区党员、党员与群众、群众与群众之间的交流，拉近邻里之间的距离，是密切党群关系的重要途径。

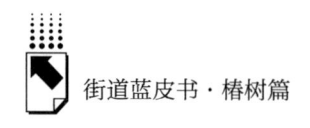

（三）推进在职党员进社区是壮大执政基础的有效方法

开展在职党员到社区报到活动，不仅仅是引进某个个别的党员，而是吸引了一个庞大的有创新思路的党员群体，他们不仅能发挥自身特长提供丰富的志愿服务，还能为党组织注入新鲜的血液，创新党组织活动方式，改变过去社区党建工作的单一和单调，逐渐形成内容丰富、形式多样的社区党建工作新模式。还能帮助社区整合党建工作资源，为社区带来驻区企事业单位的人力、财力、物力，盘活辖区现有资源，丰富社区党建活动载体。同时，党员利用工作以外的时间与群众交流，帮助群众解决生活中遇到的困难，能有效将广大人民群众凝聚到党组织周围，巩固和扩大党的群众基础，并有助于推动党员干部转变工作作风，构建以社区党组织为领导核心、党员干部为主要力量、各类社会主体共同参与的基层治理体系，为街道发展服务型党组织奠定基础。

二 椿树街道开展在职党员到社区报到为群众服务活动的情况

（一）椿树街道基本情况

开展在职党员进社区活动，是对党的群众路线教育实践活动的深化，更是加强企事业单位党组织建设和社区建设的一项重大举措，也是建设和谐社会的一项重要任务。2014年以来，椿树街道工委围绕区、街、社区"三级联创"和争创"五好"基层党组织（见图1）的要求，引导社区党委充分挖掘并发挥报到党组织与党员的作用，不断完善社区服务体系，以在群众路线教育实践活动中建立起来的党员先锋岗、志愿者服务队为助力，帮助社区党委组织党员到社区开展活动，推动社区与单位党建共建，探索出一条在职党员进社区服务群众的新路子。

椿树街道工委下辖7个社区党委。按照第二批党的群众路线教育实践活

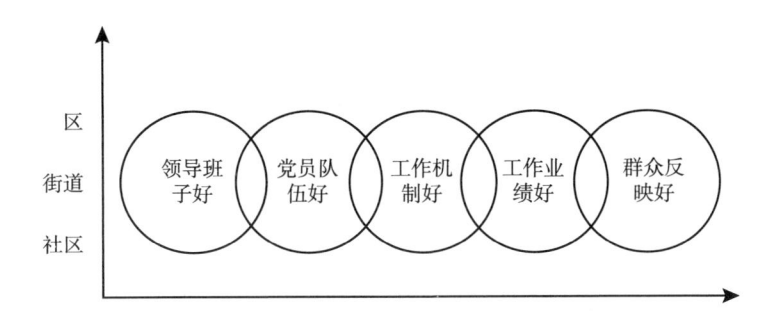

关于椿树街道开展"在职党员到社区报到为群众服务"活动的调研与思考

图1 "三级联创"和"五好"基层党组织

动要求，根据西城区委组织部、区委活动办的统筹安排，从2014年4月中旬开始，辖区市属、区属党组织和党员个人主动到街道7个社区报到，共包括36个党组织、1301名党员。其中市属单位4个、党员592人；区属单位32个、党员680人；以个人形式报到党员29人。另外，驻街中央单位国家新闻出版广电总局机关党委与四川营社区结成了共建帮扶对子。到社区报到的党组织和党员积极按照各社区党委岗位分工开展为群众服务工作，充分发挥报到党组织的先进服务作用和党员的先锋模范作用。

（二）三大举措推进在职党员进社区

1. 完善组织构架，明确党建目标，开展在职党员进社区服务工作

加强组织领导，制定工作方案。街道党工委组织建立了党员进社区工作领导小组，小组组长由党工委主要负责人担任，各社区党组织负责人为组员；办公室设在街道组织部门，由组织部门的负责人出任办公室主任。建立报到单位与社区联席会议制度，并设立联络员，负责单位与所在社区党建共建联络工作。并在此基础上，制定党员进社区工作方案，提出了有组织、按计划、分步骤实施党员进社区的工作思路。

明确党员职责，搭建活动平台。开展在职党员进社区活动，街道非常重视选定哪些服务内容，因为它是活动的重要工作环节。街道坚持充分发挥报到单位职能作用的原则，在活动之前先征求居民的意见，了解居民有哪些服务需求，在此基础上选择服务内容。各社区党委召开专门会议，精心筹划部

署，并根据服务主体特点和优势有针对性设置服务岗位，主要有志愿服务岗、为民服务岗、为老助老服务岗、安全保卫岗、党建指导岗、纪检监察培训岗、医疗文化宣传培训岗、社区环境维护岗、治安巡逻岗、便民服务岗等10余种、260余个服务岗位。这些为报到单位和党员充分发挥自身优势、有针对性地服务群众提供了有效平台。

提高思想认识，注重教育引导。2014年下半年，在开展在职党员到社区报到工作一段时间后，大部分党员能够认识到报到工作的重要性，能够通过各种方式很好地履行党员义务，参与到社区建设当中。但是也有一小部分党员由于思想认识不到位，或者不适应身份、职位和角色的变化，对报到工作响应不积极，甚至是认为"八小时"之外的时间应该由自己支配，党员进社区活动不过是形式主义，可去可不去，因此不能积极参与到社区活动当中。面对这些情况，街道工委主动与各报到党组织主要负责人沟通，从巩固党的组织基础维护党的形象的高度出发，对这少部分党员进行思教育引导，让他们意识到新形势下在职党员进社区服务、实行社会化管理的重要性和必要性，增强了他们配合做好此项工作的自觉性。

2. 创新工作方法，改进活动方式，不断丰富在职党员服务群众的内容

2014年以来，街道党工委坚持以居民需求为导向，从社区特点和实际情况出发，对活动方式不断进行探索和创新，丰富了在职党员服务群众的内容。

注重工作实效，调整活动方式，充分调动在职党员的积极性。在职党员当中有些人是单位领导干部，有些人是业务骨干，他们工作忙，很少有闲暇时间参与社区活动，针对这一特点，街道党工委、街道工委指导各社区党委有的放矢地安排在职党员参加社区活动。例如选择在"七一""十一"等重大节日安排党员到社区开展座谈，引导党员对个人的成长史进行回顾，重温入党时的情景，畅通各自的理想信念、成绩、贡献，共同探讨怎样去做一名合格党员，让他们在交谈中培养作为一名党员的荣誉感和自豪感，潜移默化受到教育。特别是在群众路线教育实践活动期间，有的社区协调前来报到党组织和党员，针对社区一些居住比较分散、健康状况不佳、行动

不便、不能参加学习活动的离退休党员干部，街道组织开展为老党员上门送书送学活动，及时把精神传达到每家每户，让在职党员参与到服务老党员的活动中来。

创造条件，挖掘潜力，为在职党员搭建发挥作用、展示能力的舞台。在职党员在社区居住多年，跟居民比较熟悉，而且对工作认真热情，街道充分发挥在职党员这一优势，并针对不同的人，发挥其不同的作用，让那些协调能力较强、敢于管事的党员参与民事调解、治安防范、综合治理等工作，让具有写作能力和组织能力的党员参与社区组宣和小区创建工作，在社区不同的岗位上大力开展各类便民利民服务，收到了教育在职党员和提升社区服务水平的双重效果。例如，在香炉营社区，社区党委组织在职党员成立治安巡逻队，有效预防和控制了各类事件发生，推进了平安社区建设。同时还聘请业务精、语言表达能力强、情况熟悉的党员组成用电知识宣传志愿者，参与社区共建活动。社区居民可以向他们咨询安全用电和节电节能知识，并编制了家庭用电常识汇编小册子，面向社区居民发放，受到了广大居民的欢迎。

3. 强化社区服务，创新活动载体，塑造城市文明新形象

紧紧围绕西城区争创全国文明城区和"活力、魅力、和谐"新西城的建设目标，奋力打造"六个椿树"品牌（即创新椿树、平安椿树、靓丽椿树、文化椿树、活力椿树、温馨椿树），探索社区建设工作新载体，努力从宏观和微观两方面入手塑造全新的城市形象。

坚持共驻共建的理念，在社区建设中实施道路硬化、小区亮化、边角美化的"三化"美容工程。贯彻实施和谐社区建设的思路，将城市规划、建设和管理的重心下移到社区，努力塑造新的社区形象。过去由于管理不当的原因，辖区一些街巷道路、小区出入口路段坑洼不平，一旦下雨就会导致路面积水，阻碍了附近居民的出行，给他们带来了很多的不方便。为此，街道工委把社区街巷道路的改造作为日常管理工作的重点，自2012年开始，经过与上级市政市容、城建等部门沟通协调，着手改造了与市民生活紧密联系的西操场胡同，对菜市口地铁站、骡马市电动车市场等区域进行了拆迁和沥青面层摊铺。在改造过程中，协调驻区单位党组织给予力所能及的人、财、

物力支持，发挥了报到党组织和党员的行业优势，使椿树街道的城市建设工作达到了事半功倍的效果。道路改造后，社区居民的满意度提升了，社会反响也非常好，对街道关心解决小区居民出行难的问题表示感谢。为了进一步深化文明社区创建活动，街道组织动员在职党员参与到社区环境卫生宣传月活动当中，既提高了居民维护社区环境的自觉性，又形成了垃圾进袋、装袋入箱的文明意识。针对社区绿化面积少，管理难等问题，从2013年起，开展了帮扶单位"认养一片绿地，新增一片绿地，消灭一处卫生死角"的"三个一"活动。城区亮化，是改善城市居民生活环境的需要，街道工委协调报到的首都电力集团，对平房区的胡同口进行了整体亮化，实实在在方便了居民出行。针对琉璃厂西街社区位于传统文化商业区，具有丰富历史文化底蕴的特点，协调共建单位统一规范并整治步行街和沿街景观，营造了琉璃厂地区具有独特文化魅力的人文环境。

树立为社区居民服务的意识，引导在职党员到社区积极参加有意义的活动。街道将发挥党员先锋模范作用与社区建设有机结合起来，尤其是在党的群众路线教育实践活动中，在社区设立党员先锋岗，及时帮助解决社区居民的困难。四川营社区集成熟高档小区、新建高档小区、拆迁区、中央单位、商业办公楼、小市场于一体，由层次多样、服务需求差距悬殊的居民组成。社区党委紧紧围绕服务资源和服务需求的有效对接问题，探索构建了"爱心汇"党员服务群众平台，首先得到了驻区中央单位——国家新闻出版广电总局的大力支持，社区牵头率先成立了国家新闻出版广电总局党员志愿服务队；随后，北京联通党员志愿服务队、国家电网首都电力党员志愿服务队纷纷成立，多支党员志愿服务队组成的社区"爱心汇"探索出了服务居民的新模式。志愿者不但陪老人看书读报，还带着社区老年人走出家门，到天津市周恩来邓颖超纪念馆、世界花卉大观园等地方参观游览。在传统节日中，更是将高龄空巢老人汇聚在一起，包粽子、包饺子、吃月饼，一起排歌练舞。志愿者们充分发挥自身的职业优势，在冬夏两季，走进居民家中，检查用电线路，确保安全用电，同时为高龄老人免费安装小夜灯，方便老人起夜。志愿者们经常在第一时间帮助居民解决断网、电话座机打不通电话等难题。仅2015年一年，社区就成立了三家党员志愿服务队，与六家单位共同举办了16场活动；共发展志愿者208名，开展志愿服务达到1000余人次。有了在职党员的加入，社区党组织的服务水平提高了，在社区居民心目中塑造了新形象，社区居民也更加信赖和拥护社区党组织。

加强党组织内部、党组织与党员及党员与党员之间的协调沟通，及时解决共建中的突出问题。随着社区党建工作的有序发展，社区党员队伍得以不断扩大，社区的工作责任也越来越大，工作任务越来越重。目前西城区各街道大部分社区的党委书记兼任主任，工作任务重，责任大，在实际工作中，有时候又会受到资金、人手等条件的限制，给社区工作带来了困难，阻碍了工作开展的进度。为了帮助他们工作，街道工委一方面要求党员干部主动上门服务，想方设法创造条件，帮助其克服困难，积极努力地去开展服务。另一方面，工委组织部门靠前指导，与多方深入沟通协调，充分发挥报到单位在职党员的作用，积极主动地与社区开展协调共建。如红线社区为了组织开展大型活动，以前不得不四处"化缘"，开展在职党员到社区报道活动之后，社区把困难和问题与北京联通党组织领导进行交流，得到了联通公司的支持和赞助，各项活动开展得顺利多了。椿树园社区是"奥运"社区，文体活动一直开展得比较丰富，但原来经常花钱聘请外面的老师或教练，住在社区的党员到社区报到后，有文体特长的同志自动请缨担负教学培训任务，无偿为社区活动提供服务，既保证了居民文体活动的多样性，同时较好地解决了社区的经费负担问题。

三 椿树街道开展在职党员进社区活动面临的主要问题

（一）在职党员对"进社区"的认识还不够全面

辖区单位及在职党员对参加社区党建工作不够重视，思想认识高度也不够，少数单位更是没有主动策划和积极开展党组织活动，容易搞形式主义，开展活动也是"走个过场"。部分在职党员对参与党组织活动也缺乏积极性和主导性,对参加社区活动的热情和意愿不高。总体来看,目前大部分在职党员只有"单位党员意识",没有"社区党员意识",没有意识到自己作为社区的一员,对社区建设有一份责任,没有意识到作为一名社区居民,参与社区活动既是权利也是义务,更没有意识到参与社区党建的重要性。

(二)社区党建活动参与率低

在职党员本身有自己的工作,单位有规范的党建活动,参与社区活动的次数有限,真正要参与到社区服务群众工作中来,必须要有很好的项目策划和活动组织。大部分在职党员在工作岗位上就是骨干力量,"共建"精力有限,工作本身就已经是满负荷运转,仅靠目前的"有意识、有目的"的活动,从精力和时间都很难达到正常有序开展工作的效果,在职党员进社区缺乏延续性是面临的一个主要问题。

(三)部分社区"共建"意识淡薄

一些社区开展在职党员进社区活动的积极性不高,少数仍停留在被动应付上,对在职党员参与社区党建缺乏有效的组织和安排。目前,各社区党组织书记抓党建的能力水平参差不齐,有的老书记动力不足、主动作为欠缺,有的新书记由于仓促补位、力不从心,年富力强、业务熟练的书记只占极少数,在一定程度上影响了基层党建工作的活力和水平。另外,在面对加强服务型党组织建设、创新党组织服务群众方式、共建共治等新课题时,有时会出现力不从心、抓工作不能得心应手的情况。

(四)双向管理落实难

加强在职党员管理,就是要让社区党组织对在职党员工作之余的社区生活进行管理和监督,实现单位和社区的双向管理。而实际工作中,对在职党员实行单位与社区双重管理、监督的制度、模式尚未真正形成,这是在职党员进社区很难推动落实的主要原因之一。

四 各地推进在职党员进社区的实践探索

各地在推动基层党建和社会领域共建共治的背景下，普遍开展了在职党员进社区活动，也探索了一些有效的作法，可以为椿树街道开展相关工作提供一定的借鉴。

（一）上海徐汇区凌云街道：以互联网为依托，推进在职党员进社区

上海市徐汇区凌云街道总面积3.58平方公里，属于老式居住社区，辖区内共有56个自然小区和28家居委会，区域单位党组织达45家。街道为了夯实基层党建基础，开展"在职党员进社区，服务群众零距离"活动，在辖区内设立了28个在职党员联络站，通过健全机制、定岗定责、丰富党建载体等措施推进在职党员进社区工作，共吸引了1300多名在职党员到社区报到，认领公益岗位、为社区居民服务，完善了党员管理机制。

1. 借助信息技术，打造"党建文化"宣传平台

凌云街道一直重视培养在职党员的归属感、荣誉感和获得感，借助微信公众号向党员推送结合"两学一做"、党的十九大精神、文明城区创建、小区综合治理等相关知识，并借助社区党校、书记工作室、党员"四季"行动等社区党建平台载体，加强党员之间的互动、交流和学习，帮助在职党员真正融入社区，共同携手打造和谐有序的社区生活共同体。

2. 针对在职党员，建立报到党员信息库

凌云街道首先进行了摸底调查，了解辖区在职党员数量，并建立"一表一卡"制度。其次，借助微信平台发布在职党员服务社区菜单，由党员自由认领服务岗位。最后，建立报到登记、服务纪实、通报评议、考核奖励等制度，并向辖区居民进行公示，由群众对党员的服务情况进行监督。

3. 以需求为导向，实施科学定岗

根据辖区居民的需求、社区实际情况以及在职党员的特点，开展"三

个一"活动，即"认一岗""献一策""办一事"，由社区党组织设立宣传教育、法律咨询、贫困帮扶、治安巡逻、纠纷调解等岗位，在职党员根据自身特长和兴趣自行选岗、认岗。同时，充分挖掘在职党员的创新能力，为社区献计献策。号召党员利用闲暇时间为居民办好事办实事。

4. 明确组织架构，实施网格化管理

建立在职党员联络站，并设置1名站长、1~2名副站长、若干名分站长，在每个下属分站中还设置了组长和联络员，将辖区划分为若干个网格，分块联系每个包干区内的在职党员，形成组织架构明晰、上下传达顺畅的网格化管理模式。而且有些在职党员来自"两新"组织、共建单位，这就促进了在职党员管理、"两新"党组织建设和区域化党建之间的交叉和衔接，有效推进了基层党组织建设。

（二）沈阳市沈北新区：推进在职党员进社区常态化

沈阳市沈北新区在"进社区、亮身份，作表率、树形象"活动中，通过建立积分评比机制、双向管理机制等，充分调动单位党组织、社区党组织和在职党员的积极性，引导在职党员在八小时以外为社区群众服务。

1. 建立积分评比机制

沈北新区根据活动需求，由区委建立社区服务档案，再由街道党工委和各党组成立考评小组对党员参加活动情况和发挥作用情况进行记录备案，进行积分排名，年末累计积分情况进行积分量化考评，并把最终结果反馈给党员所在单位党组织，作为该党员年度民主评议的重要依据。

2. 建立"双向"管理机制

沈北新区在社区和驻区单位之间建立"双向"联动、"双向"管理、"双向"反馈机制，社区党组织通过志愿活动服务站组织在职党员开展志愿服务活动，单位党组织定期对社区服务情况进行了解和掌握，调动党员积极性，实现"双向"联动。并建立单位党组织主管、社区党组织协管的在职党员"双向"管理机制。区委建立工作反馈机制，由在职党员工作单位的党组织向社区党组织反馈党员的基本情况，社区党支部根据党员参与社区活动情况向单位党组织提供反馈卡,实现"双向"反馈。

3. 建立设岗定责机制

社区党组织结合"承诺践诺"活动,根据在职党员个人的情况,设置服务岗位,将他们编入社区党员志愿者服务队伍,为社区居民解决生活中的困难,有效增加党员、群众与社区干部之间的沟通和交流,拉近党群关系,获得了群众的广泛认可。

五 关于椿树街道强化在职党员进社区工作的几点建议

在职党员进社区是强化党的全面领导、发挥党组织优势、密切党群关系、整合党建资源的重大创新,是落实党建引领基层治理创新的重要任务,应着力提升在职党员进社区的效果,并重点从以下几方面抓好落实。

(一)抓思想建设,营造在职党员进社区的氛围

加强社区党建工作,是对党的十八大和十八届三中、四中、五中全会以及十九大精神的贯彻落实,是对我们党执政地位的巩固,能有效推进和谐社区建设。针对少数在职党员对此项活动认识不到位等现象,建议街道要抓党员的思想建设,通过制度来统一党员的思想认识,提高在职党员参与社区活动的自觉性。同时,要树立"四种意识"。一是核心意识。社区党委是社区治理和社区建设的领导核心,要充分发挥好其核心作用,增强党组织的影响力和号召力。二是主人意识。要让每个居民认识到他们是社区的一分子,单位也是社区的组成细胞,都应该是社区工作的参与者,对社区建设均有一份责任和义务,帮助他们树立社区责任观念。三是共建意识。在加强基层党组织建设工作中,要注重发挥社区、在职党员、辖区单位的作用,实现资源共享、优势互补,建立统筹协调机制和社区党建联席会议制度,定期召开联席会,密切社区党委与单位党组织、在职党员的联系,充分调动在职党员参与社区建设的积极性。四是服务意识。开展在职党员进社区活动的目的就是要服务群众、满足居民需求、帮助居民解决生活困难。因此要不断增强在职党

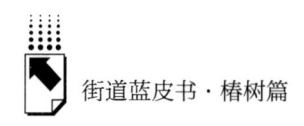

员及党组织的服务意识，在工作中以人民为中心，及时了解和掌握社区居民的诉求，倾听居民的心声，做到想民之所想、急民之所急，着力解决居民群众的问题，以自己的实际行动密切党和人民群众的血肉联系。

（二）抓党员管理，实现"要我去"到"我要去"的转变

一方面到社区报到的党组织要把思想政治建设放在首位。将党员的权利和义务进行有机结合，通过健全组织活动，提高党员到社区服务的积极性，使之成为社区建设的重要骨干力量。在党员教育管理上，将传统教育方式与现代教育方式相结合，如开展党建座谈会、健全党组织"三会一课"制度、建立党建网上交流平台等，提升党组织教育管理党员的能力和水平。另一方面还可以建立社区和单位的双重管理制度，建立社区在职党员名册，记录在职党员的职业特点和特长等基本情况，同时根据党员在社区活动中的表现，进行跟踪记录，定期与党员所在单位党组织进行反馈沟通。

（三）抓教育培训，增强社区党组织推动共建的能力

要通过教育培训，充分调动社区党组织开展在职党员到社区服务群众的积极性，主动和共建单位党组织深入沟通谋划，以双方能够共同做好的党建工作或者一致的党建目标为结合点，充分利用社区、辖区内各单位、各部门的资源，努力建立共建、共享、共用的社区公共资源管理机制。要加大对社区党组织书记和班子成员抓党建工作的培训力度，采取送专业院校学习、街道工委组织集中培训、党务工作者岗位学习锻炼相结合的模式，进一步提升社区党务工作者组织、协调党员服务群众活动的能力和水平，真正起到在职党员到社区报到工作的桥梁纽带作用，为到社区报到的党组织和党员提供灵活多样、方便实用的服务平台。

（四）抓机制，保证在职党员进社区活动的经常性

推进在职党员进社区工作要抓好领导机制的落实。社区党委引导共建单位党支部负责人定期开展、部署党建活动，经常性研究党建工作方案。同时

加强党支部负责人对在职党员进社区工作的领导和指导，随时了解和掌握在职党员进社区服务群众的情况，帮助在职党员解决参与社区工作面临的困难和问题，特别是党员个人进社区服务难的现实问题。另外，还要建立有效的考核监督机制，将在职党员进社区情况纳入年终党建工作考核中，将党员进社区活动作为支部和党员评先评优的主要依据之一，获得先进的给予精神与物质方面的奖励。

参考文献

中共西城区委椿树街道工委课题组：《推进在职党员到社区报到为群众服务工作中的实践与思考》，北京市西城区椿树街道办事处，2015年12月。

中共北京市西城区委组织部、中共北京市西城区委社会工作委员会：《关于进一步开展在职党员到社区报到为群众服务的实施方案》（西组字〔2014〕9号），2014年4月4日。

《徐汇区凌云街道：在职党员进社区 服务群众零距离》，上海基层党建网，http：//www.shshjs.gov.cn/shjs/node7/u1ai114249.html，2018年2月26日。

沈汝滨：《推进在职党员进社区活动常态化》，《共产党员》2014年第6期。

李伟：《大同市在职党员社区活动的实践与探索》，天津师范大学硕士学位论文，2015。

B.9
关于建立非公企业党组织发挥作用工作机制的探索

——以椿树街道为例

摘　要： 在经济不断发展和改革开放深入推进的背景下，非公有制企业已经逐渐成为推动我国经济发展的主要动力，在经济和社会结构中所占有的地位以及发挥的作用日益凸显。新形势下，非公有制企业党组织建设已经成为党建工作的重要领域，如何使非公党组织的作用得到充分发挥也就成为基层组织建设面临的重要课题。本文在对椿树街道非公有制企业开展党建情况进行调研的基础上，梳理了椿树街道加强非公有制企业党建工作的基本举措，总结了其在推进非公有制企业党建工作中存在的困难和挑战，并有针对性地提出相关建议，以期为椿树街道充分发挥非公有制企业党组织的作用提供决策参考。

关键词： 基层党建　非公企业　组织覆盖

一　党组织建设与非公有制企业

（一）党组织在非公有制企业中的地位

1978年改革开放实施之后，非公有制企业成为我国社会主义市场经济

关于建立非公企业党组织发挥作用工作机制的探索

中新的经济组织，如今已经成为推动我国社会发展的重要动力。非公有制企业主要包括个体、私营企业、外资企业等，一般来讲就是非政府占主导地位的企业。中国共产党是我国社会主义事业的领导者，主要通过宏观的政策制定等手段来引导和监督非公有制企业的发展。非公有制企业党组织建设就是在非公有制企业中开展党的建设工作，促进非公有制经济领域的党员与党组织保持紧密的联系，引导非公有制经济向社会主义经济建设的发展目标不断迈进。

与公有制企业党建相比，非公有制企业党建有着明显的不同。在公有制企业中，党组织可以直接参与到企业的重大决策当中去，在企业的经营中承担着重要的职责。而非公有制企业属于私人经济领域，党组织只能间接地参与企业经营相关的事项，对企业起到帮助和监督的作用。由此可见，非公有制企业开展党建工作比较特殊。党组织独立存在于企业当中，归上级党组织管理，虽然与企业没有直接的隶属关系，属于不同组织体系，但是党组织却依托于企业而存在。在实际工作中，非公企业的党务工作者都是企业的员工，在开展党建工作时必然会考虑上级领导的意图，而且同事之间地位平等，没有服从关系的约束。同时，很多非公企业对党组织建设工作的重视程度不够，党务工作者一般是利用业余时间开展党务工作。在这样相对复杂的环境下，非公有制企业党建工作推进有一定的难度，因此要处理好企业内部的各类关系，以确保党建工作的顺利开展。

2000年，中组部颁布了《关于在个体和私营等非公有制经济组织中加强党的建设工作的意见（试行）》，提出"充分认识加强非公有制经济组织党建工作的重要性和紧迫性、在非公有制经济组织中加强党建工作的指导思想和原则、抓紧在非公有制经济组织中建立健全党的组织、进一步明确非公有制经济组织中党组织的地位作用和职责任务、加强非公有制经济组织中党组织的自身建设、加强对非公有制经济组织党建工作的领导"等要求。2003年，全国非公有制企业党建工作经验交流会在北京召开，对改革开放后非公有制企业党建工作取得的经验和成效进行了系统总结，并首次明确提出针对非公有制经济组织党建工作的具体要求。2012年，中共中央办公厅印发《关于加强和改进非公有制企业党的建设工作的意见（试行）》，围绕非公有制企业党组织的功能定位、领导体制和工作机制、组织和工作覆盖、党组织和党员发挥作用的有效途径、党务工作者队伍建设、教育引导非公有制企业出资人等内容，对加强和改进非公有制企业党建工作提出了详细的意见。同年，中共北京市委出台了《关于进一步加强和改进非公有制企业党的建设工作的意见》，明确提出"扩大'两个覆盖'、发挥'两个作用'、建设'两支队伍'"三个重要目标（见图1）。

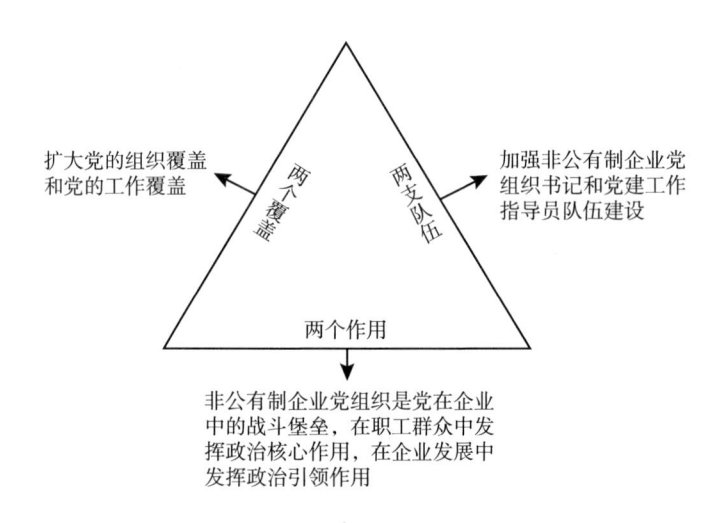

图1 北京市委提出加强和改进非公有制企业党建的三大目标

（二）非公有制企业党组织的功能和作用

非公有制企业党组织是党和非公有制企业之间联系的桥梁和纽带，既是党在非公有制企业中的战斗堡垒，又能有效保证非公有制企业正确的政治方向，推进非公有制企业的经济健康发展，建立和谐稳定的劳资关系，维护企业和员工的合法权益。

1. 保证非公有制企业正确的政治方向

随着社会的转型，新常态下非公有制企业面临着复杂的内外环境，要想推进企业的健康发展和转型升级，首要任务就是要保持正确的政治方向。这就需要发挥党组织的优势,向企业传达党和国家的政策方针,并建立学习制度,组织党员和企业员工学习党的思想和国家法律法规,引导和督促企业合法经营。同时,还可以将社会主义核心价值观与企业核心的价值理念相融合,把党建文化融入企业文化建设当中,增强企业工作人员的社会公德心、职业道德、团队意识、责任意识和进取意识,提高员工的政治思想觉悟,增强企业的文化软实力,使员工紧密围绕在党组织周围,确保企业朝着正确的政治方向发展。

2. 有效促进非公有制企业的经济发展

开展党建工作的目的就是要服务经济社会发展,这是党组织的政治任务。党的十九大报告明确提出"毫不动摇鼓励、支持、引导非公有制经济发展","构建新型政商关系,促进非公有制经济健康发展和非公有制经济人士健康成长"。非公有制企业党组织是为促进企业发展服务的,因此,党组织要与企业管理层建立密切的沟通联系机制,帮助企业理清发展思路、制定发展规划,积极参与到企业经营当中。同时,还要积极发挥党组织的政治优势和党员的先锋模范作用,不断促进企业持续、健康、高质量发展。

3. 促进劳资关系和谐

非公企业党组织的政治属性,决定了党组织要在企业中起到"润滑剂"的作用,承担协调企业内部各方面利益的工作。首先,党组织可以引导非公企业处理好内部及外部各方面的关系,如企业与政府、企业与员工等。确保企业做到遵纪守法、依法纳税。其次,帮助企业及时了解员工的思想动态,增加企业与企业职工的沟通和交流,化解员工之间的矛盾,为员工工作和企业发展营造和谐的环境。最后,党组织可以维护员工的合法权益,帮助员工解决生活和工作中遇到的难题,让员工感受到党组织的温暖。

二 椿树街道推进非公企业党建的探索与实践

非公有制经济是我国社会主义市场经济的重要组成部分,对促进国民经济增长起到了积极作用,也给党的基层组织建设带来了许多新情况、新问题。在当前新形势、新任务的要求下，如何发挥非公有制企业党组织作用仍然是基层党建面临的重要课题。为此，椿树街道按照"围绕发展抓党建，抓好党建促发展"的非公有制党建工作整体思路，在企业中开展各种活动，实现了党的工作全覆盖，有效发挥了党组织在非公有制企业中的活力，增强了非公有制企业党组织的创造力、凝聚力和战斗力，为企业的健康快速发展提供了强有力的组织保障。

（一）椿树街道非公企业党建的基本情况

椿树街道非公有制企业分布主要以海格大厦、富卓大厦和庄胜广场三座商务楼宇为主，总建筑面积达40万平方米，其中用于商务出租的有17万平方米；共有非公有制企业241家，其中私有制控制企业192家，港澳台商经济控制企业2家，独立法人单位140家，分支机构101家，职工5140人。已建立非公有制企业党组织37个，其中企业独立建立党支部16个，联合党支部2个，"功能型"党组织19个，现有党员180名。

（二）三大举措推进非公有制企业党建

1. 秉持四大理念，统一企业员工思想

树立党建是服务的理念。椿树街道把服务企业员工作为基本的出发点和落脚点，按照"需求—服务—发展"的思路，推进楼宇党建工作。将党建工作融入服务中，这既是理论问题，也是实践问题。椿树街道不断摸索，逐步建立非公党建指导员定期走访非公企业的工作制度，即党建指导员定期走访联系单位；就某项工作党建指导员深入单位，把党建工作办公现场前移到企业，及时了解非公企业党建工作的基本情况，发现新问题，掌握新动向，增强工作的针对性，有效提高了工作效率和工作质量。比如，在"两学一做"学习教育活动中，为了让非公企业全体党员及时了解并积极参加到教育活动中来，从动员到学习文件；从查摆问题到组织生活会的召开；从各类表格的填报到各种文字材料撰写，党建指导员多次往返非公企业动员、协调、讲解、沟通，送文件、送书籍、传达各级党组织指示精神，确保学习教育活动在非公企业不留死角,确保街道工委学习教育活动工作部署在非公企业贯彻落实。

树立党建是管理的理念。党建也是一种管理,主要体现在以下两个层面上。其一,椿树街道通过党建工作抓住生产力中最活跃的因素,那就是人,不断提高员工的积极性和创造性,充分发挥党建工作的优势,通过思想政治工作充分发挥党员的先锋模范作用,提高组织的战斗力,以党员的先进性带动员工的积极性。其二,椿树街道鼓励引导非公企业党建在推动和谐企业文化建设方面发挥作用。企业文化可分为三个层面。一是物质层面,它属于表层文化,即企业形象,包括企业名称、企业标识、品牌标志、产品外观、产品的知名度和美誉度等。二是制度层面,它属于浅层文化,即企业行为,包括机构设置、企业管理模式、生产经营等企业观念和团队氛围,还包括企业品牌质量观、效益观、经营观、服务观等企业对相关问题的看法。三是精神层面。它属于深层文化,是企业要达到的终极价值目标,包括员工对企业目标的认同感、员工对企业的使命感、企业经营者和员工的人生追求等。

树立党建是资源的理念。按照现代经营理念,企业发展的资源不仅是传统意义上的人、财、物、技术、管理等,还应包括时间资源和空间资源。其中空间资源除了传统意义的市场资源之外,还涵盖企业外部的政治环境、政策环境、法制环境、文化环境、人文环境等。椿树街道充分发挥党群活动服务中心独特的地位和作用,与相关部门、各种社会组织、专家学者进行联系沟通,通过推进楼宇和谐文化建设,搭建"五站合一"① 工作平台,为企业营造良好的外部经营环境,为广大非公企业的健康运营和发展提供更多的优质资源,满足了广大企业对政策、信息、管理资源、法律服务、人才等方面的支持需求。比如,党建工作站根据所辖支部不同行业的性质和企业特点,借助党建工作渠道,先后推荐"北京市惠佳丰劳务服务有限公司"综合家

---

① "五站合一"即在商务楼宇中建立集党建工作站、工会服务站、团建工作站、妇女工作站、社会服务站于一体,旨在建立顺应时代发展的党建带动、工会联动、团建妇建促动、社会工作推动的楼宇党建工作新格局。

政服务;"北京金峰国际旅行社"特色旅游服务,编入《西城区商务楼宇精品服务指南》,扩大了企业知名度。推介"北京市华大工商企业总公司"商品配送服务项目进楼宇、进社区,扩充了企业服务对象和范围,实现了资源共享。

树立开门搞党建的理念。习近平同志提出,"执政党的最大危险就是脱离群众"。他曾提醒全党"密切联系群众是我们党最大的政治优势,脱离群众是我们党执政后的最大危险"。并明确提出,"我们要坚持以人为本、执政为民,接地气、通下情,想群众之所想,急群众之所急,解群众之所忧。""我们要随时倾听群众的呼声、回应人民期待"。椿树街道在推进楼宇党建以及"五站合一"一体化工作中,始终坚持群众路线,依靠广大企业员工的参与和监督,开门搞党建,使党组织真正成为推动发展、服务群众、凝聚人心、促进和谐的坚强战斗堡垒。为此,街道采取了一系列措施,尽可能多的吸收企业员工参与到以党建为龙头的"五站合一"工作实践中来,积极为非公企业建立党支部、工会、青年汇等,让企业党员、员工兼职担当,"五站"的工作人员多数是从机关、企事业单位退休返聘,具有丰富经验的老同志。采取这样的人员组织架构,进一步提升了企业员工自我管理、自我服务的水平,扩大党建工作和"五站"工作的透明度、覆盖面和影响力。同时更直接准确地了解把握企业员工的客观需求,使"五站"工作更有针对性和实效性。企业员工通过参与楼宇社会工作,彰显人生价值,提升热心公益、服务社会的自觉程度和能力,提升了员工素质,发现培养了骨干,促进了党员队伍的发展壮大。

2. 创新工作机制,将党建工作与企业经营工作有机结合

非公企业的性质决定了他们对市场更敏感,对经营生产更重视,对利润最大化的追求胜过其他工作,由此使得非公党建在企业不被重视,有些单位党建工作排不上单位工作日程,更有些单位把党建工作游离于企业工作之外,视之为额外负担。传统的党建工作模式和工作方法,对非公领域党建工作的新问题、新情况已不能完全适用。

为此,椿树街道从党建工作站入手不断创新调整党建工作机制,抓住企

业经营与党组织活动这个主要矛盾,改变以往党建会议只谈党建不涉企业经营的做法,将党的会议与企业经营相结合,会议内容紧紧围绕着企业的经营发展这个主题,提供信息、政策、智力、精神方面的支持,跳出了以往非公党建工作与企业经营不相关、管不着、不让管、两张皮的状况,使非公党建在企业发展的同时得到提升,逐步充满活力。

北京市裕昌置业股份有限公司党支部,现在是北京市非公企业先进党支部,这家公司是股份制企业,主营房地产开发,该支部共有6名党员,分散在多地办公。公司具备典型民营企业的特点,企业以经济效益为中心,企业其他工作都要服从经营工作;企业党员员工数量少,工作量大,一人多岗多职。这些综合因素导致该支部工作长期处于"不推不动,紧推才动"的被动局面。针对这种情况椿树街道没有简单地批评和放任,而是走进企业,走近工作人员,了解企业经营,关心企业难点,设身处地为企业着想,并为企业带去他们关注的信息和其他相关企业开展党建工作的好做法。帮助该支部合理安排时间,利用多种形式特别是现代通信工具和多媒体组织党员开展活动,尽量不影响或少影响企业经营工作,赢得了企业的认可,调动了支部书记和工作人员的积极性,改变了被动的工作局面。

3. 拓展活动载体,利用公共资源把党建工作主动融入企业建设之中

一是实行交叉任职,服务企业做好决策。非公有制经济的快速发展不仅给全辖区党建工作提出了新课题、新要求,同时也给予了街道不可多得的机遇和挑战。椿树街道坚持从强化实行交叉任职入手,不断加大推动工作的力度。从非公企业党组织成立之初,就指导企业建立一种充分发挥作用的内部机制,一方面实行党组织成员与企业班子成员交叉任职,另一方面,企业重大决策,必须经过党组织讨论通过。从机制上为企业党组织发挥作用奠定了基础。在北京裕昌置业股份有限公司党支部6名党员中,集团总裁任党支部书记,其他还有3名党员是集团中高层管理人员和部门负责人;2名党员是在生产一线子公司任职。这样一来,通过党组织成员与企业领导人员在职务上的相互渗透,不仅为党组织参与企业决策提供了便利条件,而且为提高企业处理突发事件能力,确保企业在紧要关头能平稳过渡提供了保证,成为企

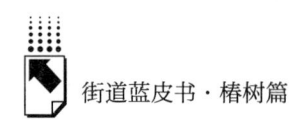

业的主心骨。

二是开展主题活动，协助企业搞好建设。党的十八大以来，各级党委、政府不断加强社会领域各项工作的力度，工作体系不断完善，不断创新，为社会领域党建、工会、共青团、妇女和社会其他组织壮大发展，开展活动提供了良好的社会氛围和必要的物质保障。椿树街道党群活动服务中心以"五站合一""七大服务"① 为依托，充分利用公共资源，拓宽非公党建工作渠道，以党建工作为龙头，把党建工作主动融入、延伸到企业建设中，实现了党建促工建、带团建、带群建的良好氛围。

三是加强思想建设，塑造企业精神面貌。一直以来，椿树街道工委要求各非公企业党组织坚持以"围绕发展抓党建，抓好党建促发展"为己任，着力培养、倡导优秀的企业文化和企业精神。加强思想政治教育，结合"两学一做"学习教育等，充分调动企业职工的主人翁意识，抛弃被雇用心理，使职工每做一件事都要明确"做什么""为什么做""怎样做""怎样做了对国家有好处""为国家做贡献的事就在你岗位上"，并引导企业领导处处关心职工、爱护职工、理解职工、尊重职工，为职工创造安居乐业的生活环境。这些都犹如"看不见的手"，激发着企业职工自觉的主人翁意识和持久的劳动热情。北京庄胜房地产党支部组织全体党员对中央、市、区、街"两学一做"的内容学习后，组织党员理论骨干分组对全体职工针对当前党的新精神进行讨论，并由党支部书记结合实际为所在支部党员讲党课，积极倡导和号召党员真正以党员的模范带头作用影响全体职工，使全体职工及时了解到了国家的大政方针，努力干好本职工作的劲头更足了。

四是加强文化建设，提炼企业精神。倡导各非公企业党组织根据自身实际，注重以创业理念和深化企业文化内涵为重点，强化政治思想工作和文化宣传，从而陶冶职工情操，增强企业发展的内在动力。北京磊鑫建筑工程有限公司提出"力求点石成金，诚信服务社会，营造绿色环境，共享完美人

---

① "七大服务"即党建服务、经济服务、文体服务、行政服务、法律服务、信息服务、和谐服务。

生"的企业经营方针,这一口号的提出,极大地鼓舞了公司干部职工的干劲。通过"四讲四有"① 党员员工建设及坚持经常性地对广大职工进行爱国、爱厂、爱岗位和艰苦创业教育,把党的主张、决策目标变成员工的自觉行动。通过企业文化的塑造,不仅让各个企业更加明确了发展的方向,提高了依法经营的自觉性,增强了发展的后劲,更为各个企业的发展创造了"人和"的良好环境,从而使企业经营规模不断扩大,经济实力不断增强。

三 椿树街道在推进非公有制企业党建工作中面临的困难和挑战

(一)非公企业党建工作开展总体不平衡

非公企业党建工作开展总体不平衡主要表现在两个方面。第一,与新近发展起来的非公有制企业党组织建设相比,原国有企业、集体企业改制后组建的非公企业党组织建设本应更加规范,但受制于思想束缚,党建效果并不十分突出;第二,与规模以上企业相比,规模以下企业生产规模不大,从业人员流动性较大,给党建工作带来了一定的困难,致使党建工作往往流于形式,出现"雨过地皮湿"的现象。

(二)非公企业对党组织的作用和地位认识依然不明确

一些非公企业经营者认为,非公企业已经逐渐成为产权清晰、权责明确、独立自主、自负盈亏的市场主体,只要遵守国家法律法规、依法缴纳税款就行,对党组织在企业中的定位并不明确,认为党组织对企业的作用不大。因此,在有的非公企业里,党组织的地位排在董事会、工会之后,难以

---

① "四讲四有"指的是:讲政治、有信念,讲规矩、有纪律,讲道德、有品行,讲奉献、有作为。

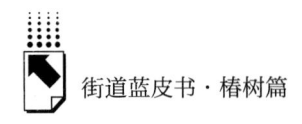

对企业的发展发挥引导、监督的功能，而在民营企业中，更是经营者主导一切，致使党建积极性受到严重挫伤。

（三）非公企业党组织自身建设和发展存在困难

在许多非公有制企业中，党员教育管理的工作相对滞后，党组织工作内容和活动形式都比较单一、陈旧，还停留在学习领导讲话、读书看报等形式上，不仅导致党员参与党建的积极性不高，党组织对入党积极分子和群众的吸引力不够，甚至还造成少数党员游离于党组织之外，党员教育管理难以实施，党费收缴存在困难。与此同时，由于非公有制企业的党组织开展活动需要企业提供一定的物质支持，因而在开展工作和活动时往往缺乏独立性，一味迎合企业主。还有的非公有制企业没有把党建工作和企业生产经营结合起来，导致了党建工作和企业发展"两张皮"现象。

（四）少数党员理想信念不够坚定

在非公有制企业中，有些党员对自己的党员身份持冷漠态度，淡化了宗旨观念，组织纪律松散。受雇用关系的支配，党员个体的地位和作用也变得模糊不清，少数党员甚至为了职业需要而心甘情愿地成为"隐形党员"，只追求现实的经济利益，没有把个人的发展目标和党的建设目标有机结合起来，不愿意以党员的身份公开活动。同时，由于非公企业的党员流动性比较大，有的党员成为"口袋党员"，不参加组织生活，党员意识逐渐淡薄。

四 国内其他地区非公企业党建的经验借鉴

（一）浙江省杭州市西湖区：打造"云企业党建"品牌，加强互联网行业党建

近年来，西湖区互联网行业发展迅猛，形成了包括云栖小镇、西溪谷互

联网金融小镇等在内的互联网企业聚集区，更是有独角兽企业[①]和准独角兽企业60多家。因此，要强化党对互联网企业的引领作用，实现党建工作与企业发展的互相促进、共同发展。

1. 建立互联网业联合党委

联合党委隶属区委两新工委，工委专职副书记任联合党委书记。建立党建联席会议、协同走访沟通、双向沟通服务等机制，负责全面协调统筹、指导辖区内互联网企业的党建工作。

2. 成立互联网企业出资人联谊会

区域内大部门互联网企业的出资人都不是党员，即使是党员出资人也不是党组织书记，针对这种情况，西湖区成立了互联网企业出资人联谊会，加强了对出资人的教育和引导，增进了企业对党建工作的理解和重视。

3. 以"实体＋虚拟"的方式优化党组织建设

西湖区通过走访、调研、指导、协调等方式，帮助企业理清党建思路，推动非公企业党建工作。成立党建联盟，开展红色驿站、橙色公益、蓝色互联、绿色共享、金色示范等"五彩行动"，由企业党组织轮流开展活动。以互联网为依托开展党建工作。借助美丽西湖信息系统，建立健全党员基础信息库，并减少智慧党建平台，开展党员的组织关系接转、党组织生活、党费收缴、志愿服务等工作。通过党建微信群、网上党校、党建微博等，加强党员之间的互动交流，推动网上学习，实现党建工作网络化、智慧化。

4. 推进党建工作标准化

全面落实"主题党日""三会一课"等党内组织生活基本制度，不断增强辖区党组织规范化水平。结合辖区实际情况，推进党组织架构、力量配备、活动阵地、党员教育管理、党组织活动等方面的规范化建设。建立健全责任考核、困难帮扶、党建指导等制度，实现非公企业党组织的标准化建设。

---

① 独角兽企业被认为是2013年风险投资家AileenLee创造出来的概念。简单定义就是估值在10亿美元以上的初创企业，也有投资机构将"初创"定义为成立不到10年。一般指稀缺珍贵、具有发展速度快、投资者竞相追求等属性的创业企业。

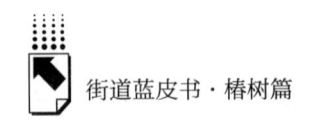

（二）辽宁省抚顺县：点线面相结合，激发非公有制企业党建新活力

抚顺县不断贯彻落实党中央、省、市关于非公企业党建工作的要求和部署，从点抓起、连点成线、扩线成面，形成点线面相结合、全方位、立体式的非公党建工作格局，扩大了党组织覆盖面，进一步推进地区非公企业党建工作。

1. 找准"着力点"，加强非公党建工作水平

按照"双强六好"标准，制定了非公企业党建"对标比学"活动方案和考评标准。非公企业逐条对照，查找企业自身在党建方面的不足，并逐项进行整改。并学习借鉴其他地区先进党组织党建经验做法，找出差距，对标改进，借鉴经验。建设标准化的非公党建示范点，创建一批省、市、县级非公党建示范点，发挥好其引领示范作用。

2. 用好"两条线"，激发非公党建工作活力

一条线是上下联动、左右协同的"连接线"。根据当前非公党建的新目标和新任务，对非公企业党建工作领导小组进行调整，并理顺抚顺县非公有制企业和社会组织工作委员会组织结构，调整其成员单位。在乡镇成立非公综合党委，明确乡镇非公综合党委以及工作委员的职责。同时建立定期例会、目标考核、专项述职等制度，有效推进非公有制企业党建工作。

另一条线是党建+文化的"连心线"。借助公益活动、志愿服务等，在党支部和员工之间建立"连心线"，提高党组织凝聚力。并以各类文化主题教育活动为依托，对非公企业特色文化进行宣传推介，培育特色党建文化品牌，提升了党建文化的影响力。

3. 扩大"覆盖面"，创新非公党建工作格局

按照"非公企业在哪里，党组织就覆盖到哪里、党的工作就开展到哪里"的目标，抚顺县不断扩大党组织的覆盖面和党建工作的覆盖面。在地区非公企业中，党工委根据不同的情况，通过单独组建、联合组建、选派指导员、乡镇综合党委兜底覆盖等形式建立党组织，并在不具备建设党组织条

件的非公企业中,通过派驻党建指导员的方式实现双覆盖,切实扩大了党组织和党建工作的覆盖面。

五 椿树街道进一步加强非公有制企业党建的建议

(一)抓好"五支队伍",努力拓展非公企业党组织建设和发展空间

楼宇党建是非公企业的党建工作的重要抓手,特别是大量的中小企业党建工作还有很大的拓展空间。因此,一方面要与中小型企业的负责人取得联系,力争与其建立党建联席会议制度,进一步扩大党建工作覆盖范围。另一方面对已经成立的非公企业党组织的公司,深化党建工作内容,抓好"五支队伍"建设,提升整体素质。一是党员队伍建设。党员队伍建设是非公企业党组织建设的基础性工作,是其他一切工作的基础,其重要性不言而喻,因此,提供党员的党性修养,增强党性观念,规范党员管理工作,进而加强非公企业党员队伍建设。二是党组织带头人队伍建设。党组织带头人队伍建设是非公企业党组织建设的关键性工作,因此,要选择能力强、党性观念强、信念坚定、善管理的党建带头人。三是企业经营者队伍建设。经营者是企业的领导核心,党建工作得到企业经营者的支持和帮助,党建工作就会开展得比较顺利,因此要加强经营者的教育和引导。四是企业职工队伍建设。职工推动着企业的发展,要发挥党政思想教育的优势,引导他们积极投身到企业的生产经营当中,可以使企业得到更好的发展。五是党务工作者队伍建设。建立一支优秀的非公企业党务工作者队伍,能够很好地开展党员教育,丰富党组织活动内容,对推进非公企业党建工作十分重要。

(二)发挥"三种作用",进一步明确非公企业党组织的定位

建立非公企业党组织的目的是加强基层党组织的执政基础,发挥党的影响力和引领作用,促进企业的健康发展和劳动关系和谐。要发挥好非公企业

党组织在参与谋划、示范带头和团结凝聚三个方面的作用。一是强化参与谋划作用。当国家利益、职工利益与企业发展方向出现冲突时，非公企业党组织应该积极提出合理化建议，帮助企业做出正确的决策，将促进企业发展作为非公企业党组织建设的出发点和归宿点。二是强化示范带头作用。鼓励和帮助企业优秀员工加入党组织，并引导和组织党员在本职岗位上尽职尽责，勇于担当，发挥好示范带头作用。并结合企业自身的实际情况，开展"党员亮身份"等活动，让党员们有使命感和自豪感，发挥其先锋模范作用。三是强化团结凝聚作用方面。在企业中贯彻落实党的群众路线，加强与员工的联系，帮助他们解决工作和生活中的实际困难，不断增强企业凝聚力和内在发展动力，将党的政治优势转化为生产力。

（三）加强领导，推动非公企业党建工作向纵深开展

发挥街道党工委对非公企业党组织的领导作用，优化企业党组织的内部环境。一是要提高非公企业对党建工作的认识，加大对党组织建设的投入。二是要围绕企业发展抓党建工作，将企业经营问题、员工关心的热点和企业发展的重点作为党建工作的重点。三是围绕企业文化，开展员工喜爱的党组织活动，把企业文化和党建文化相结合，为非公企业发展传递正能量。

（四）强化教育，做好企业经营者的团结、教育和引导

企业经营者对党组织的认识深度和支持力度直接关系到非公有制企业党建工作的成效。因此，必须高度重视对企业管理者的团结、教育和引导，提高他们的思想认识和政治素养，使他们真正从内心支持党组织的工作。首先，要加强对经营者的教育和培训，通过开展专题讲座、举办培训班、组织党员活动等途径，着力加强中国特色社会主义理论体系、国家法律法规、党的知识教育，在抓好党建的同时，重视吸收优秀人才入党。其次，要加强宣传力度，通过发现、培育和树立非公有制企业"抓党建，促发展"的典型示范，扩大非公企业党建工作的影响力，提高企业经营者对党组织作用的认识。

（五）创新党建载体，推进非公企业智慧党建工作

智慧党建是新形势下党组织建设的发展趋势，加强信息化建设可以实现党组织和党员、党员和党员之间的快速沟通，因此，在非公企业党建工作中，实施线上线下相结合的方式，必然能有效加强非公企业的党建工作。一方面要建立包含各类信息资源的数据库，使党组织能够掌握各个成员的基础信息。另一方面搭建一个集通知公告、党员服务、学习教育、志愿服务等功能为一体的党建平台，让党员可以在这个平台上展示风采、学习党建知识、沟通交流、提升个人形象，通过互联网筑牢基层堡垒。

参考文献

中共西城区委椿树街道社会工作党委课题组：《对非公有制企业党组织发挥作用工作机制的实践与思考》，北京市西城区椿树街道办事处，2016年12月。

贺云帆：《非公有制企业党组织功能实现路径研究》，兰州交通大学硕士学位论文，2016。

江淼淼：《非公有制企业党建工作研究》，中共江苏省委党校硕士学位论文，2017。

《关于新形势下非公有制企业党组织功能定位问题的思考》，泰兴党建网，http：//www.txdj.cn/E_ReadNews.asp？NewsID=13144，2015年6月24日。

中共中央办公厅：《关于加强和改进非公有制企业党的建设工作的意见（试行）》，人民网，http：//politics.people.com.cn/GB/17981152.html。

《中共北京市委关于进一步加强和改进非公有制企业党的建设工作的意见》（京办发〔2012〕24号），北京新经济组织发展研究院网，http：//www.bneo.org.cn/show.asp？id=45。

《杭州市西湖区以"云企党建"为引领　编织互联网业的"党建互联网"》，中国非公企业党建网，http：//www.fgdjw.gov.cn/df/zj/201806/t20180622_7600426.shtml，2018年6月22日。

《辽宁抚顺县：点线面"三位一体"　激发非公党建新活力》，人民网，http：//dangjian.people.com.cn/n1/2018/0827/c117092-30253253.html，2018年8月27日。

王永华：《加强非公企业党建工作：问题与对策》，《中共天津市委党校学报》2016年第3期。

B.10
关于椿树街道平房区街巷准物业化服务的探索实践

摘　要： 改善平房区以及老旧院落的居住环境，提升平房区以及老旧院落的物业管理水平，对于进一步提高社区服务品质以及加强民生保障工作具有重要意义。北京市西城区椿树街道立足街区实际，把握当前社会治理趋势，结合北京市"疏解整治促提升"和"首都核心区背街小巷环境整治"等专项行动，创新平房区以及老旧院落治理模式，通过购买服务的形式，引入准物业化服务，提升了平房区以及老旧院落的宜居性，改变了以往由于缺少专业化物业管理而带来的服务滞后的问题弊端，此模式对进一步探索平房区以及老旧院落的治理模式具有一定的借鉴意义。

关键词： 椿树街道　平房区　老旧院落　准物业

一　调研背景

自习近平总书记三年两次视察北京以来，北京市深刻贯彻落实习总书记视察北京时的讲话精神和指示，发展步调紧扣"建设一个什么样的首都，怎样建设首都"这个问题展开，把握北京新的城市发展定位，着力提升北京作为首都的核心功能，做到民生服务保障同城市战略定位相协调。近年来，特别是"疏解整治促提升"和"首都核心区背街小巷环境整治"等专项行动持续推进，北京市核心区域的平房院落改造、精品胡同建设、街巷胡

关于椿树街道平房区街巷准物业化服务的探索实践

同综合整治等各项工作的成果逐步显现，使核心区域内的平房街巷环境面貌得到了明显改善。但与此同时，由于北京市核心区域内的大多数平房区和老旧院落缺乏专业化的物业管理，致使街区的各项治理成果不能在专项整治活动之后得到较好的维护和保持，导致平房区和老旧院落的现实情况仍无法满足百姓群众的实际需要，也不能很好地适应当前社区的发展趋势。北京市核心区平房区和老旧院落的治理创新，是北京市建设"四个中心"以及打造国际一流和谐宜居之都的重要环节，进一步提升北京市核心区平房区和老旧院落的治理水平意义重大。

（一）调研目的及意义

北京市西城区椿树街道区域面积1.09平方公里，辖62条街巷，7个社区居委会，人口总数约4.5万。街道处于北京市中心城区，辖区内胡同交错，平房集中，人口密度较大。椿树街道在治理"城市病"、加快环境建设等专项行动中不断摸索创新，经过周密调研和考察，以及对街区环境整治经验的总结，椿树街道根据《北京市人民政府办公厅关于政府向社会力量购买服务的实施意见》，结合街道当前的发展状况和辖区居民的实际需求，以因地制宜、求新求变的思维和意识，通过购买服务的方式，对辖区内平房区和老旧院落进行准物业化管理。

截至2017年9月底，准物业化已覆盖辖区内30多条街巷胡同，多处居民健身广场，其中包括安徽会馆、琉璃厂西街等文保区域，面积达4万余平方米。准物业管理着重实施平房街区的外立面整治工程（包括墙面粉饰、增添立面装饰元素、统一门窗、搭建晾衣竿、建设绿化景观等），同时准物业公司的工作内容，也涵盖环境清洁、绿化养护、秩序维护、设施维护等方方面面，旨在打造与北京市核心区定位相符并与之形成辐射延伸的街容街貌。椿树街道通过对辖区内平房街区进行准物业化管理，平房街区的环境维护和改善效果良好，基本实现了街道预期目标，受到了平房街区居民的肯定和赞赏。

此模式不仅有效地推进了政府向社会力量购买服务的工作，创新和完善了公共服务供给模式，加快了服务型政府的建设，转变了政府职能，同时也

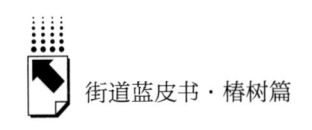

强化了平房区以及老旧院落的日常管理，最大限度地保护了平房区以及老旧院落环境整治的成果，进一步改善了辖区居民的居住环境，提升了居民的生活品质。

（二）调研过程

2017年10月13日，课题组对椿树街道准物业试点以及辖区内相关平房院落进行了实际走访和调研，并对椿树街道相关工作人员进行了访问和对接，详细了解了椿树街道对辖区内平房街区实行准物业化管理的方式方法与相关经验和问题，并通过翻阅街道、社区相关社区治理方面的详情资料了解街道社区治理的具体实践，同时对准物业化管理模式提出了相关建议等。

（三）调研方法

本次调研主要采用的调研方法有文献分析法、访谈法、实地调查法等。文献分析法主要是对收集到的国家、北京市、西城区关于政府购买服务的相关政策文件，西城区以及椿树街道关于准物业管理的期刊文献等进行研讨和分类整理；访谈法是结合访谈对象谈到的具体工作和实际问题，提出准物业管理模式的意见和建议；实地调查法是前往椿树街道准物业化管理的相关试点社区进行实地考察，了解准物业管理所取得的成效。

二 椿树街道探索平房街巷准物业化管理模式

（一）明确准物业服务内容，实行目标化管理

椿树街道在准物业化服务管理前期筹备阶段，经过深入讨论、实地调研，从街道平房地区实际管理需求出发，结合物业服务基本特点，制定并颁布了《椿树街道准物业化管理方案（服务标准及工作细则）》（下文简称《管理方案》），内容涵盖了现代物业管理所涉及的四大类（见图1），并细分为35条服务内容。此《管理方案》的出台，使椿树街道的准物业化管理

的目标更加清晰明确，内容更加具体明了，为椿树街道准物业化服务管理全面、细致开展提供了有力支撑。与此同时，椿树街道为规范准物业模式的有效推进，进一步制定了评分制考核标准，方便落实目标化管理，确保服务达到相应的标准和要求，使街道能够进一步完善监督机制，提升对物业公司的监管力度，保证物业服务质量。

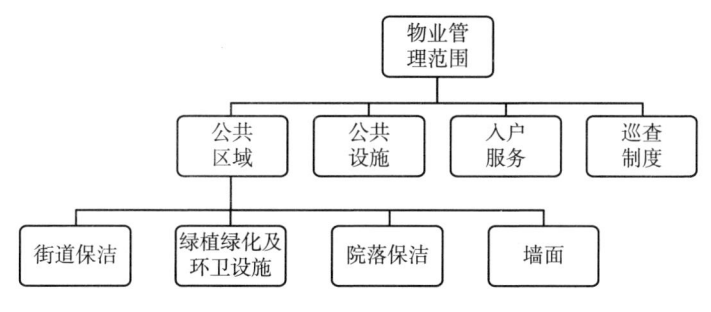

图1 椿树街道平房区准物业化管理的服务内容

街道相关主责部门和工作人员根据与物业公司制定的合同，指导物业工作人员严格按照合同要求从治安、环境、生活设施、便民事项等各方面逐项落实准物业化管理服务（见表1）。

表1 准物业服务标准及工作细则

分类	服务内容
（一）街道保洁	(1)每日打扫街道胡同的环境卫生，做好路面卫生的巡查工作
	(2)保洁人员要注意垃圾桶周边、街道死角、长期停放车辆和堆放物品处的清洁，在巡视过程中对道路上的狗屎、纸屑、烟头等废弃物及时进行打扫
	(3)要求保洁人员做好市政下水井箅子内的日常检查清理工作，保证漏水顺畅，无杂物遮挡堵塞入水口，遭遇雨雪天气要及时清扫积水、积雪，铲除道路结冰
	(4)保洁人员在清理街道过程中，发现道路出现破损、坑洼情况，应及时报告，由部门主管负责和工程部沟通修复事宜
（二）绿植绿化及环卫设施	(5)清理绿化区域环境卫生，保持绿化带整洁干净，无垃圾、无纸屑、无废弃物、无枯枝烂叶等
	(6)每日巡视责任区内绿化植被生长情况，发现花草缺失、病虫害等情况，及时联系相关部门处理
	(7)保持街道垃圾桶外观整洁干净，摆放周正规范，无垃圾外溢现象

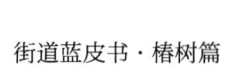

续表

分类	服务内容
（三）院落保洁	(8)每日对院落过道进行清扫,清洁过程不得影响正常居民通行
	(9)清扫人员在院内不得大声喧哗,搬放物品要求轻拾轻放,尽量减少工作噪声,注意扫地力度避免大量扬尘,以免影响居民正常生活
	(10)注意院落死角、杂物堆放处及杂草的清理
	(11)保洁人员在清理过程中,发现通道路面出现破损、下水井设施损坏、施工作业等问题及时上报维修部门
（四）墙面	(12)做好墙面的日常清洁工作
	(13)定期清理墙面张贴的非法小广告、涂抹、字迹
	(14)对墙面出现的裂缝、破损和贴砖脱落损坏的现象,应及时报告部门主管,安排工程部开展修复维护事宜
（五）公共设施	(15)每日擦拭街道两侧的消防箱、晾衣竿、宣传栏、橱窗、街道标示牌等
	(16)院落、街道下水管线出现排水不畅,公共排水管道、水井淤堵、损坏,要及时上报主管领导,联系权属部门进行修复的同时,保洁人员要对问题发生地点加大清理力度,尽量减少因故障问题对居民日常出行和生活的影响
	(17)发现公共设施设备及雨搭、空调罩、配电箱等统一配置设施出现损坏、丢失的情况,应及时反馈主管领导处理
	(18)对破坏、盗窃公共设备设施如花坛、井盖、标示牌、路灯、电线等各类公共设施的行为,要勇于劝阻、制止,并及时上报主管领导
（六）入户服务	(19)接受居民入户服务请求必须通过前台登记备案
	(20)登门前,要求提前和居民预约时间,工作人员着工装。注意个人卫生,使用文明礼貌用语,严禁在居民室内吸烟
	(21)不得乱动居民房间内任何物品。需要挪动物品和使用居民所有的工具、物品前,需要向居民提出请求并获得同意
	(22)工作人员不得以任何形式向居民收取、索要费用或其他好处
	(23)维修中需要更换、购买材料的,要将规格、型号、用途向居民详细说明,由居民自行采购,不得向居民指定购买商,不得代为购买
	(24)维修更换下的部件不得带走,要主动向居民说明该部件现状。有无其他用途,一概由居民自行处理,维修完成后清理走工作垃圾
	(25)对于超出物业服务范围的需求,要向居民做出详细、耐心解释,并为居民提供可实施的其他方案参考
	(26)居民如果需要物业提供特约的有偿入户服务,如室内装修、电路改造、保姆、小时工等,可以单独向物业提出要求

续表

分类	服务内容
（七）巡查制度	(27)环境卫生。检查街道、院落打扫情况。街面是否仍有遗留垃圾、废弃物、烟头、狗屎清扫是否及时。卫生死角和重点清洁部位打扫是否干净、充分。对问题部位及人员需要改进之处，进行现场指导、纠正，并后续跟进改善情况。查看辖区公共设施设备是否有损坏情况，听取居民对于下水道、水井、路灯照明、供电等居民日常休戚相关设备的问题反馈，问题确定后应及时与相应市政设施权属部门联系，尽快处理以减少对居民的影响
	(28)消防设施。检查消防箱箱体是否清洁，是否有消防设施丢失、破损，消防井是否被遮挡，消防通道是否堵塞，发现问题及时改进。对造成消防设施遮挡、通道堵塞问题的行为，要积极和居民沟通取得理解，以保障消防安全通道的畅通
	(29)园林绿化。直看花坛内烟头、纸屑、枯枝烂叶等是否清理干净，劝止居民私下挖取花草行为，巡查辖区内树木生长情况，检查绿化区植被是否出现病虫害、是否出现大量枯萎的现象，对腐朽或有倾倒危险的树木，需构建支撑并设立警示标志，劝阻行人绕道通行，周边不要停放车辆，避免造成不必要的人身、财产损失，并及时联系园林绿化部门处理
	(30)工程施工。巡查辖区内居民施工情况，对施工单位、施工类型、院落、工期、方案的基本情况进行记录，及时和城建科沟通，对于不确定或有疑问的施工，联系城管共同查看确认是不是违章建筑，并跟进施工进度，规范施工秩序，对施工人员在施工安全、材料堆放、扬尘、建筑垃圾清理、噪声扰民等问题上进行提示、监督，避免对其他居民生活造成影响，或破坏街道整体卫生，影响绿化花木的生长存活
	(31)流动人员情况。主要查看街道流动人员和非本院落生活人员进出情况，对于流动商贩、广告发放人员，礼貌劝导其离开辖区，对于可疑人员确认其行程目的，对无法明确回复其行程或不能处理的特殊情况，如其表现为精神异常、具有一定危害性的，及时上报当值的部门主管领导、警务工作人员处理
	(32)道路通行。查看街区、院落道路上是否存在乱停车，或堆放私人物品堵塞道路问题，和居民沟通确认所有人后，劝导居民腾挪位置。对街道内行驶车辆进行引导，避免发生拥堵影响居民通行
	(33)街区巡视。每日轮班巡视胡同、院落情况，对街道可疑人员、物品进行检查，查看居民安全、防盗措施落实情况，如防盗窗是否牢固，车辆是否锁好，对可能的盗窃、安全隐患要主动和居民沟通
	(34)危险物品。关注可疑人员行径并劝离辖区，对发现的危险物品要做好控制、清理
	(35)治安巡查。密切与社区巡警、居委会治安负责人员的沟通、配合，安排治安巡查人员做好对物业辖区的巡逻工作

资料来源：北京市西城区椿树街道办事处。

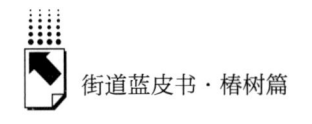

（二）实行分工协作模式，加强重点区域管理

椿树街道在推行平房区街巷准物业化管理的进程中，基于这一模式仍处于探索阶段的现实，采用由物业公司、政府主管部门和居民三方合作的方式推进准物业化的管理，将平房区街巷服务管理的各种事务进行分工，彼此之间协同办公。一是物业公司负责日常管理。物业公司的工作内容主要包括墙面清洁、垃圾处理、治安维护、停车治理、绿植维护、维修电路、管道疏通、为老服务等。二是政府主管部门负责组织、协调和监督。工作内容主要包括组织劝导队、协调其他执法部门对违法行为进行管理，同时监督物业部门的服务质量。三是居民自治小组负责动员广大居民积极参与平房区街巷的精细化管理，包括及时劝阻、举报平房区出现的杂物占道等不文明行为。

此外，椿树街道在实行准物业化管理模式的进程中，特别注重对平房区内的重点区域进行管理。例如，对街道辖区内椿树文化广场和椿树健身广场的卫生清洁和日常管理。街道通过准物业化管理，安排专人负责对椿树文化广场封闭式足球场地和椿树健身广场开放式健身器材活动区、篮球区、乒乓球区进行清扫巡视，维护场地、设施整洁安全；检查场内基本设施设备、健身器材的使用情况，发现问题、故障及时上报；负责足球场地预约服务。

（三）立足居民实际需要，提供精准化服务

椿树街道对辖区内平房区街巷开展准物业化管理的进程中，通过组织物业公司进行入户宣传，向居民介绍物业公司的基本情况、实施准物业化服务的意义和服务项目，帮助居民了解物业服务的便利性，引导居民适应准物业化服务管理，熟悉物业工作人员，同时在入户宣传的过程中，积极了解平房区居民的实际问题，摸清居民的具体诉求，以便为平房区居民提供精准的物业服务。例如，街道针对空巢老人和生活困难人员，采取物业上门服务，及时解决检修更换老旧电路闸表、加装门锁、维修水管三通、室内电路调整等

空巢老人和生活困难人员的实际问题，获得辖区居民一致赞许。针对调查中居民提出的自行车占道问题，物业公司安排工作人员进行现场劝阻和协助整理，并对长期占地的废弃车辆以现金方式进行了限时收购，最终清理自行车辆，使问题得到圆满解决。

三 椿树街道对平房区街巷试行准物业化管理面临的主要问题

（一）平房区准物业管理费用较高，资金来源不稳定

椿树街道在推行平房区街巷准物业管理的进程中，出现了平房区街巷的物业管理费用明显高于一般住宅小区。这主要是由于平房区街巷的物业管理模式有别于一般楼房的物业管理，一是平房区物业管理属于探索阶段，没有形成整套的管理方案，摸索管理方式的过程会导致成本大量增加；二是平房居住率低，老旧的配套设施很难进行维护和管理，导致均摊成本增加；三是工作人员利用率低，现有的一套物业管理班子管理的面积范围远低于他们的管理能力，人力资源没有得到充分利用，造成浪费。此外，根据目前住宅市场的实际情况来看，楼房区的物业费一般由业主集体出资，物业管理服务的运转比较稳定。而目前椿树街道推进平房区准物业管理服务是以政府购买服务的形式进行，资金方面主要依靠政府投入，未向居民收取物业费等服务费用，但是由于平房区的管理费远大于楼房，政府面临着较大的经济压力。一旦政府专项经费不足时，购买服务将被迫中断，居民的生活质量会有所回落，进而影响准物业化的推行和街道整体规划。与此同时，尽管椿树街道近年来不断完善购买物业服务的范围和标准，但受资金限制，物业公司所能提供的服务品质和服务区域仍然有限。

（二）居民对准物业服务管理接受度不高

椿树街道在推行平房街巷准物业化管理的进程中，发现在物业工作

人员入院落服务时部分居民表现出怀疑和反感，拒不接受服务的现象。街道针对此类问题进行进一步的调研，发现导致这种情况的产生，是由于这些居民长期生活在平房区域，居住环境相对楼房区更为简陋，院落文化较为封闭，居民的安全防范意识和自我保护意识都比较强，对陌生人入院落存在明显的排斥心理，一定程度上导致街道在推行准物业化管理的进程中受阻。

（三）老旧院落环境问题突出，增加了准物业服务管理的难度

椿树街道近年来投入大量人力、物力以及财力用于胡同改造和平房区院落整治等重点项目，成果显著，但由于一些客观原因，街道辖区内目前仍有个别老旧院落尚未实现整治改造，生活环境相对落后，其中有些院落存在基础设施与配套设施老旧，消防安全设施缺失，市政管道破裂、堵塞等问题，为后续的使用、维修和管理带来了诸多隐患，增加了社区治理和物业管理的难度。并且在准物业管理推行后，一些原本解决起来就耗时耗力的环境问题，在归属上更可能被模糊、推诿，如居民院落地下管网的疏掏、废弃物的清理、树木的养护等，容易出现市政部门、物业、社区居民"三不管"现象。

（四）流动人口较多，归属感和认同感不高，成为制约准物业服务管理水平提高的瓶颈

椿树街道平房区居民结构较为复杂，外来人口和流动人口数量较大。人员流动的频繁和人口素质的参差不齐，不仅加大了人口管理的难度，也导致了居民的地缘意识淡薄，归属感和认同感均不如常住人口强烈，生活中难以自觉维护环境卫生，更容易出现违法群租现象，衍生火灾、盗窃等一系列安全隐患，给街道环境秩序、社会治理特别是治安管理带来较大压力，为持续推进准物业管理带来了一定困难。因此妥善解决流动人口问题，将对维护社会治安秩序稳定、推动准物业服务管理顺利开展至关重要。

四 关于椿树街道进一步完善平房区街巷准物业化服务管理的思考

（一）开源节流提供资金保障，确保准物业化服务管理长远发展

根据椿树街道开展准物业化管理的实践来看，准物业服务管理模式实现可持续推进，需要有相应的资金保障和稳定的资金渠道。首先，从内部角度来看，平房区的准物业管理模式具有其特殊性，目前椿树街道支出的相关费用尚处于合理且可控范围，但要使准物业服务管理模式覆盖全部平房区域的话，就应该根据物业公司管理的街巷面积和街巷情况的不同，通过整合资源，提高物业管理费用的使用效率。这就需要准物业服务管理逐步实现规模化、标准化和信息化。规模化就是通过扩大准物业管理面积，均摊成本；标准化就是根据街道实际情况，建立并完善相对固定的费用收取和服务内容标准，减少浪费，确保花钱买到实惠的服务；信息化就是采用专业的物业软件，及时跟踪平房区人员、设备和绿化等服务内容的管理和维护情况，降低物业的人工成本。其次，从外部角度看，政府相关部门需要为购买服务方面的专项资金投入建立长效机制，对已参与准物业服务管理的专业物业公司，在加强日常监管的同时，要依据现有优惠政策给予支持，并积极向上级有关部门建议，继续建立健全各项优惠政策，加大扶持力度。在准物业服务管理的接受度和认可度逐渐提升且时机成熟时，可以探索由居民建立业主委员会，逐步实现业主集体出资购买服务。

（二）以民主促民生，进一步提高准物业化服务管理认可度和满意度

根据椿树街道开展准物业化管理的实践来看，要使准物业服务管理模式可持续推进，街道应该进一步加大入户宣传力度，组织社区居委会与物业公司一起逐门逐院走访居民，帮助物业工作人员与居民拉近距离，促使良好服

务形象深入人心,争取居民对准物业服务管理最大的支持与配合。积极运用海报、标语等形式广泛宣传平房区街巷准物业服务管理,为街道平房区准物业服务管理的全面覆盖和长效运行营造良好氛围,打好群众基础。坚持让居民做主,积极落实"民主促民生",进一步引导居民合理行使知情权、选择权、参与权、监督权,发扬民主,共建共享。对已实行准物业化服务管理的平房院落定期开展满意度调查,征求居民对物业管理方面的意见建议,优化准物业化服务管理内容、方式方法等。

(三)多方联动,推动准物业服务管理协同共治

根据椿树街道开展准物业化管理的实践来看,要使准物业服务管理模式的可持续推进,街道应该进一步争取区级层面的财政支持,持续推进街道平房区街巷院落整治工作;与市政部门积极沟通,及时更换、维修老旧街巷院落基础设施,为推进准物业服务管理创造条件;落实街道的属地综合管理职责,强化社区的组织、协调、监督职能,建立自上而下的工作体制,探索"物业管理+社区服务+居民自治"相结合的精细化管理新模式,充分发挥物业和社区在平房区准物业服务管理中的主体和配合作用。此外,还应该进一步强化物业管理行业的自律性,完善物业管理企业诚信体系,建立健全物业企业信用考核、群众满意度测评和信用档案制度,推行物业企业信用保证金制度。切实落实物业管理账目公开、自觉接受居民监督的制度,促进物业企业严格履行物业服务合同,提高物业服务质量。物业公司除了提供基础服务,还要根据各社区、街巷院落特点,调动一切资源,发挥自身优势,开辟多种形式的人性化服务,因地制宜,充分发动,从小处着手做大文章,不断规范完善管理服务制度和规定,不断研究改进管理服务模式和方法,不断磨炼提升管理服务品质和水平。

(四)以人为核心开展服务管理,和谐推进准物业服务管理

根据椿树街道开展准物业化管理的实践来看,要使准物业服务管理模式可持续推进,街道应该进一步加强对流动人口管理工作的统筹协调,为社区

流管平台更新硬件设施，提升社区流管平台的运行质量。积极与派出所协调，依法加强流动人口基础信息采集登记，提高登记率、核销率、完整率、准确率，确保流动人口底数清、情况明，从侧面为准物业服务管理提供支持。创新流动人口服务管理工作模式，继续落实《北京市居住证管理办法（草案）》，做好实施居住证制度的相关工作，发挥好居住证制度在流动人口服务管理中的基础作用，推进以证管人与以房管人、以业管人有机结合。加强出租房屋规范化管理，继续开展对违法出租房的专项治理，建立健全治理工作长效机制，完善发现、报告、查处相衔接的治理工作模式，依法加大对违法群租房联合执法和综合治理工作力度，积极发挥物业工作人员的监督举报作用，及时发现、清理非法群租房和违法出租房问题，切实巩固治理成果，坚决防止违法群租现象反弹。加强流动人口服务保障工作，切实维护流动人口在劳动就业、社会保障、子女教育、医疗卫生、计划生育等方面的合法权益，增强外来务工人员的归宿感和认同感。加强少数民族流动人口、青年流动人口、新生代流动人口等特定群体服务管理工作，促进流动人口有序融入和社会稳定，为准物业化服务管理降低难度。

参考文献

《北京集中开展背街小巷整治提升专项行动》，中国政府网，http：//www.gov.cn/xinwen/2017－03/28/content，2017年3月28日。

《国务院办公厅关于政府向社会力量购买服务的指导意见》，中国政府网，http：//www.gov.cn/xxgk/pub/govpublic/mrlm/201309/t20130930_66438.html，2013年9月26日。

《北京城市总体规划（2016年—2035年）》，首都之窗，http：//zhengwu.beijing.gov.cn/gh/dt/t1494703.htm，2017年9月29日。

《北京市人民政府办公厅关于政府向社会力量购买服务的实施意见》，中国政府采购网，http：//www.ccgp.gov.cn/gpsr/dfgz/201710/t20171018_9003971.htm，2017年10月18日。

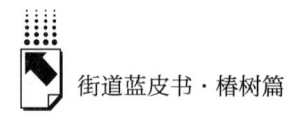

《北京市西城区人民政府办公室关于政府向社会力量购买服务的实施意见》，首都之窗，http：//zhengce.beijing.gov.cn/library/192/33/50/438650/168131/index.html，2016年7月31日。

《首都核心区背街小巷环境整治提升三年（2017－2019年）行动方案》，千龙网，http：//house.qianlong.com/shoudufangchan/2017/0816/1948871.shtml，2017年8月16日。

北京市西城区人民政府椿树街道办事处：《关于平房区街巷准物业化服务的探索与实践》。

案例报告

Case Reports

B.11
椿树街道探索梨园文化传承保护与基层公共文化服务互动互促模式

摘　要： 椿树地区是京剧的发祥地，京剧作为非物质文化遗产，必须坚持活态保护植根基层。以京剧为核心的梨园文化作为椿树地区重要的地域传统文化根植基层就是要与基层公共文化服务密切联系。椿树街道在传承和保护梨园文化的过程中，注重京剧作为非物质文化遗产的活态保护、传统文化在社区（民间）的有根保护，结合公共文化建设，融入梨园文化来丰富公共文化产品和服务的内容载体，着力打造"椿树杯"京剧票友大赛这一文化品牌活动。既注重对梨园文化的传承力、吸引力和辐射力的深入挖掘，又形成了以彰显京剧魅力、传承国粹艺术、丰富群众文化生活为核心目标的特色公共文化产品和服务，实现了传统文化与公共文化建设间的互动发展。

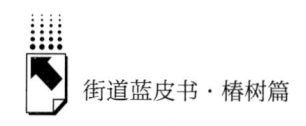

关键词： 椿树街道　非物质文化遗产　京剧活态保护　公共文化服务　互动互促

一　椿树街道梨园文化的缘起与保护

（一）京剧是北京地域文化的杰出代表

京剧，是中华民族传统文化的精粹，是中国的国粹，是我国文化最集中、最深刻、最有魅力的具象化显示。京剧姓京，被历史铸就，被大众认同。京剧是北京地域文化的杰出代表。它承载了京城的文化，体现了京城文化的品位，呈现了京城人的审美境界，是京城文化中不可替代的神韵。京剧在广大人民群众爱好者的推崇中形成，在京城的历史互动中成长，在各种文化交融中走出了自己的发展之路。

（二）椿树街道是京剧的重要发祥地

椿树街道位于北京市西城区，东起南新华街中心线与大栅栏街道交界，西至宣武门外大街中心线与广安门内街道相邻，南起骡马市大街中心线，北至宣武门东大街中心线，面积约1.09平方千米。

早在明代史书上就记载有"椿树胡同"。到了清代，清朝政府规定在内城中，不得建造戏园子和会馆，而地处南城的椿树街道是南方各省进入京城的必经之路，自然就成为梨园子弟的首选之地。正是这样的历史背景，造就了椿树街道与京剧文化的不解之缘。几百年来，全国各地的文人雅士都会聚集到这里，使椿树街道成为京味文化、宣南文化重要的人文瑰宝和文化资源。

同时，椿树街道会馆林立，其中安徽会馆就坐落在这里，它是京剧发祥地的唯一文物见证，是北京会馆中唯——处全国重点文物。会馆内的大戏楼，是北京现存的四座民间戏楼之一，文物价值极高。它地处椿树街道后孙公园胡同，是清朝会馆建筑的代表，在建造之前是明末清初学者孙承泽的居所，清同治年间安徽籍官员筹款集资在此建安徽会馆。北京安徽会馆与其他普通会馆的用途不同，既不是进京赶考学子的"试馆"，也不是促进工商业发展的"行馆"，而是专供安徽籍的官员和重要人士在京活动的场所，这在所有北京会馆中别具一格，颇有特色。

早在清乾隆年间徽班进京之时，大量的戏剧艺人定居在椿树地区，随着京剧艺术的发展、繁荣，流派纷呈，人才辈出，椿树地区成为名家聚集之地。此外，椿树街道安徽会馆的周边胡同，由于离前门外的很多戏楼近，很多梨园名家为了便于演出，都曾居住于此，包括"四大须生"之首余叔岩、"四大须生"之一高庆奎，"金霸王"金绍山，"四大名旦"之一尚小云，名旦张曼君、张曼玲姐妹、姜妙香、荀慧生等名伶都曾在这里居住生活过，喜连成、富连成、斌庆社这些著名的京剧科班也曾在这里安营扎寨。

（三）京剧的"活态保护"需要植根基层

尽管京剧形成的时间较短，不过200年，但是它的根基却非常的坚实而雄厚。从总体上看，京剧以形传神，物我交融，其节奏鲜明、韵律严整，是对生活自然形态的提炼与概括，大大提高了艺术表现力。同时京剧艺术还具有现代性的特征，能够与时俱进，焕发着无限活力，具有一种能够推动历史、影响现实的精神力量。京剧所蕴藏和承载的文化内涵和精神价值，能够振作民族魂魄、弘扬民族精神、再造民族价值观念、复兴民族文化，有重要的现实意义。

2010年京剧被列入"人类非物质文化遗产代表作名录"，京剧作为中华民族传统文化的集大成，是民族智慧结晶和情感表达的载体，是当之无愧的人类文化创造的代表作，对于京剧的保护，必须坚定实施"活态保护"的策略，要更强调保护主体植根于民间的现实，要更多地发挥其主体性才更有利实施保护，这就关系到民间主体的保护、社区保护人。这也是世界上对非物质文化遗产保护的新的方式和潮流。换句话说，就是要让京剧这种民族传统文化不仅活在人们的记忆里，而且活在现实生活中；不仅活在史料记载里，而且活在现实的舞台上；不仅活在专家的象牙塔里，而且活在民间。总

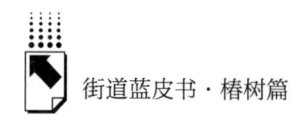

之，对京剧实施"活态保护"，就要坚持对传统京剧的抢救、恢复和重建，更要突出京剧的双向接受性，贴近时代，贴近生活，贴近观众。

二 椿树街道以传承和保护梨园文化为内核推动公共文化建设

作为被文化部命名"梨园之乡"的椿树街道，对京剧艺术有着一份深情厚爱，更对传承京剧艺术有着一份责无旁贷的使命感。椿树街道注重挖掘梨园文化的内涵和特色，结合公共文化建设，丰富公共文化产品和服务的内容和载体，在着力打造"椿树杯"这一文化品牌的同时，椿树街道也注重对其传承力、吸引力和辐射力的深入挖掘，形成了以彰显京剧魅力、传承国粹艺术、丰富群众文化生活为核心目标的京剧普及活动，提供了一系列彰显椿树地域文化特征，以梨园文化为内核的特色公共文化产品和服务。

（一）打造"椿树杯"北京市社区京剧票友大赛为椿树梨园文化品牌

对京剧的传承和传播，不仅要有在剧院上演的传统剧目，还要走出剧院，走进社区，走进校园，做好普及与推广。椿树街道办事处为了促进弘扬民族精粹，依托本地区深厚的梨园文化底蕴，从2003年开始，为京城戏迷搭建了竞艺、赏戏、同乐的舞台——"椿树杯"北京市社区京剧票友大赛，每届主题不一，推动京剧梨园文化弘扬传承。"椿树杯"是椿树街道为挖掘、整合地区梨园文化元素，推广京剧艺术普及所全力打造的一项群众文化活动，截至2017年，已经成功举办了十五届。"椿树杯"作为草根赛事，扎根民间，鼓励广大票友在传承中创新，将更多的艺术形式与京剧结合，理解京剧文化的精髓，弘扬京剧国粹的艺术魅力，展示京剧的时代感召力、强大凝聚力和深远影响力，发挥品牌文化活动的社会教化功能，增加吸引力和参与度，使文艺惠民活动深深扎根基层。同时，以网络平台为依托，面向京皖

椿树街道探索梨园文化传承保护与基层公共文化服务互动互促模式

票友征集京剧微视频,开启了国粹传承的新途径,推动了京剧艺术的新发展。

在"椿树杯"大赛上捧得奖杯的民间京剧爱好者层出不穷,上到花甲老人,下至学龄儿童,都曾在"椿树杯"的舞台上展现过自己的风采。历届"椿树杯"不仅深受戏迷票友的热爱,也得到了梅葆玖、马长礼、景荣庆、孙毓敏、李鸣岩、王玉珍等多位著名京剧戏曲表演艺术家的支持与指导。现在椿树杯京剧票友大赛参赛票友的范围从北京市城八区扩展到所有区县,比赛剧目不仅有老生、青衣、老旦和花脸等大行当,而且出现了小生、彩旦、武生和丑角等行当。进入决赛的选手表演无论是唱腔韵味,还是身段做派,都展现了独特的艺术魅力。

历届"椿树杯"北京市社区京剧票友大赛已逐渐成为代表椿树文化的名片,也成为在京城票友中具有一定知名度、影响力的文化品牌活动,得到了北京市、西城区相关部门的大力支持。通过"椿树杯"的舞台在百姓心中播下国粹艺术的种子,让传统京剧文化的推广更加深入社区、贴近居民,不负"梨园之乡"的美誉。

表1 历年"椿树杯"北京市社区京剧票友大赛大事记

年份/届	大事记
2003年第一届	在北京建都850周年之际,首届"椿树杯"社区京剧票友邀请赛系列活动举办
2004年第二届	"椿树杯"被列为北京市社区文化活动的重点项目,比赛形式由邀请赛提升为大赛,还承接了全国"和平杯"京剧票友大赛北京赛区选拔赛的工作
2005年第三届	突出群众性、娱乐性,融合时代气息,在原有的规模上又添设了琴师大赛和现代折子戏两项赛事
2006年第四届	"椿树杯"被北京市文化局评为"群众文化示范活动"
2007年第五届	红色经典走上了"椿树杯"舞台
2008年第六届	"椿树杯"历届获奖票友代表同心携手,用精品展演欢迎北京奥运会的到来
2009年第七届	欣逢祖国母亲的六十华诞,"椿树杯"成为京城一百个献礼精品活动之一

续表

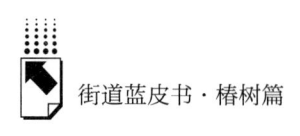

年份/届	大事记
2010年 第八届	京剧被联合国教科文组织列入"人类非物质文化遗产代表作名录","椿树杯"继而成为相关庆典活动
2011年 第九届	"椿树杯"向广大残疾人票友敞开怀抱,"传承国粹传递爱"的主题,让更多自强不息的人拥有了圆梦的机会
2012年 第十届	以第十届"椿树杯"赛事为中心的"椿树梨园文化季"成功举办,历时三个月的京剧文化系列活动展示了京剧国粹多元魅力
2013年 第十一届	"椿树杯"首度触网,与搜狐网合作的"微视频征集"活动,网络成为展现国粹京剧的魅力以及"椿树杯"的新兴舞台
2014年 第十二届	"椿树杯"在百年场馆安徽会馆和北京第一实验小学举办决赛,进一步推进京剧走进学校、走进名街、走进单位
2015年 第十三届	"椿树杯"唱响"爱国情",是椿树街道开展的"中国人民抗日战争及反法西斯战争胜利70周年"重点纪念活动,其主题是"国粹传承复兴梦,剧目创新爱国情"为主题,参赛者的竞赛曲目皆显示爱国情怀
2016年 第十四届	"椿树杯"以展现"我心目中的京剧"为主题,鼓励广大票友在传承中创新
2017年 第十五届	首次尝试由通过向社会组织购买服务的形式,由社会组织负责具体承办

(二)依托安徽会馆,打造京剧文化活动基地

椿树街道作为安徽会馆的临时使用方,本着保护性使用、短期使用、适度使用的原则,对安徽会馆开展地面硬化、水电改造等装修工程,为了更有效地利用安徽会馆,满足安徽会馆布展宣传和举办群众文化活动的需求,街道和电力部门对安徽会馆进行了低压电力增容。安徽会馆促进了徽州文化与宣南文化的融合发展,是徽州文化和梨园文化根源之地、博览之地、发展之地。2013年,椿树街道对安徽会馆进行了历时一年的整修布展,整修后的安徽会馆分为"会馆徽韵""梨园雅韵""戏楼曲韵"三个馆厅以及椿树杯成果厅,展示了安徽会馆的历史文化以及国粹京剧200多年来的发展历程。拥有一百多年历史的安徽会馆重放异彩,搭建起地区传承传统文化活动及展示的平台。从2014年上半年起,安徽会馆大戏楼正式开放,并接受团体预

约参观，作为公益性公共文化场所，不对外售票，免费对外开放。

目前，会馆主要是用于街道举办各类群众文化活动。"椿树杯"北京市社区京剧票友大赛决赛移师安徽会馆。此外，许多京剧名伶曾在街道居住，为了进一步呈现街道的京剧文化，未来街道将通过公开招标的方式，由专业机构进行整体规划设计和硬件建设等，方便市民游客找寻京剧发展遗迹。经过多年的传承和弘扬，京剧文化有了越来越深厚的群众基础，也为椿树街道打造梨园文化旅游创造了条件。未来，安徽会馆及周边胡同将打造成国粹京剧文化展示、体验、传承和群众文化活动的基地，并依托"椿树杯"社区京剧票友大赛的品牌效应，实现文物保护与利用的有机结合。

（三）培育和扶持社会组织参与梨园文化的传承和保护

椿树作为梨园之乡，有着良好的群众基础，爱好京剧者广泛。街道重视梨园文化在民间的传承和保护，培育扶持地区特色社会组织——椿树春晖紫曦少儿京剧苑和红线社区京剧社。椿树春晖紫曦少儿京剧苑是一家民间专门从事少儿京剧培训的专业组织，该组织聘请了经验丰富的专业戏曲院校老师、京剧名家任教，现已培养出了一批优秀的少儿京剧小演员，多次参加"椿树杯"比赛和展演。红线京剧社是在1997年由红线社区一名爱好京剧的居民在社区居委会的支持下成立的，是真正的由草根票友发起成立的民间传承和保护京剧的社会组织，截至2017年已经成立并发展二十载。红线京剧社一直坚持自愿且免费的模式，只要是京剧爱好者，都可以参与其中。逢年过节，红线京剧社的成员会到敬老院、建筑工地等，为热爱京剧的人们义务演出。此外，北京市西城区第二文化馆还为红线京剧社派老师教授票友们基本功，并带领大家排演折子戏。在文化馆的帮助下，积累了多年经验的红线京剧社在2017年还推出了宣传正能量的新戏——《国旗魂》。这一原创剧目讲述了一名退伍老兵几十年来每天坚持升国旗的故事，而这也成为继前几年创编京剧联唱《社区赞》后，红线京剧社的又一次重大尝试。红线京剧社作为民间传承和保护京剧的草根组织，不但聚集了一批爱好京剧的票友，还在传承和学习中使京剧焕发出新的活力。

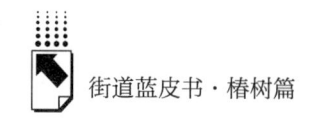

（四）围绕梨园文化，开展丰富的社区文化服务

一是开设梨园知识讲座和观摩课，丰富青少年社区教育内容。椿树街道通过连续举办梨园知识讲座、"走进梨园"品味京剧文化艺术观摩课。邀请专业人士介绍京剧起源、椿树梨园文化史略、"同光"十三绝、四大名旦以及四大行当中鲜为人知的"新鲜事"，学唱《贵妃醉酒》《苏三起解》等著名京剧唱段。开设"椿树杯"少儿京剧专场表演，让更多的孩子们更广泛和深入地了解京剧知识，体验梨园文化的深厚底蕴，唤起青少年保护和弘扬京剧国粹艺术的意识和热情。开展青少年"传承国粹"主题实践活动，组织观摩京剧苑课堂、参观安徽会馆、欣赏京剧剧目等，促进了地区青少年传承京剧文化，弘扬传统美德。二是椿树图书馆收藏展现梨园特色。西城区椿树街道图书馆位于红线胡同。椿树图书馆投入20余万元，购置了11000余册新书及300余盘音像制品，其中200余册藏书展现梨园特色。三是推进梨园文化进社区，通过举办京剧专题讲座、小型唱段演出等多种形式，在社区进一步普及京剧艺术。

三　椿树街道保护梨园文化与公共文化建设互动互促发展取得的成效

（一）焕发了民众保护和传承梨园文化的热情

在保护中传承，在传承中保护。椿树街道通过以"椿树杯"北京市社区京剧票友大赛，以及在青少年群体中普及梨园文化和非物质文化遗产教育，不仅让青少年了解京剧、认知传统、陶冶情操，而且使得京剧更加深入和贴近居民的生活，不再是停留在高大上的艺术舞台上。使百姓对梨园文化从感知到了解，感受到梨园文化的魅力，进而激发百姓的兴趣和保护意识。此外，椿树街道还重视培育和扶持从事京剧传承的社会组织，鼓励民间爱好者和草根组织的发展，让更多的民间爱好者和传承者能够有平台、有组织、有资金、有支持、有保障，从而有热情在梨园文化传承中发挥积极的作用。

（二）优化了梨园文化传承和发展的文化生态

椿树街道以"椿树杯"北京市社区京剧票友大赛为资源整合平台，吸引社会团体、传承人、学校和研究机构、京剧票友以及普通民众参与到京剧艺术传承当中，并协调政府与社会各界力量之间的关系，共同开展不同地区和流派的京剧艺术资料整理、学术研究、实物征集、交流合作、国内外宣传展示等工作。在基层政府和社会组织的推动下，使得京剧作为非物质文化遗产深入百姓家、学校中，鼓励民间自学，挖掘民间有潜力的传承人，探寻行之有效的传承模式，营造全民学习、保护和传承"非遗"的环境与氛围，进一步改善了京剧发展的文化生态。

（三）丰富了地区公共服务的内涵和形式

椿树街道深入挖掘梨园文化，形成了以打造"椿树杯"北京市社区京剧票友大赛为系列品牌活动，以安徽会馆为实体的文化活动基地，加之梨园知识讲座和观摩课、梨园文化进社区等一系列多维度、系统化的梨园文化服务产品，打破了以往政府公共服务产品内容单调，缺乏特色、千篇一律的困境，凸显了椿树街道的地域文化特色，以公共文化产品的差异性，打造了属于椿树的响亮的公共文化服务品牌。

（四）增强了地区文化凝聚力

椿树街道传承和保护梨园文化，尊重了地域文化传统特征，有利于更加贴近居民，有利于发挥文化的凝聚力。一方面，使得公共文化产品的供给更具有吸引力，从而吸引了一大批居民群众参与其中，各种类型的以梨园文化为主要内容的公共文化产品和服务，不但丰富了居民的精神文化生活，增强了社区的凝聚力，还形成崇尚先进、团结互助、扶正祛邪、积极向上的社区道德风尚和文明健康的生活方式。另一方面，椿树梨园文化使得辖区的居民从文化意义上有了"我性"与"他性"的区别，潜移默化中人们形成了一个文化共同体，进而对区域属性产生认同感、归属感，甚至自豪感。

（五）打造了地区京剧文化金名片

"椿树杯"不断寻求突破、创新，观赏性、艺术性和影响力得到逐步提升。从最初的社区舞台自娱自乐到2012年登上梅兰芳大剧院这样的京剧艺术殿堂，"梨园文化季"吸引了来自28个国家和地区的百名海外华侨与戏迷朋友欢聚一起。据不完全统计，前十届共有近2200人次参与。之后，"椿树杯"的品牌影响力一步步增强，从最初只有街道票友切磋到后来发展到其他区县、省市，乃至国外京剧爱好者相聚，越来越多的京剧票友了解并热爱上了"椿树杯"。从传统舞台演出到借助高科技的网络平台，推动了京剧国粹在广大人民群众中的普及与传承，用殷殷深情灌注生生梨园奏响京腔京韵的新时代强音。

四 椿树街道传承和保护梨园文化与公共文化建设互动互促发展的启示

（一）社区是文化生态环境的基本单元，传统文化的传承和保护要根植于社区

良好的文化生态环境，基本体现就是非遗传承在社区、活跃在社区。人是创造和传承传统文化的源头和根本，传统文化产生于百姓的生产生活中，要传承和发展必须依赖人民群众的力量，椿树街道把社区作为文化生态环境的基本单元，让传统文化根植于社区，活跃在社区，传承在社区。只有重视社区保护，传统文化和非遗项目才能够活起来，参与者才能够多起来，传承的活动和方式才能够丰富起来。同时，传统文化不仅需要保护，还需要创新与发展，随着时代与时俱进，唤起传统文化生长力，在时代语境里观照当下，这样文化才能扎根、发芽、开花、结果，赋予今人以积极的思考和正能量，才能真正实现活态保护。另外，文化的繁荣和发展，必须要让人有获得

感、认同感和自豪感,这就需要把传统文化的传承保护与为社区居民享受到服务关联起来,椿树街道将梨园文化保护传承与公共文化产品和服务相结合,恰恰就是做到了这一点。如果仅是为了情怀而保护,那么传统文化也容易失去保护的基础与可持续性。

(二)营造良好的传统文化保护氛围需要广泛参与的土壤

传统文化保护需要良好的氛围。氛围是建立在相应的土壤环境之上的,是由丰富的实践构成的。包括资金投入、机构统筹、设施建设,特别是公众参与等。当然,政府主导也是至关重要的。从椿树街道的实践来看,在传统文化的保护中要着重发挥政府在三个方面的作用。一是增加投入。各级政府要增加资金方面的投入,打造保护传统文化的环境和空间载体。如椿树街道培育和扶持民间京剧传承和保护社会组织及对安徽会馆的保护、修缮和再利用,都是以政府投入为主,营造京剧保护传承的环境和载体。二是搭建平台。让传承人的才情有展示平台,传承活动有实践平台,如椿树街道举办的"椿树杯"北京市社区京剧票友大赛,就发挥了这样一种平台作用。同时,支持街区、社区的建设,让传统街区、社区成为非物质文化遗产传习和展示的空间。三是提供机会。为传承人、相关社会组织提高传承和实践能力提供各种机会。积极组织传承人参加交流和研修研习培训。

(三)重视建构传统文化与公共文化服务之间的互动关系

地域传统文化与公共文化间有着密切的联系,一方面,传统文化为公共文化产品提供了重要内容支撑,将传统文化和公共文化产品相结合,不仅能够使公共文化产品具有自身的特色和辨识度,而且更加能够贴近地区居民群众。公共文化产品如果脱离了地域文化特色,其内容和服务就容易流于形式,千篇一律,群众参与的积极性将会受到严重影响。地域传统文化是在居民群众的生产生活中诞生的,是公众创造合力的体现,具有群众基础,传承性强的文化艺术内容是吸引公众参与公共文化活动的重要因素,公共文化服务和产品只有立足于传统文化才能更加具有灵魂,才能够更好地满足地方群

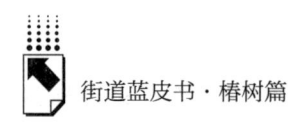

众公共文化需求。

另一方面,公共文化建设为传统文化保护和发展创新了平台和保障。公共文化建设拥有专门的文化活动的组织、政策和资金作为保障,为传统文化的保护传承和创新提供了更多的支持和载体。以现代公共文化建设的载体和渠道传承传统文化,包括组织民间推广和普及、文化遗产的搜集和整理、挖掘民间的传承人等,是以公共文化系列活动的形式推动传统文化保护传承和创新的重要方式。

参考文献

段友文、郑月:《"后申遗时代"非物质文化遗产保护的社会参与》,《文化遗产》2015年第5期。

布莉华、孙玲玲、姜新:《承德满族非物质文化遗产在高校中的传承实践与思考》,《河北软件职业技术学院学报》2017年第4期。

阚越:《新疆非物质文化遗产资源与旅游节庆活动的互动发展探析》,《喀什大学学报》2016年第5期。

黄涛:《近年来非物质文化遗产保护工作中政府角色的定位偏误与矫正》,《文化遗产》2013年第3期。

兰元富:《关于非物质文化遗产保护的若干思考》,《凯里学院学报》2008年第4期。

邹宁宁:《谈谈新形势下非物质文化遗产保护》,《兰台世界》2015年第35期。

邓莹辉:《从"撒叶儿嗬"的发展看非物质文化遗产的保护与传承》,《三峡论坛》(三峡文学·理论版)2010年第2期。

李少惠:《民族传统文化与公共文化建设的互动机理——基于甘南藏区的分析》,《西南民族大学学报》2013年第9期。

陈立旭:《以全新理念建设公共文化服务体系——基于浙江实践经验的研究》,《浙江社会科学》2008年第9期。

傅才武:《当代公共文化服务体系建设与传统文化事业体系的转型》,《江汉论坛》2012年第1期。

符瑛:《以"现代公共文化服务"促传统文化发展——论传统文化如何突破网络的重围》,《艺海》2017年第4期。

陈耿锋:《福州市非遗文化资源与公共文化服务融合发展浅析》,《艺术科技》2017年第11期。

B.12
椿树街道探索区域性细颗粒物污染防治模式

摘　要： 环境污染防治工作事关区域环境品质和可持续发展，也是民生保障中的备受关注的问题。改善区域环境品质，打造良好的宜居环境，进一步创新环境污染防治模式，对进一步提高民生保障工作水平，防范生态环境持续恶化具有重要意义。北京市西城区椿树街道结合街道特点，以生态文明建设为目标，以保障市民健康为出发点，以防治细颗粒物污染为重点，充分发挥属地管理优势，动员社会力量参与环境保护工作，协调各执法部门开展联合执法行动，打造了党政同责、一岗双责、齐抓共管的责任体系，创新了区域环境防范的新模式，对进一步探索区域性环境治理具有一定的借鉴意义。

关键词： 椿树街道　区域性环境治理　环境品质　和谐宜居

一　椿树街道探索区域环境污染防治新模式的背景

（一）北京市"大城市病"问题及其特点

当前，国家和政府越来越重视对环境的保护，随着经济社会发展水平日益提高，以及有关环境知识的宣传，我国公众对环境污染等有关问题的关注度也越来越高。近年来，北京的城市规模、人口规模、经济规模不断扩大，人口、资源、环境三者之间的矛盾日渐突出。从人口承载看，截至2014年底北京的常住人口达到2151.6万人，已突破2020年1800万人左右的控制目标，人口规模过快膨胀，城市不堪重负，资源环境超限，难以为继。从交通情况看，2014年北京市机动车已达到了561万辆，中心城区工作日拥堵持续时间接近2小时，人均通勤时间居全国首位。如果功能和产业在中心城区继续集聚，交通拥堵会更加严重。从资源能源看，水资源短缺、能源匮乏，大量能源需要外部供应，无力承载过多功能和产业，已经影响到了城市的正常运行，甚至影响到社会的安全、和谐、稳定。从生态环境看，大气污染情况并未从根本上得到改善，形势依然严峻，空气质量与国家的新标准还有很大的距离，PM2.5污染治理成为大气污染防治工作的重中之重。垃圾处理、水环境治理形势依然不容乐观。解决好大城市病问题，进一步加强城市生态环境建设和环境污染治理的任务日益迫切。

（二）椿树街道区域特点及环境问题现状

北京市西城区椿树街道是整个西城区区域面积最小的街道。椿树街道区域面积虽小，但街道处于北京市核心区域，地理位置十分优越，并且文保单位较多，导致辖区内流动人口十分密集，居民成分较为复杂，街道的环境防治工作也面临严峻的考验。首先，椿树街道辖区内以老旧的平房院落为主，而大多数的老旧平房院落都缺少相应现代化的物业管理，直接导致生活垃圾的分类、收集、清运以及处理都相对滞后。同时老旧平房院落的绿化养护问题也十分凸显。由于椿树街道辖区内的老旧平房院落大多数建造年代久远，大部分缺少现代化的取暖设施，大部分住户仍然采用燃煤的取暖方式，对空气质量的污染造成了直接的影响。其次，由于椿树街道位于首都的核心区域，相关企事业单位集聚，同时辖区内多条大道是京城著名旅游景点的必经之路，导致辖区内机动车辆经常"川流不息"，汽车尾气排放以及鸣笛现象十分严重。再次，由于相关历史遗留原因，椿树街道辖区内目前还存在一些使用锅炉的单位，其排放的氮氧化物是空气污染的主要元素。最后，由于椿树街道相关的拆迁改造工程实施，地面扬灰扬尘现象时有发生，拆迁遗留的大件废弃物以及渣土的处理都对辖区内环境防治工作带来了严峻挑战。

二 椿树街道在辖区内开展细颗粒物污染防治所采取的举措

（一）减少污染排放，加强源头治理

环境的污染在于污染源，只有减少污染排放，同时加强环境整治，才能标本兼治做好环境污染防治工作。椿树街道在开展环境污染防治工作的进程中，十分重视对环境污染源头的治理。街道针对辖区内存在的主要污染源问题，根据不同污染源的特点和情况，分类施策，采取不同的方式和方法对辖区内污染源进行了治理和改造。

第一，推进煤改电改造工程。椿树街道从2008年开始就在辖区内推进煤改清洁能源改造工作，通过引导居民将原有的燃煤取暖方式改变为电取暖方式，从源头上减少环境污染。2008~2016年，椿树街道累计为5268户居民家庭进行了煤改清洁能源改造，辖区内具备改造条件的家庭做到全覆盖。椿树街道为了配合推进开展煤改清洁能源工作，积极做好煤改电补贴办理工作，认真审核居民申报材料。街道还积极协调相关部门、单位，为电取暖设备出现故障的居民家庭进行上门维修，保证了取暖设备的正常使用。

第二，淘汰老旧机动车，控制机动车污染。近年来，椿树街道积极推进黄标车及其他高排放老旧机动车淘汰排查工作，通过认真调查走访，椿树街道建立了老旧机动车的台账，通过电话联系、悬挂横幅、张贴宣传海报和发放宣传手册等方式，向每一位老旧机动车车主宣传老旧机动车淘汰奖励政策，鼓励相关车主及时将自家的老旧机动车报废、转出或者置换符合新排放标准机动车及新能源机动车。

第三，开展严查燃煤工作，实现"无煤化"。椿树街道对辖区内的居民和经营单位进行摸底排查，对使用燃煤的商户和住家建立了详细的台账，对

每户的地址、联系方式和存煤数量等信息进行了详细的统计与分析。针对商户主要是通过联合执法检查的形式进行了清理，对居民户则针对不同的情况采取不同的方式予以解决，使台账内的燃煤户全部停止燃煤。与此同时，街道在严查燃煤反弹的同时采取措施保证居民取暖，实时关注严查燃煤工作的情况，各部门加强分工协作，防止燃煤行为反弹。

第四，进行锅炉低碳、低氮改造。椿树街道按照首都产业升级的相关要求，在完成了锅炉煤改油、煤改气的改造之后，对辖区内使用锅炉的单位进行全面排查，建立台账，配合环保部门督促相关单位进行锅炉改造，以此降低氮氧化物排放。

（二）加强城市环境建设，夯实环境污染防治工作基础

椿树街道以生态文明建设为目标，坚持环境建设与环境保护同步推进的思路，夯实环境污染防治的工作基础。

第一，制定《椿树街道拆迁区自治管理办法》，施行"1+3"模式，即由办事处统筹，拆迁主体、执法部门、居委会三方携手管理，建立联系机制，督促拆迁主体单位切实履行主体职责，做好拆迁区域环境治理工作。要求各责任主体做好渣土清运、苫盖，清理卫生死角、大件废弃物。遇有空气污染预警天气积极启动应急预案，采取停工停产、洒水等防护措施。

第二，椿树街道通过扩大绿化面积，铺设渗水砖，完善城市基础建设的同时减少地面裸露，尽量减少地面扬尘。结合精品胡同改造、违法建设拆除、拆迁区闲置空地利用等工作有效改善了环境面貌，杜绝了人为污染的发生。

第三，椿树街道在辖区内的所有小区实行生活垃圾分类，制定实施了《垃圾分类工作奖励办法》，加强对垃圾分类工作的考核。对辖区内破损垃圾箱及时进行维护、修缮、更换，不断提高分类效果。加强对辖区居民的宣传，累计发放致居民一封信1万多封，养成"减量、循环、自觉、自治"的行为规范，避免了生活垃圾污染环境。

表 1　椿树街道主要改善防治工作

序号	时间	工作内容
1	2013年	椿树街道利用有限的空间打造生态宜居的街巷生活环境,完成南柳巷、西南园、琉璃巷、万源夹道、铁鸟、兴胜胡同6条精品胡同建设,对胡同进行绿化景观设计,修建花池、栽种绿植,增加绿化面积近550平方米;在香炉营头条北侧建设了一处675平方米的健身广场,并对四周进行绿化美化
2	2014年	完成安徽会馆周边、后孙公园、前孙东西夹道4条胡同的改造;利用香炉营头条东段北侧拆迁滞留地建设一处936平方米的文体广场,在满足了辖区居民的文体活动要求的同时也有效减少地面裸露
3	2015年	在梁家园闲置地块建设健身广场,广场北侧140平方米划为羽毛球场地,安装石桌、石凳,南侧80平方米安装健身器材
4	2016年	在拆迁腾退区等处铺设渗水砖2000平方米,对前青厂胡同、铁门胡同南口拆迁滞留地进行绿化景观设计建设,新增绿地3块,共计2210平方米
5	2017年	做好西南园等9条胡同整治及香炉营头条等7条胡同景观提升。提升骡马市大街、东椿树胡同绿化景观。对椿树园西门等25处点位进行小微绿地改造。共新增绿化5872平方米

(三)多部门联合,加大整治、执法力度,规范环境污染防治工作

椿树街道通过城市精细化管理,加强统筹协调,各个职能部门之间分工协作、联合执法、共同监管,针对整治点多、量大、面广的施工扬尘、道路遗撒、露天烧烤、经营性燃煤和机动车排放等污染问题进行集中整治,排查排污单位,督促他们改善污染防治设施,实现规范化运行管理,切实做到减排,多次组织联合执法检查、专项检查,进行环境整治。

第一,积极应对空气重污染天气。在市、区空气重污染应急指挥部办公室发布空气重污染黄色级别以上预警通知的时候,街道办事处会在第一时间主持召开空气重污染应对工作部署会。针对不同预警级别,启动椿树街道空气重污染应急相应预案,安排宣传、检查、督察等工作。同时,街道应对空气重污染的主要工作措施还包括对辖区工地落实情况进行检查,工商、城管、食药等部门展开各项专项检查工作,环卫队加大道路清扫保洁强度,社区加强健康防护等方面科普知识的宣传。

第二，严格监督施工扬尘污染。椿树街道推行绿色文明施工管理模式，对施工场地加强监督管理，督促施工单位落实全封闭围挡、使用高效洗轮机和防尘墩、料堆密闭、道路裸地硬化等扬尘控制措施，防止施工过程出现扬尘，确保施工单位切实履行工地门前"三包"责任制，保障工地出入口和周边道路的清洁。同时，城管分队借助科技手段，通过查看视频监控、实施现场执法等手段，加大对扬尘污染监管执法力度。

第三，严格控制道路扬尘污染。椿树街道环卫队在街道工委和办事处的统一组织和协调下，增加作业频次，切实降低道路积尘负荷。实行秋冬季落叶统一用落叶收集袋装运，统一地点集中堆放，街道集中清运的方式，减少了环境污染，杜绝焚烧落叶的现象。

第四，严格控制烧烤、餐饮油烟等污染。椿树街道针对餐饮类污染情况，街道城管执法队始终保持高压严格执法，彻底治理违规倾倒餐厨垃圾和废弃油脂，取缔不符合规定的烧烤行为。与此同时，街道安全生产办、食药所加强辖区餐饮单位油烟监管，督促餐饮企业和单位食堂安装使用高效油烟净化设施，并定期清洗维护，确保达标排放。

（四）宣传环保知识，营造人人参与环境污染防治工作氛围

群众对环境污染防治工作的支持率、参与率和知晓率是决定工作成败的重要因素，椿树街道多年来利用多种形式向辖区居民宣传环保知识，在居民中树立环保生活理念。

椿树街道在2015年《北京市控制吸烟条例》实施后，大力普及禁烟知识，号召辖区单位、社区、居民积极参加"控烟行动"。2016年完成了宣武门商务酒店和千禧园球迷餐厅两个控烟示范单位的创建工作，顺利通过了北京市人大常务委员会及市人大教科文卫委员会的检查验收。

每年世界环境日、世界无车日及世界水日等环保宣传日，椿树街道都开展宣传活动。例如，椿树街道每年都在宣东社区文化广场开展无车日宣传活动，宣传倡导绿色出行，印刷并发放有关宣传品，同时对社区内的报栏、宣传面板等张贴宣传告示。

三 椿树街道对辖区内开展细颗粒物污染防治所取得的效果

（一）有效控制"三高"，产业升级转型进一步加快

椿树街道通过对辖区内开展环境污染防治工作，彻底整治了辖区内高污染、高能耗、高排放的"三高企业"，使辖区内的"三高企业"相继停产并迁出辖区，随着辖区内"三高企业"的清除，街道通过专业的空气质量监测机构的测量，发现辖区内空气污染情况得到了明显的改善，取得了较好的环境效益。与此同时，椿树街道此举不仅整治了辖区内的环境污染防治问题，并且进一步淘汰了辖区内的落后产能，加快了椿树街道相关产业的升级换代，实现了辖区内产业的"腾笼换鸟"，同时加快了首都核心区域内的非首都功能疏解，使椿树街道自身的发展与北京战略发展定位相适应、相一致、相协调，使椿树街道能够更好地服务北京在新时期的战略发展。

（二）调整能源结构，进一步完善辖区内基础设施建设

北京市椿树街道在推进环境污染防治的进程中，改变了街道辖区的能源消耗模式，把传统的能耗模式转变为再生资源和清洁型能源为主的能耗模式，使椿树街道的能源结构变得更加适应现今环境发展的趋势，让区域的能耗模式变得更加环保、更加高效。与此同时，椿树街道在整治环境污染的过程中，按照辖区城市建设与辖区环境评价体系同步进行的原则，通过环境评价分析对辖区内有关城市建设项目进行优化组合，进一步完善了城市基础设施建设，在辖区内实现了集中供热供暖，完善了辖区内老旧平房院落的给排水管网设施建设，提高了辖区水资源的利用，同时加强了辖区内的交通建设，完善了辖区垃圾处理设施，提高了辖区自我清洁能力，加大了辖区绿化覆盖率，并提供及改善了辖区生态环境的配套服务。

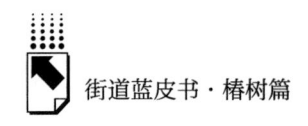

（三）进一步增强辖区群众的环境保护意识，建立环境保护公众参与机制

辖区百姓是辖区环境的主导者与参与者，只有辖区居民本身具有环保的意识才能更好地进行环境保护。椿树街道在辖区内开展环境污染防治的过程中，通过采取相应的举措，加大了宣传环境保护工作的力度，在街道辖区内进一步普及了环境污染防治的专业知识，提高了民众环境保护的意识，使街道辖区居民增强了自身主人翁意识，让辖区居民能够更加积极地参与到环境污染防治中来，为辖区环保事业的持续发展提供了可靠的保障。此外，椿树街道在推行环境污染防治工作的进程中，进一步扩大了环境污染防治工作的参与途径，让辖区民众可以参与环境防污的举报、监督等工作环节，使环境污染防治工作的处理过程以及应用措施都进行了公开化处理，使政府的工作更加透明、更加有效，从而实现了群众的利益最大化。

四 椿树街道开展环境污染防治工作的思考与启示

（一）区域性环境污染防治具有重要意义，需要基层给予高度重视

一般来说，环境污染治理是一个整体性、系统性工程。从椿树街道的实践看，区域性的环境污染防治依然具有重要意义，而且可以取得一定的成效。椿树街道在推行环境污染防治的过程中，结合自身实际情况，为环境污染防治工作打造了党政同责、一岗双责、齐抓共管的责任体系，成立了椿树街道环境污染工作领导小组，通过实际调研，把燃煤污染治理、工地扬尘污染综合治理和重点污染行业治理列为重点内容，并制定了《椿树街道清洁空气行动工作方案》、《椿树街道空气重污染预警响应预案》和《拆迁区环境自治管理办法》，强化了街道各相关单位对环境污染防治工作的督促和落实，进一步将环境污染防治工作层层分解，切实防范环境污染事件的发生。

（二）加强区域性环境污染防治要持续加大环境联合执法力度

街道层面的环境污染防治工作涉及多个部门，特别是针对社会生活类环境污染的监管部门众多，各主责部门之间的职责分工不同。彼此之间存在着重复监管的问题，各部门之间相互扯皮的现象时有发生。例如街道城管队在环境污染防治中，承担的环保监管包括向排水设施内倾倒杂物，露天烧烤、焚烧，非法夜间施工，废旧物品收购场所环境污染，违规堆放、倾倒生活垃圾、建筑垃圾，施工扬尘污染，运输车辆遗撒、道路扬尘等，职责与环保部门的很多职责存在较大重叠。因此，应该在各相关主责部门之间建立跨部门的协调机制、沟通机制与信息共享机制，特别是联合执法机制，进一步提高环境污染防治的工作效率。

（三）区域性环境污染防治要加强对社会生活类环境污染的法律综合治理

随着北京市产业升级转型的不断深入，处于首都核心区域的椿树街道的污染源也随之发生变化，以往的工业性污染源逐渐向社会生活类污染源转变。社会生活类污染的主要来源是辖区居民日常生活垃圾，以及为人们日常生活需求提供服务的第三产业的企事业单位产生的污染，同时也包括机动车尾气的排放、能源消耗、水污染等。社会生活类环境污染不同于传统的工业污染，社会生活类污染都是日常生活中的"小事"，如生活噪声、餐饮油烟、扬尘污染等，但是社会生活类环境都发生在群众百姓身边，与群众百姓的日常生活及身体健康息息相关，对环境污染所造成的影响也越来越大。但与此同时，我国目前缺乏明确的关于社会生活类污染防治方面的法律法规，街道层面的执法权限不足，而街道又是我国最基本的行政单位，从而导致了基层在环境污染防治方面缺少有针对性的法律政策依据。并且，社会生活类污染防治具有很强的综合性，从法律上讲，仅仅环境法一个部门的法律不能从根本上解决这一问题，它涉及多个层面，比如，《民法》的相邻关系、特殊侵权责任、《城市房地产管理法》的建筑物区分所有权，《民事诉讼法》

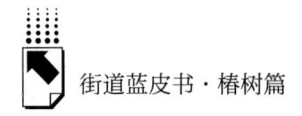

的公益诉讼制度，《城乡规划法》的土地利用规划、环境规划，等等，因此，需要有综合性的法律体系考虑其对防治工作的规定。

参考文献

方建华：《玉溪市城市环境污染现状及防治对策》，《云南环境科学》1996年第15卷第4期。

王伟：《我国城市环境污染现状及防治措施研究》，《中国高新技术企业》2013年第17期。

李怡然：《论城市环境污染问题及其防治》，《资源节约与环保》2015年第4期。

谭柏平：《北京市环境污染防治面临的挑战及法律建议》，《法学杂志》2013年第11期。

北京市西城区人民政府椿树街道办事处：《椿树街道环境污染防治迎检汇报材料》。

北京市西城区人民政府椿树街道办事处：《椿树街道迎检点位部署汇报材料》。

B.13
椿树街道以打造"椿议民情坊"探索基层协商新模式

摘　要： 党的十九大报告提出"发挥社会主义协商民主重要作用。有事好商量，众人的事情由众人商量，是人民民主的真谛"。在此背景下，椿树街道结合实际情况，开拓工作思路，创新工作方法，通过构建"民事民提、民事民议、民事民决、民事民评、民事民享"的"五民"体系，打造具有椿树特色的"椿议民情坊"，赋予居民更充分的知情权、自主权、决策权、监督权和管理权，探索建立街道参与型协商治理的新模式，激发了社区居民自治活力，为推进社区协商民主提供了可借鉴经验。

关键词： 椿树街道　基层协商　居民自治　社区治理

党的十八大报告首次提出"社会主义协商民主是我国人民民主的重要形式"，并对健全社会主义协商民主制度进行了系统论述，这是对社会主义民主问题的实践创新和理论创新，也是全面深化改革的重大突破。党的十八届三中全会研究通过的《中共中央关于全面深化改革若干重大问题的决定》对"协商民主"进行了定位，指出"我国社会主义民主政治的特有形式和独特优势，是党的群众路线在政治领域的重要体现"。2014年，在庆祝中国人民政治协商会议成立65周年大会上，习近平总书记对协商民主进行了着重论述；2015年11月，中共中央办公厅出台了《关于加强人民政协协商民主建设的实施意见》，进一步规范了政协协商的内容和形式。2017年，党的

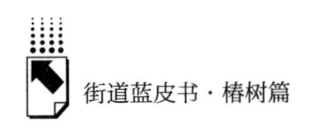

十九大报告再次强调:"发挥社会主义协商民主重要作用。有事好商量,众人的事情由众人商量,是人民民主的真谛。协商民主是实现党的领导的重要方式,是我国社会主义民主政治的特有形式和独特优势。"为基层开展民主协商指明了方向。

一 基层治理中推进协商民主的重要性

(一)协商民主是广大人民群众实现政治参与的重要途径

社会主义民主政治的本质要求就是人民当家做主。民主选举是通过人民代表大会制度实现的间接性民主,协商民主则让人民群众直接参与政治决策。另外,我国是一个多民族、多党派、多宗教的人口大国,各地风俗习惯、行为方式以及价值取向差异也比较大,要想最大限度地满足更多人的诉求,就要在民主、平等、充分协商的基础上做出能被群众接受的决策,这既要满足普遍性的合理诉求,又要听取不同的声音,最终做出科学的决策,真正做到"发展为了人民、发展依靠人民、发展成果由人民共享"。

(二)协商民主是促进社会和谐的有效手段

社会是多元的,每个群体、每个阶层都有着各自的利益,难免产生利益冲突,尤其是我国正处于社会转型时期,随着改革的深入,各类群体利益分化,出现不均衡的利益格局,社会矛盾加剧,容易引发各类社会不稳定因素。而协商民主就是为广大人民群众搭建沟通平台、拓展沟通渠道,在充分尊重各类群体不同利益的基础上,通过沟通、交流、协商寻求共同利益最大化,解决实际问题,避免矛盾激化。

(三)协商民主是实现基层治理能力与治理体系现代化的重要方式

治理能力和治理体系的现代化,是在保障主权归属于广大人民群众,即人民当家做主的基础上,在推进政府治理、市场治理以及社会治理当中,具有完善的制度安排和规范的公共秩序，协商民主制度作为国家治理现代化与治理体系的重要组成部分，能够很好地满足国家治理现代化的需求。因为治理能力的现代化是一个以共同利益为核心、多元主体共同合作的过程，要求多元主体共同参与，协商民主为治理搭建协商对话平台，促进多元主体与政府的对话，共同决策社会公共事务，促进社会调节、居民自治良性互动，形成群策群力、依法治理的局面，为最终实现"善治"提供制度保障。

二 椿树街道建立参与型协商治理新模式推进社区居民自治

椿树街道辖区面积小、人口密度大，辖区内平房拆迁区、楼房建成区问题多样。在这样的背景下，如何激发各类人群的家园意识，让他们真正成为家园的主人，在情感上与自己所在的城市融为一体，是椿树街道推进基层社会治理中遇到的难题。2016年，椿树街道在实际工作中，开拓工作思路，创新工作方法，借鉴"京报馆"秉持的"必使政府听命于正当民意之前"的理念，① 重点打造了"椿议民情坊"，通过构建"民事民提、民事民议、民事民决、民事民评、民事民享"的"五民"体系，使居民拥有更充分的知情权、自主权、决策权、监督权和管理权，极大地调动了居民参与家园建设的积极性，并达成了最广泛的共识，探索建立了基层参与型协商治理的新模式。

（一）构建"五民"体系，完善民主议事机制

1. 党建引领核心化，强化"五民"体系的组织基础

作为《京报》的创刊地，椿树街道工委、办事处一直秉持"必使政府听命于民"的管理思想，为此构建"大党建"格局，完善椿树街道党建工作联席会议制度，吸纳辖区内中央、市属、区属及非公单位企业党组织，成

---

① 1918年10月5日，邵飘萍独立创办了《京报》。他在《京报》的发刊词《本报因何而出世乎》中称报纸是"供改良我国新闻事业之试验，为社会发表意见之机关"，公开声明"必使政府听命于正当民意之前，即为本报所为作也"。

为联席会议成员单位,负责谋划区域发展的重要事务。社区层面,成立了"椿议民情坊"的参与型协商平台,围绕居民共同关注的需求和服务,分级分类形成社区公共议题,并组织居民代表进行商议表决,形成社区公共议题的解决方案,实现了"居民派活,政府跑腿落实"。

2. 共治主体多样化,扩大"五民"体系的有序参与

首先是实现议事主体多元化。建立"椿议民情坊",要求在每个社区成立议事协商小组。议事协商小组成员由能够代表受益群体整体意见的党员、群众、网格员、社区社会组织、辖区单位共五类代表组成,总人数为10人以上且为单数。

其次是解决主体多元化。针对居民需求的多元化,椿树街道整合社会多方力量,成立了"爱心共助会",实现居民议题解决的"三分法",即属于政策保障类的事项交由政府统筹解决;属于公益服务类的事项交由社会组织动员志愿者解决;属于便民服务事项的交由服务商解决,推进社区服务社会化。

3. 参与协商规范化,完善"五民"体系的运行机制

"椿议民情坊"是践行"五民"体系的重要载体,有一套完整的协商议事流程,即民事民提—民事民议—民事民决—民事民评—民事民享五个环节,是一个环环相扣、逐层递进的闭环体系。椿树街道通过建立《大党委联席会议制度》,制定《参与式协商主体选举制度》《"椿议民情坊"协商议事规则》《椿树街道向社会组织购买服务的管理办法》等制度,保障了利益主体合理有序参与协商,避免了居民被动接受服务的现象,增强了政府决策的透明度,提升了政府社会治理的公信力。

"民事民提"是基础,是起点,更好地倾听居民的所需所想。即通过街道相关科室定期征集、社区召开居民会议、社区工作者入户调查等形式,结合社区的实际需求,征得社区三分之二议事代表同意后,定期形成民情议题。在此环节中,将收集信息分为两种情况:社区自行化解部分和上报街道科室解决部分。上报街道科室的事项记录在案,相关科室明确解决方案,及时着手办理。

"民事民议"是关键,在征集民需的基础上,求智于民,找到居民满意

的解决方法。即结合社区实际情况及事项的轻重缓急,通过街道会议等相关程序,明确社区议题内容的可操作性和议题解决的承接主体,择期选择召开议事会,议事代表听取承接主体关于服务项目的介绍,并提出意见和建议。民议过程分级讨论,结果公开反馈。

"民事民决"是手段,主要是针对涉及居民切身利益的"大事",街道把好前置关,适度、逐步"还权于民"。即议事代表对两家及以上的承接主体进行投票,投票过程在纪检监察部门的监督下,采取无记名投票的方式进行。经现场唱票、计票及监票人确认,公布投票结果,得票多的单位自动为承接主体。

"民事民评"是保障,这个环节主要是培养和提高居民的监督意识和能力。即确定承接主体后,每半年组织受益方代表对承接主体的服务成效进行满意度测评,并提出改进意见,街道根据满意度评估结果和意见的落实情况,决定是否继续购买承接主体的服务项目。及时有效地评估和检验"民事民决"正确性和有效性,会使"民事民决"的相关方反思决定的理性和周全,同样也能促进"民意"质量的提高。

"民事民享"是归宿,也是对"民议"成果的巩固,是治理的最终目标。街道通过不断提出需求、更新解决方案、提升服务质量,最终让居民在参与民主的过程中更好地受益,最终成长为民主意识、民主素质日趋成熟的公民群体。

(二)"五民"体系的践行成果——北京首个居民票选街道养老驿站诞生

针对辖区人口老龄化问题,椿树街道希望进一步了解辖区老年人口需求,委托睦邻社会工作事务所通过走访调研,组织居民代表议事,收集居民需求并建立档案,形成了老年人需求报告。据报告显示:辖区老年人存在日间照料、助餐服务、健康指导、文化娱乐等需求,其中红线社区、梁家园社区和琉璃厂西街社区尤为突出。经街道工委内部协商统一之后,于2016年9月12日,椿树街道正式召开了"椿树地区首家社区养老服务驿站运营项目发布会"。参与项目发布会的有发布方(椿树街道)、受益方(红线社区、梁家园社区、琉璃厂西街社区党委书记或居委会主任)、拟运营方(北京市西城区睦邻社工事务所和椿树街道国安银柏养老照料中心)、监督方(街道纪检监察科科长,其他社区党团阵地监督员)。

10月23日,椿树街道组织了项目评审,来自红线社区、梁家园社区、琉璃厂西街社区共31名居民代表组成大众评审团,共同投票选举街道养老服务驿站服务商,西城区民政局、区社工委、椿树街道领导及各大媒体出席评审会。由两家社会组织汇报各自的运营方案,随后由现场居民代表队汇报人进行质询和提问。

根据项目方案汇报和答辩情况,大众评审团在纪检监察部门的监督下进行了现场投票,最终国安银柏养老照料中心以17∶14胜过睦邻社工事务所,成为北京市首个居民票选的社区养老服务驿站。

椿树街道首推服务商票选模式是"椿议民情坊"议事平台上的第一次尝试,吸引了社会各方的关注,特别是相关媒体纷纷进行了报道,这不仅是对"椿议民情坊"这一社区参与型协商工作推进的宣传,也是对整个实施过程的监督。工作人员对评审会进行了全程录像,运营商在汇报和答辩环节所承诺的事项将最终落实到与街道签署的合作协议中,以最大限度地保证广大居民的切身利益。经历了民提、民议和民决之后,街道在运营商运营服务半年之后再次组织受益方代表进行民评工作,促进各相关方进行调整改进,最终实现民享的最大化。

(三)巩固"五民"成果,破解社区治理难题

1. 转换组织主体,实现有序参与

通过还权、赋能、归位,打造"椿议民情坊",以"开放空间""社区茶馆"等新创新型会议方式为技术手段,以六大委员会及其职能(见图1)以及与之相对应的六大类社区社会组织为服务支撑,将居民反映比较突出的急、难、热问题,通过议题的形式提交至各社区"椿议民情坊"进行讨论,使居民能够有序参与社区事务。实现了政府服务与百姓需求的有机融合,使政府的行政功能与居民自治形成良性互补。

椿树街道以打造"椿议民情坊"探索基层协商新模式

社区共建与协调委员会
1.负责社区各类资源的整合、开发与利用；2.负责开展与社会单位的共建协调工作；3.负责指导、监督业主大会、业主委员会和物业管理工作；4.负责开展社区双拥工作；5.按照社区分工，完成其他工作

社区安全与民调委员会
1.负责社区安全宣传教育，增强群众防火、防盗、防灾、交通安全事故等安全防范意识；2.协助政府建立社区防范网络，健全社区社会治安防范体系，监督社区社会单位安全防范责任制的落实；3.动员、组织群众开展治安巡逻、看门护院等群防群治工作；4.开展法制宣传教育，提高社区成员法制观念，健全人民调解组织，开展人民调解工作；5.协助政府解决好在拆迁、危改、施工等各项工作中的矛盾和问题，做好教育疏导工作；6.协助社区服务站做好流动人口教育、管理和服务工作；7，按照社区分工，完成其他工作

社区公共事业发展委员会
1.宣传贯彻党和政府关于计划生育、公共卫生、文化、体育、教育、科普等方面的法律、法规和政策；2.负责收集居民关于社区文化、教育、科普、体育等公共设施的意见，并向政府提出相关建议与意见；3.根据居民的需求，组织开展丰富多彩、健康有益的文化、体育、科普、教育、娱乐等活动；4.负责培育、发展兴趣爱好类群众性组织，并推进其规范化发展；5.加强社区文化建设，邻里文化、楼宇文化建设，加强社会公德、家庭美德意识教育，营造文明和谐的社区内尚；6.按照社区分工，完成其他工作

社区社会福利委员会
1.宣传贯彻国家有关社会救济、老龄、优抚、助残、社会保障、劳动保障、劳动就业等方面工作的法律、法规和相关政策；2.负责壮大社区服务志愿者队伍，动员和组织社区成员开展尊老助残、扶贫济困活动，弘扬关爱邻里、奉献社区的精神；3.掌握社区各类困难群体的基本情况和需求，监督政府各项优抚政策的落实，维护老年人、残疾人和未成年人等弱势群体的合法权益；4.协调社区服务中心、社区服务站、社区卫生站等组织广泛开展便民服务活动；5.配合社区服务站，做好社区各类困难群体享受优抚政策办理时入户调查、公示工作；6.按照社区分工，完成其他工作

社区民情民意委员会
1.健全社区居民组织网络，落实居委会成员包楼院、楼门组长包户制度；2.负责和谐社区促进员（社区楼、门、层长）的组织、教育、培训工作；3.负责社区事务公开工作，定期向社区居民通报有关居委会工作；4.通过居民会议、社区听证会、议事协商会等会议及走访、问卷调查等形式，畅通民意渠道，及时收集居民呼声，及时向政府和社区党委、社区服务站提出合理化建议；5.按照社区分工，完成其他工作

社区公共环境委员会
1.宣传贯彻国家有关环境卫生、环保等方面的法律、法规；2.组织发动居民积极开展爱国卫生运动和除"四害"工作，建立群众性的卫生检查评比制度；3.组织、动员社区志愿者和居民广泛开展环境保护、环境卫生、绿化美化、节能、铲冰除雪等活动，清除卫生死角，确保社区环境整洁、管理有序；4.及时收集并向政府反映环境管理方面的意见和建议；5.按照社区分工，完成其他工作

图1 社区六大委员会职能介绍

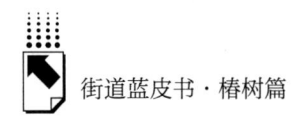

2.培育社会资本，扩大参与主体

社会资本的培育是实现居民自治的重要基础，椿树街道注重发挥社区党组织领导的核心作用，充分发挥社区自治组织的骨干作用、在不断强化社区居民主体地位的同时，积极打通社区内外各类协商主体的沟通渠道，提高参与型协商的广泛性。特别是大力发展社区社会组织，发挥社区社会组织在参与型协商过程中反映利益诉求的作用，将议事会收集的问题由社会组织进行专业分析，通过细化、回访等步骤，提出解决建议，征集居民们的意见，解答居民们的疑问，统一居民们的想法，为大家协同彻底解决问题打下了坚实基础；强化驻区单位主动参与社区建设的意识和社会责任感，并引导和帮助其自觉履行公共责任。

3.创设公共议题，丰富协商内容

参与型协商不仅意味着承认居民具有"自觉思考、自我反思和自我决定的能力"，而且意味着居民生活的社区存在一定类型和数量的公共事务需要管理。因此街道办事处和社区着力提升公共议题的创设能力，积极开展社区公共活动，进而培育居民的公共性，做好利益判断、信息沟通、协商决策、信誉承诺、执行保障等各个环节的工作，保持居民参与的活跃度和持续性。

4.加大政府投入，提升治理水平

通过加大政府购买服务力度和优化社区公益金的使用，整合行政、社会、市场、居民、党建等各类资源下沉社区，根据民事民提、民事民议形成的议题需求，以"公益项目创投"的方式，激发社区社会组织活力，提升参与主体的协商议事能力，从而促使居民养成社区内的大事小情都以公共利益为先的习惯，用参与型协商治理的成果进一步夯实城市管理和社会治理的基层基础。

三 椿树街道推进基层协商取得的效果

（一）增强了居民的主体意识

椿树街道通过构建"五民"体系，促进了社区、社会组织、群众骨干、居民之间的互联互动，使得社区工作者和居民更"近"了，收集到的资料更"准"了，响应居民需求也更能"到位"了。通过这样的协商民主形式，让居民持久而深入地参与到社区治理当中，在居民的需求得到更好满足的同时，使居民深刻了解到协商民主的好处，将新的交流协商习惯和共建共享理念真正内化于心、外化于行，让群众在共建共享中获得幸福感，提高了居民参与社区治理的主人翁意识。

（二）激发了居民的参与活力

椿树街道通过一个个"用身边的人解决身边的事"的事例，让居民了解协商民主，不仅使社区居民不再对政治和公共事务冷漠，还增强了他们参与社区公共事务的热情，学会遇到问题通过共商共议的方法解决，同时，还会使他们反思自己的言行，增强公民责任感。另外，在打造"椿树民情"品牌后，每个"社区议事厅"不再是冷冰冰的一块牌子，而是成为贴近群众的有温度的家园，比如琉璃厂西街社区"翰墨艺苑"的书画作品在议事厅墙上成为风景、红线社区"乐龄吧"巧手制作的手工艺品在议事厅增添温馨，像这样把细节工作做得扎扎实实，居民才会带着情绪来，展露笑颜归。

（三）推进了居民的自我管理

椿树街道不断将服务理念从"为民做主"向"由民做主"转变。在推进社区民主协商过程中，明确社区党委和居民会只是组织者并非决策者，从居民中选择具备能力和资格的居民代表参与议事，确保协商的结果更加符合最广大居民的共同意愿。在服务过程中，由居民自己开展监督，自己选择服务是否满意，哪些地方没有达到预期，还有怎样的期待。在这个过程中促进了社区居民的自我管理、自我服务、自我教育、自我监督。

（四）提高了居民的满意度

由政府主导的社区治理模式，所有事务都由政府"大包大揽"，但是由于事务多，时间和精力有限，以及政府单方面决策等原因，导致政府投入了

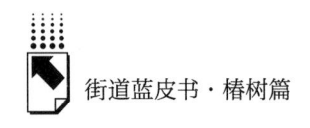

大量的人力、物力、财力，居民对社区的服务和管理并不满意。椿树街道通过构建"五民"体系推进基层协商民主，让居民自己协商解决社区内的公共事务，改变了"政府埋单但百姓不买账"的局面，大幅度提高了辖区群众以及各相关方面的满意度。

四 从"椿议民情坊"看如何推进基层协商

（一）强化自治意识，拓展居民参与的纵向深度

通过在社区层面搭建"椿议民情坊"，以"开放空间"等新型方法为技术手段，充分践行了"五民"体系，实现了政府听意于民、还权于民，强化了社区的自治意识，同时也是一个培养"积极公民"的过程。通过椿树街道的经验可以看出，基层政府要引导居民通过协商解决身边的问题，在解决问题的过程中，提升居民自觉思考、自我反思和自我决定的能力，使居民的角色从"单纯的需求反馈者"逐渐转为"问题解决的参与者"，从"被动的服务接受者"逐渐转为"主动的资源提供者"。

（二）挖掘区域资源，拓展多元治理的立体维度

基层政府可以通过完善社区协商议事机制，推动各社区组建由社区党员、群众、网格员、社区社会组织、辖区单位等多方代表组成的协商议事小组，对居民议题逐渐形成分类管理，可以按照政策保障类事项、公益服务类事项、便民服务事项等进行划分，然后确定承接主体，如政府、社会组织、服务商等，通过这些承接主体来解决问题，最终实现社区治理参与主体的多元化，资源整合最大化。

（三）引入社区社会组织，推进协商议事常态化

推进基层协商，既要提高问题解决的精准度，也要增强居民对公共事务的敏感度和参与度，让居民养成社区内的大事小情都以公共利益为先的习

惯。在这一过程中要充分发挥社区社会组织的作用，可以通过居民票选等方式确定承接协商事务的主体。基层政府可以通过制定和实施社区公益事项，带动社区社会组织转型，逐步提高居民需求型服务由社区社会组织承接的比例，激发社区社会组织活力，将"潜在的公共事务"变成"显在的公共项目"，推动社区层面协商议事的常态化。

参考文献

北京市西城区椿树街道办事处：《增强社会发展活力　扩大公众有序参与——打造"椿议民情坊"品牌　用群众智慧治理群众问题》，2016年11月。

北京市西城区椿树街道办事处：《椿树街道构建"五民"体系打造"椿议民情坊"品牌》，2017年6月。

北京市西城区椿树街道红线社区：《探索社区协商治理方式，规范各方参与行为》，2015年8月28日。

孙莹：《加强协商民主制度建设　推进国家治理现代化进程》，珠海宣传网，http：//www.zhxc.gov.cn/zsjs/djlt/201712/t20171211_25165307.html，2017年12月11日。

张玉洁：《社区协商民主实践成效与限度研究——以深圳市文华社区居民议事会为例》，深圳大学硕士学位论文，2017。

段正明：《协商民主的重要性和优越性》，中国青年网，http：//news.youth.cn/jsxw/201706/t20170619_10113206.htm，2017年6月19日。

肖琦薪：《社区治理中的协商民主研究》，贵州大学硕士学位论文，2017。

刘溪：《服务类社会组织参与城市社区多元治理研究》，重庆工商大学硕士学位论文，2017。

B.14
椿树街道探索背街小巷治理新模式

——以前孙公园胡同环境整治为例

摘　要： 随着京津冀协同发展的不断深入，首都核心功能进一步得到优化，北京在建设成为国际一流和谐宜居之都的进程中不断迈进。但与此同时，由于相关历史原因，在北京特别是北京核心区域仍然存在着较多的老旧平房院落，相关胡同街区留有大量遗留建筑，除了一部分具有历史价值的院落，大部分是房屋破旧、年久失修、环境脏乱，私搭违建、开墙打洞现象明显，老旧胡同院落的环境整治显得极为迫切。北京市西城区椿树街道积极响应党中央和北京市的有关决策，以有效治理"大城市病"为抓手，为居民百姓创造良好的人居环境。椿树街道通过调研，决定以辖区内前孙公园胡同为试点，对其进行环境整治，取得了良好成效，所采取的方式和方法对老旧平房院落的环境治理具有一定的参考价值。

关键词： 椿树街道　背街小巷　环境治理

一　椿树街道开展背街小巷环境治理的背景

2017年2月23~24日，习近平总书记在北京考察城市规划建设时提出"建设一个什么样的首都，怎样建设首都"的问题，同时指出"北京在建设全国政治中心、文化中心、国际交往中心、科技创新中心的过程中，既要管好主干道、大街区，同时又要治理好每个社区、每条小街小巷小胡同"。北京市委、市政府以总书记的指示为指引、为根本遵循，北京市委、市政府立足首都城市战略定位，注重北京作为历史文化名城的传承，按照"抓创建、治顽症、促提升"的总体要求，制定了《首都核心区背街小巷环境整治提升三年（2017—2019年）行动方案》（下文简称《方案》）。《方案》中明确指出要进一步改善群众身边的居住环境质量，整体提升城市精细化管理水平，打造"环境优美、文明有序"的街巷胡同，做到背街小巷"十无"（见图1）的要求和标准，同时要更好地保护街道的古风古迹，在治理的过程中，不仅要注重环境的修复，也要留住北京城市的"魂"，进一步为建设国际一流的和谐宜居之都做出贡献，让群众的生活更美好、更舒心、更便利。

违建拆除	
拆除未经批准私自搭建的棚亭、围墙、围栏等建筑物	
治理开墙	
封实"开墙打洞"，恢复街巷原貌。临街住宅不得开展实体经营活动，有条件的通过绿篱、栅栏进行隔离	
立面整饰	
整修残墙断壁，粉饰建筑物外立面，墙体整洁、色调一致；外挂空调、电表箱、交接箱等设施进行装饰或遮挡。有条件的补齐门牌	
牌匾规范	
拆除违规设置的各类广告牌匾标识，确需设置的应统一规范设计，精细实施，具有景观性	
地面整修	
整修或重新铺设破损道路，路面平整、无坑洼；井盖、雨水箅子无破损、无缺失；雨水、污水管道通畅、整洁	
设施完好	
公共服务设施规范设置、完好，无破损、无锈蚀、干净整洁	
绿化成景	
公共区域能绿尽绿，缺植补栽，多元增绿，花木相宜，古树保护	
架空线规范	
架空线具备入地条件的实施入地，不具备入地条件的实施梳理	
卫生整洁	
地面干净整洁，墙体无乱涂乱画、无张贴非法小广告，公厕洁净、无臭味、无蚊蝇	
文明有序	
无车辆乱停乱放，无私装地锁或利用石墩占用车位，无堆物堆料，无占道经营	

图1 首都核心区背街小巷环境整治"十无"标准

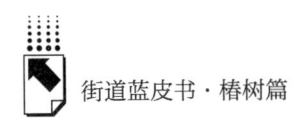

北京市核心区域是首都的中心,是北京市历史文化传承的承载区,兼具着保障中央工作、守护历史古迹等重任。但与此同时,核心区域还有大量老旧的胡同院落,缺少现代化的物业管理,并且绝大多数胡同院落的建筑时间久远,年久失修问题严重,已经不能适应现今百姓的生活居住要求。

椿树街道前孙公园胡同位于西城区东北部,原隶属于宣武区,胡同紧邻宣武门,在南新华街西侧,地理位置优越,属于北京市核心区域的重点地带,其90%以上的房屋建于民国之前,这些房屋的墙面墙体损坏严重,私搭乱改、开墙打洞、违规违建等现象严重,使原本就狭窄的街巷更加拥挤,胡同内人口密集,房屋密度较大,各种垃圾堆放,破旧电动车和自行车乱停乱放,各种广告牌匾、私自经营摆摊设点等情况屡禁不止,同时由于胡同内缺乏专业的物业管理,街巷环境问题突出。

二 椿树街道对前孙公园胡同进行环境整治所采取的举措

针对前孙公园胡同的环境问题,椿树街道采取了"筹、访、坚、善"四字举措(见图2),大力推进了前孙公园胡同的环境整治提升工作。

(一)筹:前孙公园胡同环境整治以人员统筹先行

前孙公园胡同在环境整治的过程中,通过前期对胡同环境情况的摸底调研,街道、社区针对老旧胡同院落环境整治工作需要涉及多个职能部门的问题,把涉及环境整治的各职能部门统一整合,让各个职能部门委派专人常驻环境整治办公室,做到有问题及时沟通解决,有情况及时汇报,使环境整治联合办公室成为强有力的环境整治"攻坚堡垒"。与此同时,前孙公园胡同社区党委召开环境整治动员部署会,对社区全体工作人员进行思想上的统一,并对环境整治工作提出工作要求和标准。此外,社区党委就环境整治还成立了自治理事会,积极动员发挥群众作用,特别是发挥党员带头意识和模范作用。

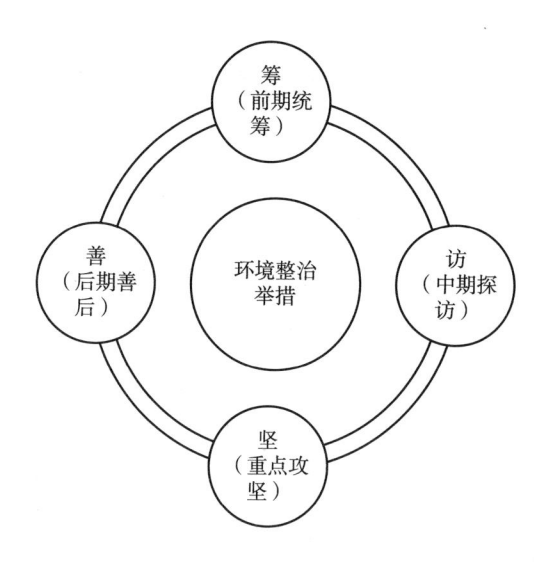

图2　椿树街道前孙公园胡同环境整治举措

（二）访：前孙公园胡同环境整治以走访摸排为基础

针对胡同内居住情况相对复杂的问题，前孙公园社区采取实地走访的方式，对胡同内每家每户进行细致摸底，社区委派专人挨家挨户谈话交流，进一步了解户主的信息、态度、需求以及住房性质。社区要求下派的社区工作人员，必须都要当面与居民户进行见面沟通，对于人户分离的居民，社区工作人员要通过各种途径取得联系方式，约请到实地见面沟通，完全做到百分之百约谈见面。在掌握每一个住户的具体情况的基础上，社区进一步了解每户居民对拆违的态度和需求，建立了违建台账和违建责任人情况汇总表，为具体推进拆违提供了翔实、准确的资料，同时又可以在拆违的过程中做到一户一户分析情况，制定拆违方案，从各个途径找到最佳解决方案。

（三）坚：前孙公园胡同环境整治以争取居民支持攻坚克难的重点

前孙公园胡同在实际的环境整治过程中，遇到了各种各样的问题，特别是在动员宣传阶段，胡同内有许多居民对拆违工作不理解和不支持。面对这种情况，前孙公园胡同社区协调多部门进行"攻坚"，社区与街巷长、城建科、城管共同找居民谈话，讲明原则政策，同时对房屋安全、居住影响等情况做进一步的分析阐述，让居民看到政府的决心和坚持。

（四）善：前孙公园胡同环境整治以美化改善收尾

前孙公园胡同社区在椿树街道办事处的指导和组织下，对胡同环境整治之后的环境进行了相应的美化和改善，让居民真正感受到拆违工作是为居民的生活做好事、做实事。因为每户违建的情况各有不同，因此社区在进行实际整治拆违的过程中，根据各户具体情况，为每户制定环境改造和完善方案，尽量做到"一户一方案"。此外，在整条胡同拆违工作完成后，前孙公园胡同社区针对整个胡同制定了环境治理和美化方案，综合考虑了居民的日常出行、停车、街区绿化美化等因素，为群众提供了一个良好的居住环境。

三 椿树街道对前孙公园胡同进行环境整治所取得的成效

北京市西城区椿树街道通过"筹、访、坚、善"四字为主的整治措施，对前孙公园进行环境整治，取得了明显成效，在北京市背街小巷环境治理中走在前列。

（一）胡同院落生活环境更加宜居

椿树街道通过对前孙公园胡同的环境治理，进一步提升了胡同内生活环境的宜居性。街道在拆违整治的过程中不仅是对违规违建进行清理整治，同时还在拆违整治之后进行了绿化美化。椿树街道按照传统胡同风貌保护与居住生活、旅游休闲功能相融合的原则，统一对胡同内进行街巷墙体整修，统一安装空调罩、电箱罩、仿古护栏等，结合疏解腾退空间，实施"出门见绿、垂直挂绿、点缀添绿、见缝插绿、拆违增绿"五绿工程，进一步切实做好胡同的绿化美化工作，同时增加砖雕、壁画等文化元素，让街巷环境面貌明显改善，老北京胡同韵味更加浓厚。此外，由于胡同内临街违建基本是与居民日常生活密切相关的厨房或卫生间，因此街道在前期整治的基础上，进一步完善给排水系统，重新搭建或者更新水、电、气、热的管线，同时对胡同内进行机动车和非机动车停放管理，并进行胡同夜间照明提升工作，使前孙公园胡同的环境秩序明显改善，总体呈现出干净、整洁、有序、安全的面貌，让居民生活更便利、更舒心、更美好、更宜居。

（二）胡同院落环境整治机制更加长效

椿树街道在对前孙公园胡同进行环境治理的过程中，通过对整治方式方法的总结和提炼，形成并完善了老旧胡同院落环境整治的长效机制。

一是形成了统筹调度"一盘棋"机制。椿树街道在整治清理的过程中，积极发挥能动性，统筹协调各相关主责职能部门，进行统一部署和调度，把时间安排及行动方案等放在"一盘棋"内展开，集中多部门力量对重点难点问题进行专项整治行动，集中解决多发、高发、疑难等问题。

二是形成了社会力量"共参与"机制。椿树街道通过街巷长联合社区、城管、环卫、社工、志愿者、社区单位，一同走进街头巷尾，进行环境自查和清理整顿。定期召开背街小巷整治协商暨街巷理事会，解决群众"家门口"的问题靠共商共议、群策群力，进一步提高社会相关力量的参与程度，发挥社会力量在环境整治中的协调平衡作用。

三是形成了准物业管理"全覆盖"机制。针对前孙公园胡同缺少专业化物业管理的问题，椿树街道通过评估，与宣房物业管理公司签订准物业化管理合同，协助维持整治清理后的胡同环境秩序，负责对轻微违规现象进行劝阻等基础性、日常性工作。

四是形成了谋篇布局"定方案"机制。针对居住在前孙公园胡同的百姓缺少厨房、洗澡、夜间照明等日常生活性设施的问题，椿树街道在整治清理之前，就制定了相关解决方案，针对每个住户的实际情况，做到提前谋划、因势利导，形成了提前谋划的工作思路和方案实施的良性传导机制。

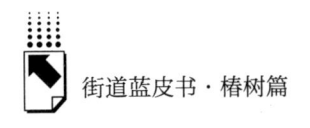

（三）形成了进门入户联系群众的工作作风

椿树街道在推进前孙公园胡同环境整治的过程中，多次召开动员大会，对街道和社区工作人员进行思想上和认识上的教育，进一步提升了街道和社区工作人员的思想觉悟。由于拆违整治工作力度大、时间紧、任务重，在整治的过程中，街道和社区相关工作人员经常加班加点，不断细致深入地研究拆违方案。特别是在和相关住户进行接触沟通的过程中，街道和社区的工作人员为了争取群众的理解和支持，避免矛盾的进一步激化，不厌其烦、态度温和地与每一位住户进行良好的沟通和协调。通过对前孙公园胡同的环境整治，使街道和社区的工作人员进一步提升了工作的责任心，更加认清了自身工作的性质和价值，让街道和社区的工作人员能够从大局上去整体把握工作，养成了高度负责的工作态度，克服了工作的浮躁情绪，戒除了工作形式化和表面化的工作作风。

四 椿树街道对前孙公园胡同进行环境整治带来的思考

（一）把环境整治融入功能疏解，本质是提升发展质量

北京市西城区椿树街道办事处在开展前孙公园胡同环境整治的过程中，按照"绝对忠诚、责任担当、首善标准"的要求，研究、部署、推动前孙公园胡同环境整治专项行动。在前孙公园胡同环境整治专项行动的研究阶段，椿树街道的工委、办事处研究、编撰《椿树街道"疏解整治促提升"专项行动实施方案》，此文件的颁布进一步促使街道、社区工作人员环境整治在思想上更具站位、更加准确的认识，与此同时，街道为更好地落实专项行动，椿树地区社会管理综合治理委员会在街道工委和办事处的组织下，制定实施了《椿树街道"人口疏解整治促提升"工作实施方案》，整合相关力量，分解任务目标，层层压实责任，为街道"疏解整治促提升"这一专项行动的全面铺开及顺利推进打下了坚实的基

础。街道主要领导及分管领导对专项行动亲抓亲督，多次召开工作推进会，共同会商。

（二）只有抓住重点、突破难点、建立机制，才能打赢环境整治的持久战

胡同院落整治是"疏解整治促提升"的一项重要任务，也是一个重要抓手。椿树街道紧紧围绕北京市、西城区"疏解整治促提升"专项行动的要求和标准，开展前孙公园胡同环境整治专项行动。街道在推进前孙公园胡同环境整治的进程中，通过调研摸底，选准整治重点、难点以及突破口，以开墙打洞、拆除违建为主要抓手，全面开展拆违环境治理。当然，城市环境整治不是一日之功，不能一蹴而就，需要一个长期推进的过程。只有真正建立起精细管理的机制，才能打赢这场持久战。

（三）环境整治是系统工程，需要多方联动、群力群策

椿树街道把前孙公园胡同环境整治作为一个系统性的社会治理工程，统筹街道各主要相关科室，协调西城区各主责部门以及相关单位（派出所、工商、城管、消防、交通等）依法依规整体联动，多方位、立体化、全覆盖推进环境整治。在街道统一协调和组织调动下，改变"单兵作战"的方式，各方面资源和力量发挥了更大的集聚效应。此外，街道在环境整治的过程中，既拆除违法建设，又进行"开墙打洞"治理、清理牌匾、清理"七小"低端业态、清理地下空间等，形成了胡同街巷治理的整体效果和规模效应。环境整治不光是追求光鲜亮丽的"面子"，更要为居民提供舒适整洁的"里子"，事关居民切身利益，需要系统推进，共建共享。

参考文献

《北京集中开展背街小巷整治提升专项行动》，中国政府网，http://www.gov.cn/

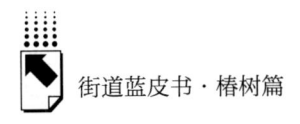

xinwen/2017-03/28/content，2017年3月28日。

《北京城市总体规划（2016年-2035年）》，首都之窗，http：//zhengwu.beijing.gov.cn/gh/dt/t1494703.htm，2017年9月29日。

《首都核心区背街小巷环境整治提升三年（2017-2019年）行动方案》，千龙网，http：//house.qianlong.com/shoudufangchan/2017/0816/1948871.shtml，2017年8月16日。

北京市西城区人民政府椿树街道办事处：《疏解整治再出击，前孙公园胡同拆违拉开序幕》，椿树街道办事处官网，http：//cs.bjxch.gov.cn/xxxq/pnidpv457073.html。

北京市西城区人民政府椿树街道办事处：《椿树街道将文明城区创建与背街小巷整治有机结合》，椿树街道办事处官网，http：//cs.bjxch.gov.cn/xxxq/pnidpv457075.html。

北京市西城区人民政府椿树街道办事处：《椿树街道集中整治前孙公园胡同》，椿树街道办事处官网，http：//cs.bjxch.gov.cn/xxxq/pnidpv457072.html。

北京市西城区人民政府椿树街道办事处：《椿树街道背街小巷整治提升工作情况汇报》。

北京市西城区人民政府椿树街道办事处：《椿树街道"疏解整治促提升"专项工作总结》。

B.15
依托社会力量探索建立"椿龄六老"养老服务体系

摘　要： 当前，我国养老服务市场面临的突出矛盾与问题是供给短缺、质量不高。要解决这些矛盾和问题，需要有针对性地制定相关政策，引入社会力量参与养老服务。近几年，椿树街道依托社会力量打造"椿龄"品牌，完善"服务养老""资源惠老""文化悦老""维权护老""网格顾老""志愿助老"等六个方面养老服务体系，引起各方高度关注。鼓励和引导社会力量参与养老服务，不仅是建立和完善我国养老社会化服务体系的客观需要和有效途径，也是调整投资结构、促进消费需求、稳定推进经济增长的新结合点与发力点。

关键词： 椿树街道　养老服务业　社会化居家养老模式

一　椿树街道老龄化特征突出

随着经济社会稳步发展，人民生活水平日益提高，我国人均寿命呈持续增长之势。就北京市西城区来看，人均寿命已达到84.28岁，60岁以上老年人38.6万人，占辖区总人口的26.4%；80岁以上老年人87190人，占辖区总人口的6.0%，老龄化问题在西城区日趋严峻，老年人对养老服务的需求越来越迫切。椿树街道作为西城区面积最小的街道，人口密度较大，人口老龄化的特征尤为突出。目前，椿树街道户籍人口37154人，户籍老年人口数为10300人，常住老年人口5600人。近年来，为解决社会老龄化和家庭结构小型化等造成的一系列养老问题，椿树街道不断推进养老服务业建设发展，深入落实北京市"十三五"社会养老服务体系建设规划，以西城区申报国家养老服务业综合改革试点为推动力，打造"椿龄工程"，创建"养老社区"，健全和完善社会养老服务体系，构建具有椿树特点的社区居家养老服务模式，取得了明显成效。

二 椿树街道打造"椿龄"品牌完善"六老"养老服务体系

2015年，椿树街道发挥驻区单位资源优势，铸就养老服务品牌，打造"椿龄"工程。以满足社区老人的医、食、住、行、娱、购等实际生活需求为出发点和落脚点，通过助浴、助行、助医、助洁、助餐、助购、助学、助游、助娱、助悦、助读"11助"保障重点老人的居家养老生活服务需求。建设"养老社区"，构建社会养老服务体系，进一步促进养老服务专业化、社会化、市场化、产业化。

（一）依托专业机构运营社区养老照料服务驿站，实施"服务养老"

国安银柏养老照料中心是椿树街道首家由辖区辐射范围内的居民投票选出的社区养老服务驿站运营商，依托其专业力量统筹辖区老人服务需求，目前已运营日间照料、居家护理、助老服务、专业护理、康复健身、医疗保健等养老服务内容，着力打造从居家到机构的养老服务体系。针对半自理老人，在对老人的生活能力及健康情况进行详细评估后，制定个性化护理计划，从起居、饮食、运动、康复、心理、心智等方面给予科学的管理与干预。针对失能老人提供深度照护服务，护理员、护理长为老年人提供24小时协助坐卧、饮食、入浴、如厕等照护。针对失智老人提供记忆照料看护，采取专业的沟通交流方式与科学的干预治疗手段，与老年人之间建立信任与依赖关系。同时，为改善老人的生活质量，切实满足辖区内中重度失能老人的基本健康需求，社区服务中心向椿树街道国安银柏养老照料中心购买项目，为辖区内中重度失能老人提供基础健康监测服务。

具体服务项目包括：基础健康监测——由专业护士携带医疗用具每两周一次上门为老人进行基础健康监测。监测项目包括：血压、血糖、血氧、脉搏、呼吸及体温；建立个人健康档案——专业护士将所有监测项目结果均录入计算机，建立个人健康档案；提供健康知识普及——老人身体评估状况与一定时期内健康数据所呈现的趋势，由专职医生每三个月对健康数据进行分析、评估，为老人提供健康建议，包括重点风险提示、护理康复建议、日常运动建议及日常饮食建议。为老人进行基础评估，整理用药情况，为其去医院看病提供有效的诊疗依据。通过长期、有规律的监测及搜集健康数据，为中重度失能老人建立专属健康管理档案，及时发现异常，提高健康意识，积极防病控病。

（二）挖掘辖区多方资源，实施"资源惠老"

椿树街道在为老服务方面充分挖掘辖区可利用资源，通过多种途径最大化发挥其能动作用，为老人居家养老生活创设平台。一是统筹街道设施资源。整合辖区有限地域资源，按照"拆迁闲置建设施，整合社区用房提质量"的工作思路，通过整合自有办公用房、承租民房等途径，建设社区椿龄守望站等养老服务设施，根据辖区实际，为满足老人高、中、低端的需求提供适合的服务场所。目前，已建成一馆（居家养老体验馆）、两广场（敬老广场和文体广场）、三站（配送服务站、红线椿龄守望站、四川营椿龄守望站）、三中心（养老照料中心、为老生活服务中心、居家养老服务中心），逐步弥补辖区养老服务设施资源不足的现状，呈现分布均衡、功能合理的养老服务设施格局。二是对现有服务设施充分利用。发挥居家养老体验馆、为老生活服务中心、慈善超市、配送服务站、椿龄守望站等场地设施平台，最大效力地为老人提供就餐、助浴、修脚、讲座、活动、代购、配送等居家养老服务。三是整合辖区驻区单位资源。通过政府主导，引入国家新闻出版广电总局、中信国安投资有限公司、惠佳丰劳务服务公司、陆琴脚艺、兴百轩等社会力量积极参与，助其注册成立志愿者服务队，发展壮大社会养老服务队伍，使辖区老人得到实惠，形成"一加一大于二"的"共赢"效应。同时，发挥街道老年协会作用。整合统领地区社会组织和社会力量，建立街道老龄、老年协会和社会单位联席会议制度，研究制定地区老年服务事业发展政策和措施，促进规范化建设。

（三）弘扬地区文化资源特色，实施"文化悦老"

椿树街道在文化特色上做文章，发挥地区花毽品牌、京剧梨园文化等资源优势，依托地区文体团队力量和品牌影响力，满足退休老人的精神文化需求，丰富老年人的晚年生活，增强老年人晚年生活的幸福感。街道采取三大举措积极推进文化养老建设。一是确定群众文化团队本土化发展思路，要求文化团队以挖掘地区文艺人才、带动更多居民主动参与活动为根本，依托现有文化团队招募吸纳人员力量，提高居民参与度。目前，椿树街道共有文体团队37支，720人，平均年龄62岁。二是利用市民学校平台三级网络资源丰富老年人晚年生活，通过健康大讲堂、京剧课堂、合唱课堂、舞蹈课堂等老年人学习课程，满足地区老人想唱就唱、想跳就跳、想学就学的文化需求，实现老有所学、老有所乐。三是通过社会组织的引领作用带动文化养老服务。通过聘请专家和发动辖区文化人才两种方式，充实辖区文化团队的师资力量，完善奖励制度，扶持椿树艺术团、椿树花毽队、翰墨艺苑等在地区有一定带动性和影响力的文化团队，打造枢纽型社会组织，增强其持续发展和服务能力。通过文化品牌的示范榜样作用，带动地区其他社会组织为老年人广泛开展形式多样的尊老敬老服务活动，营造地区"人人为老"的服务氛围。

（四）加强政策法律宣传与法律援助，实施"维权护老"

为维护老年人合法权益，提高老人维权意识，椿树街道扎实贯彻《老年人权益保障法》和《居家养老服务条例》。一是加强宣传。从法、理、情三方面积极营造"维权护老"环境。讲法，主要是利用敬老广场文化墙加大《老年人权益保障法》《北京市居家养老服务条例》等法律法规的宣传和《二十四孝》尊老孝老文化的普及，营造尊老孝老文化氛围。说理，主要是充分用好"全响应"系统,在社区成立老年人家庭事务调解室,指定专人负责,发挥街道、社区两级人民调解作用,用街坊邻居"舆论与劝解"在家长里短中帮助老人。诉情,主要是大力传播中华民族敬老爱老的优良传统,通过孝星评选、优秀志愿者表彰等活动,弘扬家庭、社会、行业敬老孝老风尚。二是增强老年人维权意识。推进硬、软件两方面建设,落实"违法必究,执法必严"。多部门形成合力加强老年维权站的建设,聘请专业律师定期为老人开展维权讲座、个案咨询,提高老年人维权意识,对老年人实施法律援助,贯彻落实老年人合法权益,保障老年人应享有的政策待遇。

(五)打造零距离居家养老服务系统,实施"网格顾老"

椿树街道开展"网格顾老",主要是依托社区网格职责,强化网格内人员配备,完善社区主导、社会组织参与、受众评估的运行机制。一是划片专管,深度巡访。走入高龄、失能、空巢、独居等重点老人家中,宣讲政府惠老政策,细致了解老人健康情况、生活现状和困难需求,直接帮助解决老人的居家生活困难。形成社区助理员对老人的"一助一""一助多"的网格化服务形式。二是常态巡查,服务整合。在入户巡视中,助理员将不能及时解决的老人生活问题,统计整理输出数据,利用PAD设备反馈至"零距离"系统,联合辖区服务商进行需求对接,通过服务商给老人予以居家生活帮助。三是项目提升,完善体系。对街道不同类型的老人的需求形成系统性分析报告,逐步扩大服务人群,不断扩展服务内容,为延伸各类型老人的服务提供可参考性的依据。分阶段进行项目运作,逐步实现需求与服务供给的无缝对接。并总结经验,提升项目推进价值,"诉求"与"应答"能够"及时"与"即时",形成具有椿树街道特点的居家养老服务模式。

(六)依托志愿服务队伍建设,实施"志愿助老"

椿树街道以关爱老人、互助服务为切入点,深入推进"邻里互助守望幸福"综合包户志愿服务活动。一是以党员、团员、积极分子和社区志愿者组成的椿树街道暖椿志愿服务队与空巢特困老人进行"N+1"包户关怀服务，提供应急便民服务；同时，发挥辖区单位优势，成立国家新闻出版广电总局椿树街道志愿服务队、中国联合网络通信有限公司北京市分公司直属机关椿树街道志愿服务队等多家社会单位志愿服务队，与辖区老人结对，以"一对一""多对一"的包户服务模式，根据各自行业特点，形成特色助老志愿服务，如新闻广电总局志愿服务队的"书香蒲公英"文化助老项目、人民卫生出版社的"治未病"健康助老项目等。二是以"椿龄关爱点"为单位，为邻近院落的老年人提供身边的日常生活服务。"椿龄关爱点"是以志愿者家庭为基地，为邻近院落的老年人提供便民服务及精神慰藉，通过"星星之火"等主题的志愿服务活动"点燃""点亮"身边的志愿为老服务行动，将志愿者工作延伸至居民院落。

三 成效与启示

（一）明确政府定位，强化政府在养老服务供给中的主导责任

目前，养老服务供给体系越来越趋于多层次和多元化发展，政府在公共服务体系中承担主要责任，发挥着领导、保障、管理和监督的作用。当前，老龄化问题日益凸显，需要提供的服务也越来越繁杂，仅依靠政府填补缺口、守住底线还远远不够。因此，政府要对养老服务供给方式进行创新，除了"补缺""兜底"之外，还要成为主导者以及深化改革的推动者，逐步向方向管理、规划管理、引导管理、政策管理和评估管理上下功夫，通过购买服务和股权合作等方式支持和帮助各类市场主体健全养老服务和产品的有效供给。

在政策规划方面，政府要突出引领作用，围绕养老服务业加快立法进程，尽快制定出台相关配套法规，制定符合地区实际、满足不同需求的养老服务业发展实施细则。细则应覆盖养老服务质量评估、老年护理服务分级标准化、专业人员技能等级规范、行业风险防控等配套的法规保障。政府要打造综合型政策体系，不断加强保障政策、福利政策和产业政策等的针对性、

协调性和系统性。要理顺和完善政府管理体制，由老龄委进行综合协调，其他各相关单位各司其职、通力合作。要着力加强部门监管的规范性，约束自由裁量权。针对养老服务业发展中的政策壁垒，各相关职能部门尽快联合制定适用于机构养老、居家养老等方式所涉及的就医、餐饮等相关保障政策。

（二）推进养老服务业标准化建设

养老服务业标准化建设是该产业健康稳定发展的基石和制度保障。养老服务业标准化建设需要财政、民政、卫生、质监多个部门协调配合，形成标准化成果和实践经验，作为政府管理的决策依据。养老服务业标准化建设，要从养老产业全流程发起。从基础设施建设，养老涉及的餐饮、医疗、住宿、卫生等环节，编制统一的建设标准。此外，相关部门还应加快对社区养老照料中心建设、管理及服务标准和居家养老管理、服务标准的制修订工作。将标准化列入养老服务专业人员培训范围，培养和引进一批在标准化方面有能力又有养老服务相关专业知识的复合型人才，使养老服务标准得到广泛推广和应用并发挥实效。

（三）发挥财政资金导向性作用，调动市场主体积极性

养老服务属于准公共产品，基本养老服务体系的构建是政府义不容辞的责任和使命。政府要提供基本养老服务，即对失能、半失能老年人和低收入老年人提供与经济社会发展水平相适应的保障型服务和福利性服务，要优先满足孤寡、失能、失独和高龄等老年群体的基本生活和医疗、卫生需求，实现应保尽保，未来覆盖到全体老年人，实现坚守底线、突出重点、引导预期、保障基本的目标。同时，政府还要积极引导社会力量参与。公办和民营的养老机构，分别承担不同的社会责任，公立机构主要显示其福利性、托底保障的特性。准入的门槛要清晰明确、公平公正。

结合养老服务机构发展的客观规律，调整财政资金投入的阶段，将奖励前置，政府财政可针对新建机构最初三年的运营期，出台以奖代补的财政补助政策，促进养老机构加快自身建设，开展养老服务。推动机构开展满足老

年人多样化、高质量的辐射服务。可以根据养老机构和服务商提供的辐射服务种类、为老年人提供服务的人次数和收入情况等方面来研究财政补助政策，对开展效果好的服务项目用以奖代补的形式支持。对于养老机构和服务商研究开发的特色化、精细化服务项目，能够迅速、敏锐地对接养老需求，要坚持以政府购买服务的形式支持辐射服务的开展。坚持结果导向，依据行业标准化体系，支持养老机构创新产品。积极探索异地养老模式，鼓励国有企业开展合作支持异地养老项目开展，满足老年人度假式养老需求。

推行"互联网+养老"，逐步实现居家养老信息网络建设，搭建居家养老服务信息平台、老年人居家呼叫服务系统和应急救援服务网络，提供紧急呼叫、家政预约、健康咨询、物品代购、服务缴费和线上线下等老年服务需求项目。建立动态实时共享数据库，解决老年人人户分离、死亡信息更新不及时，异地养老信息查询难的问题。积极探索就医巡诊制度和绿色急诊制度。财政支持各养老机构和各社区与多种医疗机构合作，探索研究巡诊补助、急救补助等政策。通过财政资金引导养老机构积极尝试适合我区的医养结合模式，鼓励多种类型医疗资源参与到养老服务业中来。

参考文献

北京市西城区人民政府椿树街道办事处：《椿树街道2015年养老服务工作经验交流》，2015。

王琼：《城市社区居家养老服务需求及其影响因素——基于全国性的城市老年人口调查数据》，《人口研究》2016年第1期。

赵亚平：《社会政策分析架构下的社区居家养老服务浅析——以北京市西城区为例》，《中共郑州市委党校学报》2010年第2期。

陈莉、卢芹、乔菁菁：《智慧社区养老服务体系构建研究》，《人口学刊》2016年第3期。

伏威：《政府与公益性社会组织合作供给城市养老服务研究》，吉林大学博士学位论文，2014。

辜胜阻、吴华君、曹冬梅：《构建科学合理养老服务体系的战略思考与建议》，《人口研究》2017年第1期。

Abstract

It is essential for the development of the capital to establish an effective megacity governance system. As the core functional zone of the capital, Xicheng District has taken the lead to do a good job with "four concepts" and persisted in the strategic vision of carrying forward scientific governance in depth and improving the development quality in all aspects. The district has continuously reinforced the function as "four centers", strived to improve the level of "four services", and made important breakthroughs in urban governance capacity and urban development quality. Sub-districts play an irreplaceable role as the pioneer and main force of microscopic governance. 15 sub-districts of Xicheng District have coordinated various resources of respective areas based on their own development situations. Their practices include exploring the ways to establish the regional mode for Party construction, strengthening lean urban management, improving public services, refining the integrated enforcement system, and exploring innovative practices for grassroots governance. They have continuously injected new connotations into grassroots governance and provided duplicable and easy-to-operate live experience for grassroots organizations, and their experience and practices are of great importance for Chinese metropolises to improve concepts and find new ways out to strengthen grassroots governance.

Combining theoretical research and empirical study, the "Beijing Sub-district Development Report No. 2—Chunshu Sub-district" addresses social organization building at the community level, grassroots social governance under the leadership of grassroots Party organizations, the citizens' quality development and other topics from a theoretical perspective in order to carry forward block governance and improve the quality of the core area without cease. At the same time, the report also surveys a number of major issues, including integrity publicity and education at the sub-district level, registration of incumbent Party members with the community, the working mechanism of Party organizations at non-public enterprises, quasi property services for bungalow areas based on the actual conditions of the sub-district, and summarizes the sub-district's good experience and practices pertaining to inheritance and conservation of the operatic culture, prevention of local fine particulate pollution, grassroots consultation mode, backstreet governance and other aspects.

On this basis, Chunshu Sub-district has adhered to the guidance of Party construction and reinforced the construction of Party organizations, communities and clean practices on the way to build "Chunshu of Innovation, Chunshu of Security, Chunshu of Beauty, Chunshu of Culture, Chunshu of Vitality and Chunshu of Warmness". Meantime, the sub-district has persisted in governance as the top priority and kept improving the level of lean environmental management, full-response grid management and service and public services, with a focus on four tasks— "improve security level, mitigate urban disease, optimize environment and enrich the mass life".

Contents

I General Report

B. 1 Chunshu: Carrying Forward Harmonious & Livable Community Program to Build A Community of "Innovation, Security, Beauty, Culture, Vitality and Warmness" / 001

Abstract: Over the past years, Chunshu Sub-district has seized a number of important opportunities, including implementation of the overall urban planning of Beijing and diversion of non-capital functions, and further refreshed its grassroots governance concepts according to the overall strategies and requirements established by the governments and the Party Committees of Beijing and Xicheng District. To accomplish the objective of "harmony and livability", it has taken multifaceted measures and built a block of innovation, security, beauty, culture, vitality and warmness, thereby better dealing with the coexistence between old single-story areas and cultural reserves and echoing the public's strong demand for harmony and livability. These measures include carrying forward the innovation of grassroots governance driven by Party construction, improving comprehensive social security governance, implementing lean environmental management, actively building the block culture brand, propelling service and management transformation and further refining public services. This report will look back to the results after implementation of the "Harmonious & Livable Chunshu" program, discuss major areas of governance in next step and provide related suggestions.

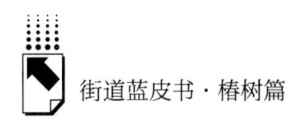

Keywords: Chunshu Sub-district; Grassroots Governance; Chunshu of Six Features; Harmony and Livability

II Data Reports

B.2 Regional Public Service Questionnaire Survey Report for Chunshu Sub-district on the Basis of Permanent Residents   / 022

Abstract: The access to public services is the need for the survival and development of the citizens, and also the basic guarantee for the quality of life. It is of great significance to evaluate the quality of life from the residents' sense of gain and satisfaction with regional public services. This paper conducts a questionnaire survey on the community public service and the residents' quality of life for the permanent residents of 7 communities in Chunshu Sub-district of Xicheng District, and learns about the Sub-district organization's public service and the residents' satisfaction evaluation. Based on the survey, it draws overall conclusions and proposes concrete suggestions.

Keywords: Chunshu Sub-district; Permanent Residents of the Community; Public Services; Life Quality

B.3 Regional Public Service Survey Report for Chunshu Sub-district on the Basis of the Working Population   / 040

Abstract: The working population is an important participant and promoter of regional development. Providing them with convenient, sustainable and high-quality public services is of great importance for optimizing the development environment and local service level of the region. Therefore, after the first public service survey conducted among the working population under the jurisdiction of Chunshu Sub-district in January of 2015, the research group once again conducted a survey on the supply, participation and access to public service among the corporate working population of Chunshu Sub-district in May of 2017. This report analyzes five aspects including the awareness of service organization, the participation in the community service, regional life convenience, satisfaction with community-level basic public service and the demand for community-level public service, and it makes longitudinal comparisons of the survey results and reaches overall conclusions while offering concrete suggestions for exiting problems.

Keywords: Chunshu Sub-district; Working Population; Public Services

III Theoretical Reports

B. 4 Carrying Forward Social Organization Building with
      "Localized" Concept
      —*An Empirical Study Based on Development of Cultural and
      Sport Social Organizations in Chunshu Sub-district* / 061

Abstract: The Party has asked to "play the role of social organizations and realize benign interaction among government's governance, social regulation and the residents' autonomy" in the Report of the Nineteenth National Congress of the Party. Community-level social organizations represent an important part of social organizations and play an important role in the community building. Therefore, if guided to take part in community governance and provide services closer to the residents' needs, these social organizations will help refine self-governance of the community and promote social harmony. In China, community-level social organizations have emerged from zero, kept growing stronger and stronger, and evolved from spontaneousness and disorder to compliance and good order. In particular, the development of community-level social organizations engaged in cultural and sport activities has displayed stronger local characteristics, which is associated with regional attributes of cultural evolution and humanity of community development. Chunshu Sub-district of Xicheng District has actively created a good environment for development of these organizations, further diversified their service functions and provided high-quality services for the residents in the community. This report will mainly explore community-level social organizations and their "localized" development modes to provide some theoretical support for Chunshu Sub-district on the way to carry forward the development of community-level social organizations specializing in cultural and sport activities.

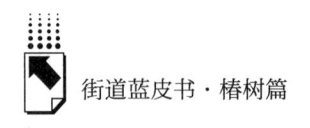

Keywords: Chunshu Sub-district; Community-level Social Organizations; Localization; Community Building

B.5 Position and Role of Grassroots Party Organizations under Diversified Social Governance Pattern / 076

Abstract: In China, grassroots Party organizations are the leader of grassroots governance, and represent an important organizational function presenting the grassroots governance capacity as well as are a core and essential force of strengthening the innovation of social governance. This report attempts to probe into the role and functions of grassroots Party organizations under the diversified social governance pattern. Defining the leadership of the Party Committee as a mighty core drive, Chunshu Sub-district has attracted different forces to revolve around the core, and preliminarily explored a new social governance pattern featuring common participation and administration of the Party organizations, governments, sub-district, communities, social organizations and residents. The new mode has given a shot on the arm of grassroots social governance and steadily improved the public sense of acquisition. After reviewing concrete practices of the sub-district, this report will explore how to further strengthen the construction of grassroots Party organizations and guide the innovation of grassroots governance on this basis.

Keywords: Chunshu Sub-district; Social Governance; Diversified Grassroots Governance; Innovation of Grassroots Party Construction

B. 6　The Research on Promoting the Citizens' Quality Education

　　　and Development at the Community Level　　　　　／091

Abstract: In the Report of the Nineteenth National Congress, the Party has called to carry out the educational guidelines of the Party, fulfill the fundamental tasks of moral building and the citizens' education, develop quality education and realize educational fairness. At the same time, the Party has advocated to carry out continued education effectively and improve residents' quality vigorously. Now, China has started a new era of socialism with Chinese characteristics, so it is the call of this great era to develop the modernized education cause and strengthen the citizens' quality education. It is now a heated topic attracting the attention from different parties to implement the citizens' quality education based on communities. This report will discuss the theoretical foundation relating to the citizens' quality education, review Chunshu Sub-district's specific practices of promoting the citizens' quality education in an all-round manner, and then further explore realistic ways to carry forward the citizens' quality education at the community level.

Keywords: Chunshu Sub-district; Community; the Citizens' Quality Education

Ⅳ　Research Reports

B. 7　Survey and Review on Chunshu Sub-district's Implementation

　　　of Integrity Publicity and Education　　　　　／107

Abstract: Since the Eighteenth National Congress of the Party, the Central Committee of the Party with Comrade Xi Jinping as the General Secretary has performed a series of new theoretical explorations, taken a series of new measures and made a series of new achievements in the work to strengthen the Party style and integrity and combat corruption. The practice has proved that it is necessary and also effective to highlight one theme and carry out integrity publicity and education with clear target during the concentrated period of time while adhering to daily education of Party members and cadres without cease. Persisting in "Four Combinations", Chunshu Sub-district has kept strengthening integrity publicity and education at the sub-district level and effectively fulfilled the requirements of the Central Committee of the Party, Beijing and Xicheng District for integrity building. Meanwhile, it has organized concentrated publicity and education campaigns, which have made Party members and cadres understand Party style and integrity building in greater depth and further reinforce the ideological and moral line of defense against corruption and deterioration.

Keywords: Chunshu Sub-district; Integrity Publicity and Education at the Grassroots Level; Party Style and Integrity Building

B.8 Survey and Review on Chunshu Sub-district's Conducting "Incumbent Party Members to Work at the Community and Serve the Mass" / 122

Abstract: In 2014, the nine departments, including the Publicity Department and the Organization Department of the Beijing Municipal Committee of the Party, jointly issued the *Notice on Actively Advocating Incumbent Party Members to Work at the Communities and Serve the Mass*, requiring incumbent Party members who maintain the organizational relations of the Party in Beijing and reside in Beijing should register with communities and deliver volunteer services to the communities. In the same year, the Organization Department and the Social Work Committee of the Xicheng District Committee of the Party in Beijing distributed the *Implementation Plan for Further Requiring Incumbent Party Members to Work at the Communities and Serve the Mass*, which specifies two forms of registration, including registration based on Party organizations of the unit and registration of incumbent Party members, and also defines major contents of services to be provided by Party organizations of the unit and incumbent Party members. The campaign is an inevitable need to strengthen the management of incumbent Party members in the new era, is an important way to bring the Party and the mass even closer and is an effective method to consolidate the grassroots ruling foundation of the Party. Effective management of incumbent Party members is of great importance to strengthen the construction of grassroots Party organizations and carry out strict governance of the Party. After surveying Chunshu Sub-district's implementation of registration of incumbent Party members and services for the mass, this report will summarize its major working experience and find problems faced by incumbent Party members when they work at the communities. On this basis, this report will provide related suggestions to give full play to the role of incumbent Party members under jurisdiction and promote common construction of both communities and Party organizations.

Keywords: Chunshu Sub-district; Incumbent Party Members; Community Services; Grassroots Party Construction

B.9 A Probe into Establishment of Working Mechanism for Party Organizations at Non-public Enterprises
—*An Empirical Study Based on Chunshu Sub-district*　　／ 136

Abstract: In the context of continuous economic development and deepening of the reform and opening up, non-public enterprises have gradually become the major driving power for promotion of China's economic development and displayed a rising position and role in the economic and social structures. Construction of Party organizations at these enterprises has emerged as an important area of Party construction under the new situation, and it is an important issue in the construction of grassroots Party organizations regarding how to give full play to the role of Party organizations at these enterprises. After surveying Chunshu Sub-district's implementation of Party construction at non-public enterprises, this report will comb the basic measures which it has taken in this regard and summarize difficulties and challenges which it has encountered in the work. On this basis, this report will provide corresponding suggestions and decision-making references for the sub-district to fully exert the functions of Party organizations at non-public enterprises.

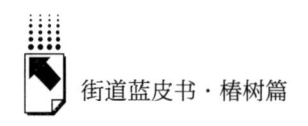

Keywords: Grassroots Party Construction; Non-public Enterprises; Organizational Coverage

B.10 A Probe into Chunshu Sub-district's Implementation of
　　　　Quasi Property Service Mode in Bungalow Areas　　　／152

Abstract: Improving the residential environment and property management level of bungalow areas and old courts is vitally important to further improve the community service quality and strengthen the livelihood guarantee work. Based on the actual conditions, Chunshu Sub-district of Xicheng District of Beijing has followed the current social governance trend and developed innovative governance modes for bungalow areas and old courts as the part of the special campaigns, including "Diversion and Treatment to Promote Enhancement" and "Environmental Improvement of Backstreets in Core Areas of the Capital". It has introduced quasi property services through service procurement, improved the livability of bungalow areas and old courts, and solved the poor service problem as a result of the lack of professional property management in the past. This mode will provide a reference for further exploring the governance mode for bungalow areas and old courts.

Keywords: Chunshu Sub-district; Bungalow Area; Old Courts Quasi; Property Management

V Case Reports

B. 11 Chunshu Sub-district Explores Modes for Interaction and Mutual Promotion between Operatic Culture Inheritance & Conservation and Public Cultural Services at Grassroots Level   / 165

Abstract: Chunshu Sub-district is the cradle of Peking Opera, which, as an intangible cultural heritage, must keep active and take root in the grassroots level. To take root in the grassroots level, the operatic culture with the core of Peking Opera, as an important local traditional culture of Chunshu Sub-district, must be closely associated with public cultural services at the grassroots level. During the inheritance and conservation of the operatic culture, Chunshu Sub-district paid special attention to active conservation of Peking Opera as an intangible cultural heritage and conservation of this traditional culture with roots. It has combined the traditional culture and public culture to enrich contents and forms of public cultural products and services and spared no efforts to build the "Chunshu Cup" Peking Opera Family Competition as a cultural brand. The sub-district has paid special attention to exploring the heritage, attraction and influence elements of the operatic culture. More importantly, it has developed personalized public cultural products and services that highlight the charm of Peking Opera, inherit the national treasure and enrich the cultural life of the public as the core objectives. This has realized the interactive development between the traditional culture and the public culture.

Keywords: Chunshu Sub-district; Intangible Cultural Heritage; Active Conservation of Peking Opera; Basic Public Services; Interaction and Mutual Promotion

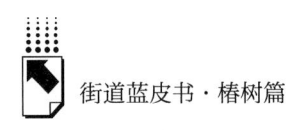

B.12　Chunshu Sub-district Explores Prevention Mode for
　　　Local Fine Particulate Pollution　　　　　　　　／177

Abstract：Environmental pollution prevention concerns local environmental quality and sustainable development, and also represents an issue attracting much attention in people's life. Therefore, the work to improve local environmental quality, build a good livable environment and further develop innovative environmental pollution prevention modes will be of great significance to further improve people's life and prevent continuous deterioration of the ecological environment. Based on local characteristics, Chunshu Sub-district of Xicheng District of Beijing has fully exerted the advantages of local management, mobilized social forces to take part in environmental protection and coordinated various enforcement agencies to take joint enforcement actions, with the objective to construct an ecological civilization, with the intent to assure the citizens' health and with a focus on preventing fine particulate pollution. It has established the mechanism that features common responsibilities of the Party and the government, dual responsibility for one position, and common governance, and explored a new mode for local environmental pollution prevention. Its practices will provide certain reference for further exploring local environmental governance.

Keywords：Chunshu Sub-district; Local Environmental Governance; Environmental Quality; Harmony and Livability

B.13　Chunshu Sub-district Explores New Grassroots Consultation
　　　Mode by Building "Chunshu Public Sentiment Seminar"　／187

Abstract：The Party has reiterated in the Report of the Nineteenth National Congress that "we should play the important role of socialist democratic consultation. Everything can be consulted, and the affair of the public should be consulted by the public. This is the very essence of people's democracy." In this context, Chunshu Sub-district has innovated its working methods through brainstorm and initiated the Chunshu Public Sentiment Seminar featuring democratic proposal, consultation, decision, comment and purpose of public affairs to confer the residents with the rights of information, autonomy, decision, supervision and administration. Thus, the sub-district has explored a new mode for participative consultation and governance at the sub-district level and stimulated local residents to participate in self-governance. It has provided an example available for reference to carry forward consultative democracy at the community level.

Keywords: Chunshu Sub-district; Grassroots Consultation; the Residents' Self-Governance; Community Governance

B.14 Chunshu Sub-district Explores New Mode for Backstreet Treatment

—*Based on Environmental Treatment of Qiansun Park Alley* / 198

Abstract: Beijing has further optimized the core functions as the capital and marched ahead on the way to build a world-class capital of harmony and livability in the context of the deepening implementation of the Beijing-Tianjin-Hebei collaborative development strategy. However, for relevant historical reasons, there are still a large number of old single-story courts in Beijing, particularly in the core areas of the capital. Of many buildings left over in related alley blocks, most of them are old, out of repair and dirty with obvious unauthorized construction and illegal commercial establishments, which makes it imperative to treat the environment of old alleys and courts, except for some courts with historical values. Chunshu Sub-district of Xicheng District of Beijing has actively echoed related decisions of the Central Committee of the Party and Beijing and embarked on effective treatment of urban diseases to create a good living environment for residents. After survey, the sub-district has selected Qiansun Park Alley as an environmental treatment pilot and made a good effect. Its practices and measures

街道蓝皮书·椿树篇

are of certain value for reference to carry forward the environmental treatment of old single-story courts.

Keywords: Chunshu Sub-district; Backstreet and Alleys; Environmental Treatment

B.15 Exploring the Establishment of "Chunshu Aged Residents" Service System with Social Forces / 207

Abstract: At present, China's pension service market suffers outstanding problems of undersupply and poor quality. To solve these contradictions and problems, we must make corresponding policies and allow social forces to participate in pension services. Over the past years, Chunshu Sub-district has built the "Chunshu Aged Residents" brand with social forces, and refined the pension service system in six dimensions, including the care for the aged with service, the benefit for the aged with resources, pleasure of the aged with culture, protection of the aged with right protection, the care for the aged with grid management and assistance for the aged with volunteers. The new mode has attracted much attention from various parties. Encouraging and guiding social forces to participate in pension services is an objective need and effective way to build and refine China's social pension service system. More importantly, it will also represent a new drive to adjust the investment structure, promote consumer demand and stabilize economic growth.

Keywords: Chunshu Sub-district; Pension Service Industry; the Mode of Social Pension at Home

社会科学文献出版社　　　**皮书系列**

✤ 皮书起源 ✤

"皮书"起源于十七、十八世纪的英国，主要指官方或社会组织正式发表的重要文件或报告，多以"白皮书"命名。在中国，"皮书"这一概念被社会广泛接受，并被成功运作、发展成为一种全新的出版形态，则源于中国社会科学院社会科学文献出版社。

✤ 皮书定义 ✤

皮书是对中国与世界发展状况和热点问题进行年度监测，以专业的角度、专家的视野和实证研究方法，针对某一领域或区域现状与发展态势展开分析和预测，具备原创性、实证性、专业性、连续性、前沿性、时效性等特点的公开出版物，由一系列权威研究报告组成。

✤ 皮书作者 ✤

皮书系列的作者以中国社会科学院、著名高校、地方社会科学院的研究人员为主，多为国内一流研究机构的权威专家学者，他们的看法和观点代表了学界对中国与世界的现实和未来最高水平的解读与分析。

✤ 皮书荣誉 ✤

皮书系列已成为社会科学文献出版社的著名图书品牌和中国社会科学院的知名学术品牌。2016年，皮书系列正式列入"十三五"国家重点出版规划项目；2013~2018年，重点皮书列入中国社会科学院承担的国家哲学社会科学创新工程项目；2018年，59种院外皮书使用"中国社会科学院创新工程学术出版项目"标识。

权威报告·一手数据·特色资源

皮书数据库
ANNUAL REPORT(YEARBOOK) DATABASE

当代中国经济与社会发展高端智库平台

所获荣誉

- 2016年,入选"'十三五'国家重点电子出版物出版规划骨干工程"
- 2015年,荣获"搜索中国正能量 点赞2015""创新中国科技创新奖"
- 2013年,荣获"中国出版政府奖·网络出版物奖"提名奖
- 连续多年荣获中国数字出版博览会"数字出版·优秀品牌"奖

成为会员

通过网址www.pishu.com.cn访问皮书数据库网站或下载皮书数据库APP,进行手机号码验证或邮箱验证即可成为皮书数据库会员。

会员福利

- 使用手机号码首次注册的会员,账号自动充值100元体验金,可直接购买和查看数据库内容(仅限PC端)。
- 已注册用户购书后可免费获赠100元皮书数据库充值卡。刮开充值卡涂层获取充值密码,登录并进入"会员中心"—"在线充值"—"充值卡充值",充值成功后即可购买和查看数据库内容(仅限PC端)。
- 会员福利最终解释权归社会科学文献出版社所有。

社会科学文献出版社 皮书系列
SOCIAL SCIENCES ACADEMIC PRESS (CHINA)
卡号:346427779259
密码:

数据库服务热线:400-008-6695
数据库服务QQ:2475522410
数据库服务邮箱:database@ssap.cn
图书销售热线:010-59367070/7028
图书服务QQ:1265056568
图书服务邮箱:duzhe@ssap.cn

S 基本子库
SUB DATABASE

中国社会发展数据库（下设12个子库）

全面整合国内外中国社会发展研究成果，汇聚独家统计数据、深度分析报告，涉及社会、人口、政治、教育、法律等12个领域，为了解中国社会发展动态、跟踪社会核心热点、分析社会发展趋势提供一站式资源搜索和数据分析与挖掘服务。

中国经济发展数据库（下设12个子库）

基于"皮书系列"中涉及中国经济发展的研究资料构建，内容涵盖宏观经济、农业经济、工业经济、产业经济等12个重点经济领域，为实时掌控经济运行态势、把握经济发展规律、洞察经济形势、进行经济决策提供参考和依据。

中国行业发展数据库（下设17个子库）

以中国国民经济行业分类为依据，覆盖金融业、旅游、医疗卫生、交通运输、能源矿产等100多个行业，跟踪分析国民经济相关行业市场运行状况和政策导向，汇集行业发展前沿资讯，为投资、从业及各种经济决策提供理论基础和实践指导。

中国区域发展数据库（下设6个子库）

对中国特定区域内的经济、社会、文化等领域现状与发展情况进行深度分析和预测，研究层级至县及县以下行政区，涉及地区、区域经济体、城市、农村等不同维度。为地方经济社会宏观态势研究、发展经验研究、案例分析提供数据服务。

中国文化传媒数据库（下设18个子库）

汇聚文化传媒领域专家观点、热点资讯，梳理国内外中国文化发展相关学术研究成果、一手统计数据，涵盖文化产业、新闻传播、电影娱乐、文学艺术、群众文化等18个重点研究领域。为文化传媒研究提供相关数据、研究报告和综合分析服务。

世界经济与国际关系数据库（下设6个子库）

立足"皮书系列"世界经济、国际关系相关学术资源，整合世界经济、国际政治、世界文化与科技、全球性问题、国际组织与国际法、区域研究6大领域研究成果，为世界经济与国际关系研究提供全方位数据分析，为决策和形势研判提供参考。

法律声明

"皮书系列"(含蓝皮书、绿皮书、黄皮书)之品牌由社会科学文献出版社最早使用并持续至今,现已被中国图书市场所熟知。"皮书系列"的相关商标已在中华人民共和国国家工商行政管理总局商标局注册,如LOGO( )、皮书、Pishu、经济蓝皮书、社会蓝皮书等。"皮书系列"图书的注册商标专用权及封面设计、版式设计的著作权均为社会科学文献出版社所有。未经社会科学文献出版社书面授权许可,任何使用与"皮书系列"图书注册商标、封面设计、版式设计相同或者近似的文字、图形或其组合的行为均系侵权行为。

经作者授权,本书的专有出版权及信息网络传播权等为社会科学文献出版社享有。未经社会科学文献出版社书面授权许可,任何就本书内容的复制、发行或以数字形式进行网络传播的行为均系侵权行为。

社会科学文献出版社将通过法律途径追究上述侵权行为的法律责任,维护自身合法权益。

欢迎社会各界人士对侵犯社会科学文献出版社上述权利的侵权行为进行举报。电话:010-59367121,电子邮箱:fawubu@ssap.cn。

社会科学文献出版社